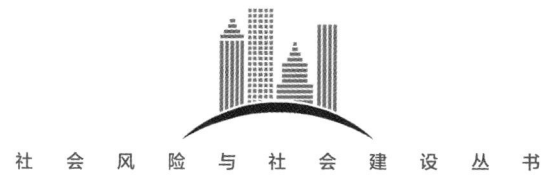

社会风险与社会建设丛书

儿童早期照顾需求研究

以社会需求类型论为视角

陈 偲 著

中国社会科学出版社

图书在版编目（CIP）数据

儿童早期照顾需求研究：以社会需求类型论为视角/陈偲著.
—北京：中国社会科学出版社，2022.6
（社会风险与社会建设丛书）
ISBN 978 - 7 - 5227 - 0405 - 0

Ⅰ.①儿… Ⅱ.①陈… Ⅲ.①儿童福利—需求—研究—中国　Ⅳ.①D632.1

中国版本图书馆 CIP 数据核字（2022）第 136426 号

出 版 人	赵剑英
责任编辑	田　文
特约编辑	金　泓
责任校对	杨沙沙
责任印制	王　超

出　　版	中国社会科学出版社
社　　址	北京鼓楼西大街甲 158 号
邮　　编	100720
网　　址	http://www.csspw.cn
发 行 部	010 - 84083685
门 市 部	010 - 84029450
经　　销	新华书店及其他书店

印　　刷	北京君升印刷有限公司
装　　订	廊坊市广阳区广增装订厂
版　　次	2022 年 6 月第 1 版
印　　次	2022 年 6 月第 1 次印刷

开　　本	710×1000　1/16
印　　张	15.25
插　　页	2
字　　数	209 千字
定　　价	79.00 元

凡购买中国社会科学出版社图书，如有质量问题请与本社营销中心联系调换
电话：010 - 84083683
版权所有　侵权必究

总　　序

　　党的十八大以来，中国式现代化发展进入快车道，中国特色社会主义进入新时代。习近平总书记深刻指出："我们的事业越前进、越发展，新情况新问题就会越多，面临的风险和挑战就会越多，面对的不可预料的事情就会越多。我们必须增强忧患意识，做到居安思危。"从国际来看，我国发展的内外部环境进一步发生了重大变化，以美国为首的西方国家对我国的打压、遏制不断升级，突如其来的新冠肺炎大流行、俄乌冲突等，使得我国发展的外部不确定性不稳定性因素进一步增多。从国内来看，我国全面建成小康社会，进入全面建设社会主义现代化国家、向第二个百年奋斗目标进军的新征程。在这一伟大的历史进程中，经济社会发展方式面临深刻调整变化，各种风险挑战会更加复杂多变，其中社会领域的风险挑战自然会随之增多。社会领域的风险有的来自经济、政治、文化和自然环境领域，有的来自社会自身发展的不平衡不充分，有的来自社会诸多因缘的相互作用；有的来自国内，有的来自国际，有的内外因素皆有。与经济、政治、文化和自然环境风险相比，社会风险直接影响和威胁社会自身的有序运转和良性发展，严重的可能造成政局动荡、经济萧条、民生困难、社会失序。

　　中国共产党治国理政历来重视风险治理。党的十八大以来，以习近平同志为核心的党中央把防范和化解重大风险放在更加突出的位置。党的十九大在决胜全面小康社会建设的三大攻坚战中把"防范化解重大风险"作为首要任务，提出要防止"黑天鹅事件"和"灰犀牛事件"，从体制机制、方式方法、队伍建设、资源保障和科技支撑等多个方面进行了系统部署，有效化解、成功应对一系列重大风险挑战，为中国特色社会主义建设提供了可靠的保障，积累了很多有益的经验。作为专门从事社会发展和社会治理研究的学者，我一直关注中国现代化进程中的社会变迁、社会稳定和社会治理，尝试运用社会学理论和方法、公共管理理论和方法研究社会发展中的风险挑战。在诸多理论和方法中，我感觉社会建设既是现代化发展的重要领域，也是一个比较有用的概念工具，尤其对于理解和应对社会风险具有较强的解释力。

　　社会建设是中国特有的概念，由孙中山先生最先提出。辛亥革命后，孙中山先生苦于中国一盘散沙的混乱局面，提出要在推翻专制统治之后建立民国，建立民国的关键在于行民权。开展"社会建设"是"以教国民行民权之第一步也"。他所提的"社会建设"主要是教人如何开会，涉及小到一般性会议大到正式的各级议会的程序、权利、决议等。20世纪30年代，社会学家孙本文教授在其《社会学原理》著作中单辟"社会建设与社会指导"一节，还写过关于"社会建设"的专题文章；并在1944年联合中国社会学社和社会部合办《社会建设》月刊，自任主编，出过十余期。孙本文认为，"依社会环境的需要与人民的愿望而从事的各种社会事业，谓之社会建设"。新中国成立后，我国成功地进行社会主义改造，社会事业取得了很大成绩，但是，人们很少使用社会建设一词。

　　21世纪之初，在改革开放的伟大进程中，我国经济建设取得巨大成就，社会领域的问题却不断积累起来，经济社会发展不平衡的问题日益凸显。实践推动着党的理论不断创新。2002年，党的十六大把"社会更加和谐"作为全面建设小康社会的重要目标之一。2004年，党的十六届四中全会第一次提出"构建社会主义和谐社会"和"社会建设"的概念。2006年，党的十六届六中全会明确提出，要"着力发展社会事业、促进公平正义，推动社会建设和经济建设、政治建设、文化建设协调发展"。2007年，党的十七大提出要"加快推进以改善民生为重点的社会建设",社会建设是中国特色社会主义事业总体布局"四位一体"的重要组成部分,改善民生是社会建设的重要任务。2012年,党的十八大提出要"在改善民生和创新管理中加强社会建设",社会建设成为中国特色社会主义事业总体布局"五位一体"的重要组成部分,社会建设的重点任务进一步拓展为民生保障和社会治理两个方面。

国际上虽然没有"社会建设"这一概念,但不等于国外没有社会建设事业。在西方发达国家现代化历程中,社会建设是伴随工业化特别是工业革命而来的。近代以来,工业革命对传统的农业社会的生产生活方式和社会关系产生了巨大的冲击,原有的社会关系、社会运行方式和社会保护模式不能适应形势变化的要求,为了应对新兴的社会风险,例如,失业、工伤、疾病、贫困、年老、社会治安恶化以及社会失序等风险,需要建立一套新的社会运行和社会保护规则、制度和模式。于是,各种新的社会保障、社会福利、社会保护、社会发展制度应运而生,其实质是社会建设。因此,可以认为社会建设的本质是通过社会重组和社会重建,应对现代社会变迁带来的社会风险,保障和改善民生,促进社会发展进步。

现代化发展越快,社会风险越大,社会建设越重要。在当前我国全面建成小康社会、实现第一个百年奋斗目标之后,开启全面建设社会主义现代化国家新征程向着全面建成社会主义现代化强国的第二个百年奋斗目标迈进的历史交汇关键节点,作为社会学领域的研究者,把近几年自己和我的博士研究生关于社会建设、社会治理的研究成果编著出版,集结为"社会风险与社会建设丛书",不断吸纳相关研究成果,是推进社会领域现代化的使命所在。同时,也是为青年研究者提供一个展示交流平台,支持他们扎根中国社会,不断地提出新概念、提炼新范式、构建新理论,在学术道路上更快成长,这也是作为博士生导师的心愿。

龚维斌

目　录

第一章　导论 ………………………………………………（1）
　第一节　问题的提出及研究的意义 ……………………（1）
　　一　问题的提出 ……………………………………（1）
　　二　研究的意义 ……………………………………（3）
　第二节　儿童早期照顾需求的研究进路 ………………（3）
　　一　国外研究现状述评 ……………………………（3）
　　二　国内研究现状述评 ……………………………（19）
　第三节　理论基础、分析框架与基本概念 ……………（27）
　　一　理论基础：社会需求类型论 …………………（27）
　　二　儿童早期照顾需求的分析框架 ………………（30）
　　三　基本概念 ………………………………………（32）
　第四节　研究方法 ………………………………………（34）
　　一　文献研究方法 …………………………………（34）
　　二　扎根理论研究方法 ……………………………（34）
　　三　比较研究方法 …………………………………（37）
　第五节　研究技术路线与结构安排 ……………………（37）
　　一　研究技术路线 …………………………………（37）
　　二　结构安排 ………………………………………（42）

第二章 强政策支持阶段（1949年至20世纪90年代初期）：大城市儿童早期照顾需求 ……（43）

第一节 强政策支持阶段（1949年至20世纪90年代初期）：规范性需求 ……（43）

  一 政策内容：重视儿童早期照顾问题 ……（43）

  二 社会服务发展状况："单位制"背景下的公共托育服务 ……（46）

  三 政策目标：增加女性劳动力供给与妇女解放、提高人口素质 ……（47）

  四 规范性需求状况：强化政府责任、政府投入水平较高 ……（48）

第二节 强政策支持阶段（1949年至20世纪90年代初期）：感觉性需求 ……（49）

  一 访谈对象基本情况 ……（50）

  二 家庭显性需求：多数家庭无经济支持需求、有刚性服务支持需求 ……（51）

  三 家庭生活照顾隐性需求：压力感偏低 ……（55）

  四 家庭早期教育隐性需求：对早期教育的关注度较低 ……（67）

第三节 强政策支持阶段（1949年至20世纪90年代初期）：表达性需求 ……（77）

  一 托育服务中的表达性需求：大多数家庭成功获取托育服务支持、对服务的满意度参差不齐 ……（77）

  二 保姆照顾服务中的表达性需求：使用率较高、满意度一般 ……（87）

第四节 强政策支持阶段（1949年至20世纪90年代初期）：比较性需求 ……（91）

一 儿童早期照顾服务中的比较性需求：非工业地区和非城市中心地带的服务获取性不强、不同职业类型的家庭享有不同质量服务 ………… (91)

二 家庭早期教育中的比较性需求：家庭教育质量有一定差异 ……………………………………… (93)

第三章 强家庭责任阶段（20世纪90年代中期至2010年左右）：儿童早期照顾需求 ……………………… (94)

第一节 强家庭责任阶段（20世纪90年代中期至2010年左右）：规范性需求 ……………………… (94)

一 政策内容：对儿童早期照顾问题的关注度下降 ……………………………………………… (94)

二 社会服务发展状况：公共托育服务供给大幅减少 ……………………………………………… (95)

三 政策目标：提高人口素质、提升人力资本 ……… (96)

四 规范性需求状况：强化家庭责任、弱化政府投入 …………………………………………… (96)

第二节 强家庭责任阶段（20世纪90年代中期至2010年左右）：感觉性需求 ……………………… (97)

一 访谈对象基本情况 ………………………………… (97)

二 家庭显性需求：多数家庭无经济支持需求、服务支持需求较为强烈 ……………………… (99)

三 家庭的隐性需求：总体压力感知偏高 ………… (101)

四 家庭早期教育隐性需求：家庭对早期教育的关注度开始提升 ………………………………… (114)

第三节 强家庭责任阶段（20世纪90年代中期至2010年左右）：表达性需求 ……………………… (123)

4　儿童早期照顾需求研究

　　一　托育服务中的表达性需求：使用率较低、
　　　　可获取性弱 …………………………………………（124）
　　二　保姆照顾服务中的表达性需求：多数家庭对
　　　　照顾质量存有顾虑 …………………………………（128）
第四节　强家庭责任阶段（20世纪90年代中期至
　　　　2010年左右）：比较性需求 ………………………（131）
　　一　托育服务中的比较性需求：不同经济社会资源
　　　　家庭获取服务存在差异 ……………………………（132）
　　二　家庭儿童早期教育中的比较性需求：家庭教育
　　　　质量存在一定差异 …………………………………（132）

第四章　政策重构阶段（2010年代初期至今）：儿童早期
　　　　照顾需求 …………………………………………（134）
第一节　政策重构阶段（2010年代初期至今）：规范性
　　　　需求 ………………………………………………（134）
　　一　政策内容：重新重视儿童早期照顾问题 …………（134）
　　二　社会服务发展状况：公共托育服务供给
　　　　仍不充足 ……………………………………………（137）
　　三　政策目标：改善民生、鼓励生育 …………………（139）
　　四　规范化需求状况：增加政府投入、强化
　　　　家庭责任 ……………………………………………（140）
第二节　政策重构阶段（2010年代初期至今）：感觉性
　　　　需求 ………………………………………………（141）
　　一　访谈对象基本情况 …………………………………（141）
　　二　家庭显性需求：多数家庭有一定经济支持
　　　　需求、有较强烈的服务支持需求 …………………（143）
　　三　家庭的隐性需求：总体压力感知偏高 ……………（145）

　　　　四　家庭早期教育隐性需求：家庭对早期教育的
　　　　　　关注度较高 …………………………………………（155）
　　第三节　政策重构阶段（2010年代初期至今）：表达性
　　　　　　需求 ……………………………………………………（165）
　　　　一　托育服务中的表达性需求：使用率较低，
　　　　　　可获取性、可负担性不强 …………………………（165）
　　　　二　保姆照顾服务中的表达性需求：小部分家庭的
　　　　　　选择、对照顾质量存有顾虑 ………………………（170）
　　第四节　政策重构阶段（2010年代初期至今）：比较性
　　　　　　需求 ……………………………………………………（173）
　　　　一　托育服务中的比较性需求：不同经济社会资源
　　　　　　家庭获取服务存在差异 ……………………………（173）
　　　　二　家庭儿童早期教育中的比较性需求：不同教育
　　　　　　资源家庭教育质量存在差异 ………………………（174）

第五章　分析与展望 …………………………………………（175）
　　第一节　纵向比较分析：大城市儿童早期照顾需求的
　　　　　　发展状况与特点 ………………………………………（175）
　　　　一　规范性需求的发展状况与特点 …………………（175）
　　　　二　比较性需求的发展状况与特点 …………………（180）
　　　　三　感觉性需求的发展状况与特点 …………………（183）
　　　　四　表达性需求的发展状况与特点 …………………（186）
　　　　五　在规范性需求、比较性需求、感觉性需求、
　　　　　　表达性需求的比较中确定真实的需求 ……………（187）
　　第二节　大城市儿童早期照顾需求间的互动关系 …………（190）
　　　　一　规范性需求的主导作用 …………………………（190）
　　　　二　感觉性需求、表达性需求、比较性需求对
　　　　　　规范性需求的推动作用 ……………………………（191）

  三　感觉性需求与表达性需求具有正相关关系………（192）
  四　比较性需求是对感觉性需求、表达性需求中
    不平衡现象的体现………………………………（192）
第三节　对社会需求类型论的补充………………………（193）
  一　扩大社会需求类型论的使用范围……………（193）
  二　优化社会需求类型论的需求研究内容………（194）
  三　探索社会需求类型论中不同类型需求的互动
    关系…………………………………………（196）
第四节　建立一个更好的体系：政策建议………………（197）
  一　进一步明确儿童早期照顾政策体系的普惠性
    发展方向……………………………………（197）
  二　明确儿童早期照顾服务的基本公共服务定位、
    促进多元参与………………………………（200）
  三　增加儿童早期照顾服务供给，发展多元化、
    多层次服务…………………………………（201）
  四　强化政府监管，提升托育服务质量发展……（203）
  五　完善家庭政策、增强家庭功能………………（204）
第五节　基本研究结论……………………………………（206）
  一　不同时期儿童早期照顾的规范性需求、
    感觉性需求、表达性需求、比较性需求
    呈现出不同特点……………………………（206）
  二　儿童早期照顾需求互动关系：规范性需求
    占据主导地位，其他类型需求对其具有
    促进作用……………………………………（208）
  三　政策建议：需进一步加强我国大城市儿童
    早期照顾政策和社会服务体系建设、促进
    家庭功能的发挥……………………………（209）

四　社会需求类型论需进一步扩大使用范围、优化
　　　　需求研究内容、探索需求互动关系 ………… (209)
第六节　研究的创新点与不足 ……………………… (210)
　　一　研究的创新点 ………………………………… (210)
　　二　研究不足 ……………………………………… (211)
　　三　研究展望 ……………………………………… (212)

参考文献 ……………………………………………… (213)

附　录 ………………………………………………… (225)

致　谢 ………………………………………………… (230)

第一章　导论

第一节　问题的提出及研究的意义

一　问题的提出

联合国《儿童权利公约》规定，儿童享有生存权、受保护权、发展权和参与权。儿童早期照顾是决定一个人身体、智力与心理发展的黄金期。在人类社会的大部分时期，儿童照顾都是在家庭里完成的，是家庭的基本功能之一。①

20世纪中期以来，儿童的早期照顾安排开始发生变化，越来越多的儿童在家庭以外的地方接受照看和教育，2010年，在经合组织（OECD）30个成员国中，平均有32.6%的3岁以下儿童，每周接受14—41小时的公共或私立日托照顾。②

在中国，不同时期的儿童（3岁以下）早期照顾安排存在较大差异，主要有以下几个阶段：强政策支持阶段（1949年至20世纪90年代初期），大城市中，儿童早期照顾政策与社会服务的供给较为充足，托育机构成为照看和教育3岁以下儿童的重要主体之一；强家庭责任阶段（20世纪90年代中期至2010年左右），随着"单位制"的消解，儿童

---

① 参见 Ogburn, W. F & C Tibbits, *The Famliy and its Function*, In E. A. Ross, (ed.), *The Principles of Sociology*, New York: Henry Holt, 1934, p.6.
② 参见张亮《中国儿童照顾政策研究——基于性别、家庭和国家的视角》，博士学位论文，复旦大学，2014年。

早期照顾政策与社会服务支持逐渐减少，托育服务的比例大幅下降，家庭几乎承担儿童早期照顾的所有责任；政策重构阶段（2010年代初期至今），儿童早期照顾问题逐步重新得到重视，政府先后出台一系列政策为其提供全方位的支持，如2019年国务院办公厅《关于促进3岁以下婴幼儿照护服务发展的指导意见》，儿童早期照顾社会服务供给开始呈增长趋势，同时，家庭仍然在儿童早期照顾方面承担着较大压力。

目前，我国3岁以下儿童的早期照顾社会服务发展仍然不够充分。2006—2016年，3岁以下婴幼儿在各类托育机构的入托率为4.8%，入园率为15.6%，其中公立机构占30.3%。同时，3岁以上幼儿入园入托率相对较高，共计80.8%，公立机构占34.9%。[①]

如何重建社会儿童早期照顾支持体系、投入公共资源成为值得关注的问题。首先，国际经验表明，儿童早期照顾作为一项重要的发展型社会政策，在儿童早期发展、缓解家庭压力、促进社会公平等方面都有积极作用。其次，我国面临着生育率低迷、女性工作与儿童照顾之间的冲突、儿童早期发展水平不均衡等问题，均与儿童早期照顾政策与服务的发展息息相关。最后，尽管我国经济发展实现了飞跃，但仍处于并将长期处于社会主义初级阶段，人均GDP水平仅为世界平均水平的82.4%。[②] 我国社会资源是较为有限的，面临着复杂多样的社会需求，如何在各种社会事务间有效分配资源才能真正满足社会需求、实现优化配置？无论在儿童早期照顾或在其他社会事业的发展中，只有了解了真实的需求，才能进行合理的投入、有的放矢的规划，从根本上确保有效使用社会资源。由此，产生了本书试图回答的问题：第一，我国大城市儿童早期照顾的需求状况如何？在不同时期、不同儿童照顾政策与社会服务支持下，儿童早期照顾中的需求状况、特点、影响因素是什么？如何在政府、家庭、社会等多方需求表

---

① 参见贺丹等《2006—2016年中国生育状况报告——基于2017年全国生育状况抽样调查数据分析》，《人口研究》2018年第6期。
② 参见丁茂战《我国经济韧劲体现在哪里？》，《学习时报》2019年1月25日第1版。

达之中，确定真正的早期照顾需求？第二，当下需要关注和回应哪些需求，从而更好、更合理地推动儿童早期照顾服务体系建设？第三，大城市儿童早期照顾的需求研究，能否对社会服务领域的需求理论发挥一定补充作用？

二 研究的意义

在社会科学领域，需求研究是一项基础性研究。社会服务本质上是满足不同群体社会需求的社会活动。想要满足需求，首先要了解需求。在某项社会服务的准备和实施过程中，对于社会服务需求的确定是前提。目前，对于我国儿童早期照顾领域的需求研究相对较少。对于中国大城市儿童早期照顾需求的研究，厘清过去几十年和当下在这一领域的需求状况、特点、影响因素，在实践层面有助于确定是否需要或在多大程度上、在哪些方面需要社会服务、社会保障力量的投入，是进一步推动儿童早期照顾支持体系建设的前提条件，并对明确儿童早期照顾服务发展方向有重要意义。

在理论层面，适用于社会福利、社会服务领域的需求理论框架较少，本书将布莱德萧的社会需求类型论作为研究的基础理论。同时，一方面，已有研究发现，社会需求类型论在实践运用中存在不足之处；另一方面，由于中国与西方发达国家在社会福利制度、社会服务水平方面发展的不同，已有西方需求理论在中国的适用性需要进一步思考。本书以中国大城市儿童早期照顾需求研究为例，在已有需求理论的基础上，通过对扩大需求理论适用范围、优化需求内容、探索需求互动关系等方面的研究，对社会福利、社会服务领域的需求理论进一步补充完善，探索适合中国国情的社会服务需求分析框架。

第二节 儿童早期照顾需求的研究进路

一 国外研究现状述评

国外学界对儿童早期照顾问题进行了比较广泛深入的研究。由于

4　儿童早期照顾需求研究

社会福利视角下的社会需要是社会中生活的人在其生命过程中的一种缺乏的状态[①]，在儿童早期照顾需求方面，本书认为，需求研究不仅包括对需求这一主题的直接研究，还包括对家庭、服务提供者、政府、儿童多个视角中反映儿童早期照顾中"一种缺乏的状态"的探索。已有相关研究主要包括以下三个方面：

(一) 儿童早期照顾需求政策维度

1. 儿童早期照顾政策研究

儿童早期照顾政策研究中隐含着政府对需求范围、需求内容等方面的界定。梅根·洛克特夫（Maegan Lokteff）等学者研究了部分工业国家的家庭政策理念与儿童政策之间的相互关联性，将其划分为四种类型：第一，明确的家庭主义（Explicit familialization），比如德国，在儿童照顾政策上更偏向于支持家庭照顾，强调家庭在儿童照顾中的唯一责任，政策只为家庭提供很少或不提供替代家庭照顾的选项。第二，可选择的家庭主义（Optional familialism），比如法国、北欧国家等，为家庭提供照顾时间和工作时间两种选项，认为享有专业儿童照顾是家庭的权利，具体政策包括父母带薪休假、国家资助的早期学习和照顾项目等。第三，绝对的家庭主义（Implicit familialism），比如日本、韩国、美国，绝对依赖家庭成员提供照顾，不为家庭照顾提供支持和替代选项。第四，去家庭主义（de-familizlization），家庭不承担照顾责任，选择替代照顾方式。选择性家庭主义视角为家庭提供最大支持，并保证家庭选择自己所偏好的类型。另外，在政策上偏重于发展儿童早期教育的国家，政策目标多为摆脱贫困对儿童发展的影响，而不是侧重于解决就业问题。[②]

研究者们对西方社会家庭与国家的变动关系也进行了非常多的探

[①] 参见王磊《福利需求与满足：一个文献综述》，《生产力研究》2012 年第 10 期。

[②] 参见 Maegan Lokteff, Kathleen W. Piercy., "Who Cares for the Children? Lessons from a Global Perspective of Child Care Policy", *Journal of Child and Family Studies*, Vol. 1, 2012, pp. 120 – 130。

讨，其中高泽尔（Gauthier）从国家对家庭干预的主要形式——家庭政策的输入与输出两个层面出发，探讨家庭与国家的变动关系，西方工业国家逐渐形成了目前的四种家庭—国家关系模式：第一，支持—家庭/生育模式，即以鼓励生育为主要目标，社会政策支持家庭的目的在于提高生育率，政策强调现金给付、亲职假和提供托育措施等来降低生育的阻力并帮助母亲调和工作与家庭生活，以法国为代表。第二，支持—传统模式，即国家支持家庭，但是以支持传统家庭为重点，即支持男性为主要工资收入者的家庭模式。国家提供中度的福利支持，国家政策是比较支持妇女在家而非出外就业的，以德国为主要代表。第三，支持—平等主义模式，追求两性平等是主要的政策焦点，国家全力支持双职工的家庭，给予男女同样的角色分工，同是挣工资者，也同是照顾者，以北欧国家为代表。第四，支持—家庭但非干预模式，支持仅提供给有需求的家庭，家庭被期待为自给自足的单位，就业的父母亲可以自行通过市场机制来满足其家庭需求，以英国和美国为代表。[①]

学者们基于亲职假、公共儿童照顾服务和经济支持的特征，以及这些政策所导致的儿童照顾责任在国家—市场—家庭之间和男女之间的不同分配，大多将20世纪70年代以来西方工业化国家的儿童照顾政策区分为四种模式：第一，社会民主模式。儿童照顾是一种公共责任，儿童照顾体系建立在父亲和母亲同是工作者和照顾者的假定之上，支持双职工家庭和促进父母共同承担照顾工作。政策目标在于解放妇女、鼓励妇女进入劳动力市场、帮助父母平衡工作与照顾责任、促进儿童的社会发展，以北欧国家为代表。第二，保守主义模式。儿童照顾是一种公共责任，儿童照顾体系基于男性养家、女性持家的传统家庭模式，支持由母亲暂时或长期留在家中照顾孩子。公共提供的照顾服务主要是非全天的学前教育。政策目标在于提高生育率、为儿

---

① 参见黄晓薇、刘一龙《生育、女性就业与儿童照顾支持方案——以南欧模式为例》，《台湾社会福利学刊》2009年第8期。

童入学做更好的准备、帮助母亲协调工作与照顾责任。第三，自由主义模式。儿童照顾是个体家庭的责任，儿童照顾体系建立在自给自足的家庭为单位的假定之上，强调个人通过市场进行照顾安排，公共政策主要是为处于困境的家庭和儿童提供支持。政策目标是减弱贫困对儿童的影响，为低收入家庭儿童入学做更好的准备；协助母亲脱离公共援助；为就业父母的孩子提供照料。第四，南欧模式。儿童照顾是个体家庭的责任，儿童照顾体系建立在家庭自助的假定之上，强调个人通过亲属网络来进行照顾安排，公共照顾服务以供学前教育为目的。政策目标在于为儿童入学做更好的准备、减弱贫困对儿童的影响、为低收入就业父母的孩子提供照顾。[1]

法尼亚尼（Fagnani）[2]、兰伯特（Lambert）[3]、刘易斯（Lewis）[4]等多位学者认为，已有的儿童照顾政策体现出传统价值观、国家理念、家庭儿童照顾弹性需求之间的张力，[5] 不同国家理念带来了不同国家儿童照顾政策的区别，而不是经济或性别平等的推进。[6]

2. 儿童早期照顾政策与照顾质量、照顾方式选择

儿童早期照顾政策与照顾质量、照顾方式选择的有关研究中，体现出政策对照顾需求满足的影响状况。

---

[1] 参见［美］科克伦《儿童早期教育体系的政策研究》，王海英等译，江苏教育出版社2011年版，第65页。

[2] 参见 Fagnani, J., "Family Policies in France and Germany: Sisters or Distant Cousins?" *Community, Work, and Family*, Vol. 1, 2007, pp. 39 – 56。

[3] 参见 Lambert, P. A., "The Political Economy of Post War Family Policy in Japan: Economic Imperatives and Electoral Incentives", *Journal of Japanese Studies*, vol. 1, 2007, pp. 1 – 29。

[4] 参见 Lewis, J., "Child Care Policies and the Politics of Choice", *The Political Quarterly*, Vol. 4, 2008, pp. 499 – 507。

[5] 参见 Won, S., Pascall, G., "*A Confucian War Over Childcare? Practice and Policy in Childcare and their Implications for Understanding the Korean Gender Regime*", Social Policy and Administration, Vol. 3, 2004, pp. 270 – 289。

[6] 参见 White, L. A., "Explaining Differences in Child Care Policy Development in France and the USA: Norms, Frames, and Programmatic Ideas", *International Political Science Review*, Vol. 4, 2009, pp. 385 – 404。

在照顾质量方面，良好的儿童照顾政策环境对托育机构质量有积极影响。儿童照顾政策环境包括三个指标：州立儿童照顾监管强度（监管标准包括安全、健康防护、员工专业训练、师生比、最大班级人数等）；对联邦儿童照顾标准的主动遵守（遵守标准包括非营利机构与营利机构的质量比较、员工专业训练、师生比、最大班级人数等）；对营利和非营利儿童照顾机构的合法支持。结果表明，拥有良好儿童照顾政策环境支持的儿童照顾中心有更低的师生比、更高的教师专业程度、更低的员工离职率、更多适合年龄段的儿童活动，老师拥有更强敏感性和回应性。[1] 政府更慷慨的补贴政策与非营利儿童照顾机构的质量正相关，对教师专业训练的要求与家庭托育式机构和非营利儿童照顾机构的质量正相关。另外，并没有研究显示政策环境与营利的儿童照顾机构质量相关。[2] 布鲁斯·福勒（Bruce Fuller）等学者对正在实施的儿童照顾政策（如为低收入家庭提供学前教育补贴、制定全州质量标准、税收抵免）进行评估，分析其对学前教育质量的影响。研究表明，政府补贴增加了服务供给，总体上提升了低收入家庭的照顾质量，但未达到预期效果。与此同时，贫困州与富裕州之间差异较大。在富裕州，财政经费没有用于降低师生比而只是提升了教师工资。在贫困州，虽然增加了儿童照顾服务供给，但存在教师收入和受教育程度低、政府监管弱等问题，在市场力量占主导地位的贫困州不平等程度更深。[3]

此外，许多发展中国家已采用市场办法扩大儿童保育的供应，在儿童照顾服务市场化的背景下，不同地区儿童早期照顾服务的可用性和质量存在很大差异。尤其在低收入地区，在缺乏规则的

---

[1] 参见 D. A. Phillips, C. Howes, M. Whitebook, "The Social Policy Context of Child Care: Effects on Quality", *American Journal of Community Psychology*, Vol. 1, 1992, pp. 25 – 51。

[2] 参见 E. Rigby, R. M. Ryan, J. Brooks-Gunn, "Child Care Quality in Different State Policy Contexts", *Journal of Policy Analysis & Management*, Vol. 4, 2007, pp. 887 – 907。

[3] 参见 Bruce Fuller, Stephen W. Raudenbush, Li-Ming Wei and Susan D. Holloway, "Can Government Raise Child-Care Quality? The Influence of Family Demand, Poverty, and Policy", *Educational Evaluation and Policy Analysis*, Vol. 3, 1993, pp. 255 – 278。

情况下，有些儿童照顾中心的运营质量和安全低于正常标准，低收入家庭参加儿童照顾中心的意愿低（即使是免费的服务）。巴西的经验结果表明，市场方法导致各地儿童保育服务的可得性和质量存在相当大的异质性。① 在儿童照顾市场规章制度设计中，在市场驱动下，高收入地区和低收入地区中存在的服务质量差异是一个重要问题。②

在儿童早期照顾政策与照顾方式选择方面，研究者们探讨了在儿童照顾政府津贴项目的支持下家庭选择儿童照顾方式的影响因素，主要包括：儿童照顾服务价格、家庭收入、家庭结构、种族、居住地点、年龄结构等。国家儿童照顾津贴项目有可能增加家庭对于儿童照顾市场方式（机构托育照顾、家庭式托育、保姆照料）的使用。然而，当父母同时工作时，很少有家庭选择机构托育照顾、家庭式托育，因为儿童照顾津贴项目的经济支持还不够充足。③ 还有学者发现儿童津贴项目增加了正式儿童照顾方式的使用，并提高了儿童照顾质量。家庭结构在儿童津贴项目与儿童照顾方式的选择之间发挥着调节作用，家庭结构是儿童津贴使用的重要影响因素，在处于弱势地位的家庭中，儿童的照料可能倾向于采用家庭式托育、家庭成员照顾、亲戚朋友照顾的方式，而不是正式机构托育方式，因为上述方式在时间安排上更灵活、寻找共同文化身份和价值观的人更方便、经济上可负担，也因为，儿童津贴的经济支持有限。

在儿童照顾质量的定义中，优势家庭母亲认为儿童照顾是一段教育经历，而机构照顾的方式更具有教育性；弱势家庭认为儿童照顾是

---

① 参见 Paulo Bastos, Julian Cristia, "Supply and Quality Choices in Private Child Care Markets: Evidence from São Paulo", *Journal of Development Economics*, Vol. 8, 2012, pp. 242–255。

② 参见 Hotz, J. V., Xiao, M., "The Impact of Regulations on the Supply and Wuality of Care in Child Care Markets", *The American Economic* vol. 5, 2011, pp. 1775–1805。

③ 参见 Philip K. Robins, Robert G. Spiegehnan, "The Economics of Child Care and Public Policy", *Children and Youth Scwiccr Review*, Vol. 1, 1979, pp. 55–74。

温暖、责任、陪伴儿童的亲密时光,非机构照顾方式可满足这一需求。①

(二) 儿童早期照顾需求的家庭维度

1. 家庭照顾者在照顾过程中的需求

国外研究者对父母照顾过程中的状态、特点及其影响因素,以及其中存在的性别差异进行了关注,体现出不同照顾者的需求状况。在家庭成员参与儿童早期照顾时间及其影响因素分析中,母亲的就业特征(兼职或全职工作的角色)十分重要,母亲的全职工作角色对父亲更多参与照顾活动有正面作用。② 同时,父母各自的经济资源、性别意识在儿童照顾工作分配中扮演重要角色。③ 在儿童早期照顾内容分工方面,父亲更倾向参与儿童玩耍的活动、而不是直接照顾他们,母亲无论就业角色如何,依然主要为儿童照顾提供者。同时,父亲参与对父母幸福感的提升有帮助。④ 在父母和祖辈参与儿童照顾时间的研究中,母亲在儿童常规照顾、单独参与照顾中投入时间最多,祖母参与居中,父亲和祖父在常规照顾、单独参与照顾中投入时间最少,在包括娱乐的多任务活动中投入时间相对增加。⑤ 父母参与儿童早期照顾过程中的意义感、压力水平与家庭因素有相关关系,包括儿童年

---

① 参见 Anna J. Markowitz, Rebecca M. Ryan, Anna D. Johnson, "Child Care Subsidies and Child Care Choices: The Moderating Role of Household Structure", *Children and Youth Services*, Vol. 36, 2014, pp. 230 – 240。

② 参见 Cynthia S. Darling-Fisher and Linda Beth Tiedje, "The Impact of Maternal Employment Characteristics on Fathers' Participation in Child Care", *National Council on Family Relations*, Vol. 39, 1990, pp. 20 – 26。

③ 参见 [22] Natalie Nitsche & Daniela Grunow, "Do Economic Resources Play a Role in Bargaining Child Care in Couples? Parental Investment in Cases of Matching and Mismatching Gender Ideologies in Germany", *European Societies*, Volume 20, 2018, pp. 785 – 815。

④ 参见 Cynthia S. Darling-Fisher and Linda Beth Tiedje, "The Impact of Maternal Employment Characteristics on Fathers' Participation in Child Care", *National Council on Family Relations*, Vol. 39, 1990, pp. 20 – 26。

⑤ 参见 Lyn Craig and Bridget Jenkins, "The Composition of Parents'and Grandparents'Childcare Time: Gender and Generational Patterns in Activity, Multi-tasking and Co-presence", *Ageing & Society*, Vol. 36, 2016, pp. 785 – 810。

龄、互动或常规的儿童照顾、父母就业情况等，总体上母亲压力水平更大，父亲略微更有意义感。① 从性别平等角度出发，女性在劳动力市场中遭遇不平等的主要原因之一在于儿童养育中的不平等，女性在增加了劳动参与率的同时保持着照顾儿童的主要责任，男性没有相应增加家务劳动。同时，女性与男性在就业收入方面也没有达到平等。②

2. 儿童早期照顾对女性就业和生育的影响

儿童早期照顾对女性就业和生育的影响这一议题受到关注。大量经验研究表明，儿童早期照顾政策在促进生育和女性就业方面具有有效性。有学者对发达国家生育率与儿童早期照顾政策供给、女性劳动参与率、本地人均收入之间的关系进行研究，生育率与三者均呈现正相关关系。在政府加强儿童早期照顾服务的供给后，生育率与女性劳动参与率均有一定程度的提高。③ 在儿童早期照顾政策对就业和生育决策的影响研究中，儿童早期照顾津贴的供给对就业有一定促进作用，并增加了高学历女性的生育率。④ 学者们计算出美国1991—1996年公共儿童照顾津贴的增长对于单身母亲就业率具有一定贡献。⑤ 在加拿大和美国的已婚家庭就业选择模型中，显示了儿童照顾津贴、儿童照顾价格、就业薪酬水平、儿童照顾方式对母亲就业选择的显著影响。种族、民族、父亲收入也是潜在影响因素。与加拿大母亲相比，

---

① 参见 A. Roeters, P. Gracia, "Child Care Time, Parents' Well-Being, and Gender: Evidence from the American Time Use Survey", *Journal of Child & Family Studies*, 2016, Vol. 8, pp. 2469 – 2479。

② 参见 Elizabeth M. Hill, M. Anne Hill, "Gender Differences in Child Care and Work: An Interdisciplinary Perspective", *Journal of Behavioral Economics*, Vol. 1, 1990, pp. 81 – 101。

③ 参见 Masaya Yasuoka, Atsushi Miyake, "Effectiveness of Child Care Policies in an Economy with Child Care Services", *Modern Economy*, vlo. 3, 2012, pp. 658 – 670。

④ 参见 Peter Haan, Katharina Wrohlich, "Can Child Care Policy Encourage Employment and Fertility? Evidence from a Structural Model", *Labour Economics*, Vol. 18, 2011, pp. 498 – 512。

⑤ 参见 Jay Bainbridge, Marcia K. Meyers, Jane Waldfogel, "Child Care Policy Reform and the Employment of Single Mothers", *Social Science Quarterly*, Vol. 84, 2003, pp. 771 – 791。

美国母亲更多选择全职就业、选择托育机构照顾儿童。① 在西班牙部分区域儿童早期照顾中，托育机构服务的可获得性对生育率有显著的正面影响。②

有经验研究表明，儿童早期照顾政策在促进生育和女性就业方面作用发挥有限。在没有市场化托育服务系统的前提下，不同于许多研究考虑儿童照顾成本对于母亲就业的影响，卡斯滕·汉克（Karsten Hank）、迈克·克林菲尔德（Michaela Kreyenfeld）则聚焦儿童照顾的可获得性对母亲就业的鼓励作用。研究结果表明，德国儿童照顾津贴政策对于女性就业并没有显著影响。德国的儿童照顾政策目标在于提供高质量的儿童照顾、侧重儿童早期教育。下一步，在保持高质量的同时，满足更灵活、广泛（比如所有时间段）的各年龄段儿童照顾需求，也许能发挥鼓励母亲就业的作用。③ 有学者在对 OECD 国家就业数据进行比较研究后，认为德国的儿童津贴政策对母亲就业率、生育率的促进作用十分有限。④ 在对美国儿童照顾成本和家庭劳动力供给的研究中发现，父母在选择就业或购买儿童照顾市场服务时，均对儿童正式照顾和非正式照顾的成本和价格十分敏感。儿童照顾津贴政策没有达到预期中鼓励就业的政策目标，更需要关注的低收入家庭受益很少，而中等收入家庭、高收入家庭受益更多。⑤ 儿童早期照顾政策鼓励低收入群体通过税收抵免和报销，而不是直接补贴来使用高质

---

① 参见 C. Michalopoulos, PK Robins, "Employment and Child-care Choices in Canada and the United States", *Canadian Journal of Economics*, Vol. 33, 2010, pp. 435 – 470。

② 参见 Pau Baizán, "Regional Child Care Availability and Fertility Decisions in Spain", *Demographic Research*, 2009, Vol. 21, pp. 803 – 842。

③ 参见 Karsten Hank, Michaela Kreyenfeld, "Does the Availability of Childcare Influence the Employment of Mothers? Findings from Western Germany", *Population Research & Policy Review*, 2000, Vol. 19, pp. 317 – 337. Karsten Hank and Michaela Kreyenfeld, "A Multilevel Analysis of Child Care and Women's Fertility Decisions in Western Germany", *Journal of Marriage & Family*, 2003, Vol. 65, pp. 584 – 596。

④ 参见 Alexander Bick, "The Quantitative Role of Child Care for Female Labor Force Participation and Fertility", *Journal of the European Economic Association*, 2015, Vol. 14, pp. 639 – 668。

⑤ 参见 David M. Blau and Philip K. Robins, "Child-care Costs and Family Labor Supply", *Review of Economics & Statistics*, 1988, Vol. 70, pp. 374 – 381。

量和高成本的正规儿童照顾服务，效果受到限制。由于有限资源和更少灵活度的工作安排，低收入家庭的就业母亲面临着显著的儿童照顾挑战。低收入家庭大量使用非正式照顾安排，可负担性、方便比质量更为重要。① 在不同国家，可负担、可获得的儿童照顾对于母亲就业率及其快速增长是强有力的推动因素。尽管有很强的相关性，但在挪威，可负担、可获得的儿童照顾没有增加母亲的劳动供给，而是主要将非正式的儿童照顾安排转为正式。②

另外，诸多研究表明，儿童早期照顾成本与母亲就业率成反比。③ 在加拿大、美国儿童照顾服务价格对母亲就业和购买儿童照顾服务产生显著负效应，显著妨碍母亲就业。④ 在儿童照顾服务的可获得性、可负担性与母亲就业的研究中，1990年的美国儿童照顾调查数据表明，儿童早期照顾服务的可获得性影响所有就业母亲的工作稳定性，照顾服务价格影响中等收入母亲的就业，照顾方式的稳定性影响中等和高收入母亲的就业，照顾方式的灵活性影响低收入母亲的就业。⑤ 在工作与家庭冲突方面，没有证据表明托育机构的使用减少工作家庭

---

① 参见 Julia R. Henly, Sandra Lyons, "The Negotiation of Child Care and Employment Demands Among Low-Income Parents", *Journal of Social Issues*, 2000, vol. 56, pp. 683 – 706。

② 参见 Havnes Tarjei, Mogstad Magne, "Money for Nothing? Universal Child Care and Maternal Employment", *Journal of Public Economics*, Vol. 95, 2011, pp. 1455 – 1465。

③ 参见 Heckman. J, "Effects of Child-care Programs on Women's Work Effort", *Journal of Political Economy*, 1974, Vol. 82, pp. 136 – 163. Herbst, C. M., Barnow. B. S., "Close to Home: A Simultaneous Equation Model of the Relationship between Child Care Accessibility and Female Labor Force Participation", *Journal of Family and Economic Issues*, 2008, Vol. 29, pp. 128 – 151. Kreyenfeld. M., Hank K, "Does Availability of Child Care Influence the Employment of Mothers? Findings from Western Germany", *Population Research and Policy Review*, 2000, Vol. 19, pp. 317 – 337. Powell, L. M, "The Impact of Child Care Costs on the Labor Supply of Married Mothers: Evidence from Canada", *Canadian Journal of Economics*, 1997, Vol. 30, pp. 577 – 594。

④ 参见 G. Cleveland, M. Gunderson, D. Hyatt, "Child Care Costs and the Employment Decision of Women: Canadian Evidence", *Canadian Journal of Economics*, 1996, Vol. 29, pp. 132 – 151. Jean Kimmel, "Child Care Costs as a Barrier to Employment for Single and Married Mothers", *Review of Economics & Statistics*, 1998, Vol. 80, pp. 287 – 299。

⑤ 参见 Sandra Hoffferth, Nancy Collins, "Child Care and Employment Turnover", *Population Research and Policy*, 2000, Vol. 19, pp. 357 – 395。

冲突、提高父母的工作考勤率。研究表明，对儿童照顾方式的监督越充分、满意度越高，工作与家庭间的冲突越小，父母工作考勤率越高。①

3. 家庭关于儿童照顾方式的选择

一些研究发现，家庭对于儿童照顾方式的选择受到经济因素如家庭收入、儿童照顾成本、儿童照顾津贴等，以及儿童照顾服务因素如服务时间、地点、质量的影响。② 在研究家庭对儿童早期照顾模式的选择时，通常使用包含需求成本、质量和偏好的模型③，家庭在儿童方式的选择上，会考虑到儿童的需要，包括儿童年龄、父母或其他家庭成员是否可以照顾孩子④；家庭收支状况，比如家庭收入和替代照顾方式的成本；照顾质量，包括师生比、教师受教育程度、专业化程度、与儿童的沟通方式；其他偏好，比如父母养育方式、服务的方便性等。⑤ 这些因素之间的权衡是在不同方式的成本和利益之间进行的。

---

① 参见 S. J. Goff, M. K. Mount, R. L. Jamison, "Employer Supported Child Care, Work/Family Conflict, And Absenteeism: A Field Study", *Personnel Psychology*, Vol. 43, 2010, pp. 793 – 809。

② 参见 Blau. D., Hagy. A., "The Demand for Quality in Child Care", *Journal of Political Economy*, Vol. 106, 1998, pp. 104 – 146. Powell, L. M., "Joint Labor Supply and Childcare Choice, Decisions of Married Mothers.", *Journal of Human Resources*, Vol. 37, 2002, p. 106。

③ 参见 Hofferth, S. L. & Wissoker, D., "Price, Quality, and Income in Child Care Choice", *Journal of Human Resources*, Vol. 27, 1992, pp. 70 – 111. Davis, E. E. & Connelly, R, "The Influence of Local Price and Availability on Parent's Choice of Child Care", *Population Research and Policy Review*, Vol. 24, 2005, pp. 301 – 334. Hofferth, S. L. & Wissoker, D., "Price, Quality, and Income in Child Care Choice", *Journal of Human Resources*, Vol. 27, 1992, pp. 70 – 111。

④ 参见 Johansen, A., Liebowitz, A. & Waite, L., "The Importance of Child Care Characteristics to Choice of Care", *Journal of Marriage and the Family*, Vol. 58, 1996, pp. 759 – 772。

⑤ 参见 Casper, L. M. & Smith, K. E, "Self Care: Why do Parents Leave their Children Unsupervised?", *Demography*, 2004, Vol. 41, pp. 85 – 301. Johansen, A., Liebowitz, A., Waite, L, "The Importance of Child Care Characteristics to Choice of Care", *Journal of Marriage and the Family*, Vol. 58, 1996, pp. 759 – 772. Del Boca, D., Locatelli, M. & Vuri, D., "Child Care Choices by Working Mothers: The Case of Ltaly", *Review of Economics of the Household*, Vol. 3, 2005, pp. 453 – 477. Hofferth, S. L., Chaplin, D. D, "State Regulations and Child Care Choice", *Population Research and Policy Review*, Vol. 17, 1998, pp. 111 – 140。

例如，一个家庭出于对教育质量有偏好可能更喜欢托育机构，但如果价格太贵，家庭可能最终选择免费的亲人照顾，家庭对教育偏好与价格因素进行了交换。① 同时，家庭选择儿童照顾服务还受到家庭特征、种族、父母教育实践、家庭经济等因素的影响，比如，母亲受教育程度更高、孩子年龄更大以及母亲难以获得充分的社会支持时，家庭接受以机构为基础的项目的可能性是较大的；非裔美国人家庭比白人或拉美裔家庭更倾向于使用机构式护理；父母教育实践，比如注重儿童早期识字发展、倾向对儿童密切关注的家庭更可能选择机构教育；少数种族家长在儿童早期教育的倾向上偏爱教学而不是以儿童为中心、以游戏为导向的学习方式。②

关于儿童照顾方式与儿童照顾满意度之间的关系有多种发现，有学者在家庭成员照顾和机构托育照顾的比较中发现，那些使用机构托育照顾方式的母亲对师生比、情感和智力支持都更满意。③ 还有学者发现与选择机构托育照顾方式相比，选择家庭成员照顾方式的父母更关心孩子的情感需求。④ 在对1675个拥有学前儿童的家庭进行调查后发现，相比机构托育照顾，家长对亲人和保姆照顾满意度更高。亲人照顾满意度高的原因在于爱的环境、费用低。保姆照顾虽然价格最贵，但有许多其他优点如路程花费时间少，儿童生病时不需紧急安排，照顾儿童的同时可以进行其他家务劳动。父母对于儿童照顾的满

---

① 参见 Casper, L. M., Smith, K. E., "Self Care: Why do Parents Leave their Children Unsupervised?", *Demography*, Vol. 41, 2004, pp. 285 – 301. Cristina Borra, Luis Palma, "Child Care Choices in Spain", *Journal of Family and Economic Issues*, Vol. 30 2009, pp. 323 – 338。

② 参见 Bruce Fuller, Susan D. Holloway and Xiaoyan Liang, "Family Selection of Child-Care Centers: The Influence of Household Support, Ethnicity, and Parental Practices", *Child Development*, 1996, Vol. 67, pp. 3320 – 3337。

③ 参见 Roopnarine, J. L., Mounts, N. S. & Caste, G., "Mothers' Perceptions of their Children's Supplemental Care Experience: Correlation with Spousal Relationship", *American Journal of Orthopsychiatry*, Vol. 56, 1986, pp. 581 – 588。

④ 参见 Pence, A. R. & Goelman, H, "Silent Partners: Parents of Children in Three Types of Day care", *Early Childhood Research Quarterly*, Vol. 2, 1987, pp. 103 – 118。

意度与他们平衡工作与家庭的满意度直接相关。① 有研究表明，使用机构托育照顾方式的母亲在服务可获得性方面的满意度明显低于使用家庭照顾方式的母亲。② 也有研究发现母亲对不同儿童照顾方式的满意度没有显著差异。③

4. 儿童早期照顾质量与儿童早期发展

在影响儿童发展结果的因素研究中，研究者认为美国儿童照顾质量的结果受到儿童照顾的结构变量和过程变量因素的影响。④ 家庭照顾的结构变量为家庭收入、母亲受教育程度、母亲就业状况，非家庭照顾的结构变量为照顾者的受教育程度、专业训练程度、师生比。⑤ 其中，母亲全职工作和非母亲的儿童照顾对于儿童能力有负面影响，在一年的时间内，母亲全职工作并使用儿童照顾服务，儿童能力测验成绩平均下降1.8%。⑥ 母亲照顾的过程变量包括母亲的敏感性、情绪控制力、对儿童的认知能力培养；非家庭照顾的过程变量包括照顾者与儿童之

---

① 参见 Carol J. Erdwins, Wendy J. Casper, Louis C. Buffardi, "Child Care Satisfaction: The Effects of Parental Gender and Type of Child Care Used", *Child & Youth Care Forum*, Vol. 27, 1998, pp. 111–123。

② 参见 Erdwins, C. J., Buffardi, L. C, "Different Types of Day Care and Their Relationship to Maternal Satisfaction, Perceived Support, and Role Conflict", *Child and Youth Care Forum*, Vol. 23, 1994, pp. 41–54。

③ 参见 Fuqua, R., Labensohn, D., "Parents as Consumers of Child Care", *Family Relations*, 1986, Vol. 35, pp. 295–303. Mason. K. O., Duberstein. L, "Consequences of Child Care for Parents'well-being", *Trends and Consequences*, 1992, pp. 127–158。

④ 参见 NICHD Early Child Care Research Network, "Child-care Structure→Process→Outcome: Direct and Indirect Effects of Child-care Quality on Young Children's Development", *Psychological Science*, Vol. 13, 2002, p. 199。

⑤ 参见 Fischer, J. L. & Eheart, B. K., "Family day Care: A Theoretical Basis for Improving Quality", *Early Childhood Research Quarterly*, 1991, Vol. 6, pp. 549–563. NICHD Early Child Care Research Network, "Characteristics and Quality of Child Care for Toddlers and Preschoolers", *Applied Developmental Science*, 2000, Vol. 4, pp. 16–135. Phillips, D., Mekos, D., Scarr, S., McCartney, K. & Abbott-Shim, M, "Within and Beyond the Classroom Door: Assessing Quality in Child Care Centers", *Early Childhood Research Quarterly*, 2001, 15, pp. 475–496。

⑥ 参见 Raquel Bernal, "The Effect of Maternal Employment and Child Care on Children's Cognitive Development", *International Ecnomic Review*, 2008, Vol. 49, pp. 1173–1209。

间的互动关系、照顾环境中的混乱度、过度控制、情绪环境的影响。①有文献表明，敏感的父母照顾和教育对于儿童非常重要，②家庭的人口因素，包括母亲的受教育程度和家庭收入等，对认知能力的影响十分有限，与社会交往能力没有关系。③母亲照顾对儿童认知能力、社会交往能力也有一定的影响力，同时非家庭照顾与儿童认知能力、社会交往能力之间有一定联系，非母亲照顾的影响，在认知方面只有母亲照顾的22%，社会交往方面达到母亲照顾的75%。④从结构变量到过程变量再到儿童照顾的结果和质量，三者之间的交互关系已经得到验证。⑤

对于不同社会地位家庭，儿童照顾质量对于处于弱势家庭和高风险背景下的儿童有更强的影响力，对优势家庭儿童也有一定程度的影响。⑥比如，挪威的儿童照顾服务普遍对儿童长期发展结果、儿童教育成就和就业有显著正面影响，并且可减少福利依赖，同时低学历家

---

① 参见 McCartney, K, "Effect of Quality of Day Care Environment on Children's Language Development", *Developmental Psychology*, 1984, Vol. 20, pp. 244 – 260. Clarke-Stewart, K. A., Gruber, C. P. & Fitzgerald, L. M., *Children at home and in Day Care*, Hillsdale, NJ: Erlbaum, 1994, p. 27. Peisner-Feinberg, E. S. & Burchinal, M. R, "Relations between Preschool Children's Child-care Experiences and Concurrent Development: The Cost, Quality, and Outcomes Study", *Merrill-Palmer Quarterly*, 1997, Vol. 43, pp. 451 – 477。

② 参见 Collins, W. A., Maccoby, E. E. "Contemporary Research on Parenting", *American Psychologist*, 2000, Vol. 55, pp. 218 – 232。

③ 参见 Clarke-Stewart, K. A. & Allhusen, V. (in press), *Nonparental Caregiving*, In M. Bornstein (Ed.), *Handbook of Parenting*, Mahwah, NJ: Erlbaum, 1998, p. 66。

④ 参见 NICHD Early Child Care Research Network, "Child-care Structure→Process→Outcome: Direct and Indirect Effects of Child-care Quality on Young Children's Development", *Psychological Science*, 2002, Vol. 13, p. 199. Fischer, J. L. & Eheart, B. K., "Family Day Care: A Theoretical Basis for Improving Quality", *Early Childhood Research Quarterly*, Vol. 6, 1991, pp. 549 – 563。

⑤ 参见 Galinsky, E., Howes, C. & Kontos, S., *The Family Child Care Training Study*, New York: Families and Work Institute, 1995, p. 58. Phillips, D., Mekos, D, "Within and Beyond the Classroom Door: Assessing Quality in Child Care Centers", *Early Child-hood Research Quarterly*, Vol. 15, 2001, pp. 75 – 96。

⑥ 参见 ES Peisnerfeinberg, Burchinal, "Relations between Preschool Children's Child-care Experiences and Concurrent Development: The Cost, Quality, and Outcomes Study", *Merrill-Palmer Quarterly*, Vol. 43, 1997, pp. 451 – 477。

庭的孩子和女孩从中获益最多。① 另外，在贫困社区中的研究表明，机构托育照顾对于儿童认知能力发展具有积极效果，相比之下，家庭照顾方式中的儿童有更多行为问题，但两类照顾方式中的儿童不存在认知能力的差异。② 在坦桑尼亚低收入地区的儿童早期照顾非正式支持研究中发现，移民、贫穷、年轻的父母等弱势群体最需要公共政策的支持，他们最缺乏非正式社会网络的支持。③

（三）儿童早期照顾需求评估方法维度

有学者反思将家庭已选择的儿童照顾方式作为儿童照顾需求预测因素的合理性。对已有关于儿童照顾需求评估的信度和效度存在疑问，基本的缺陷在于，将已使用的选项等同为需求是错误的，或者进一步将已使用的选项作为偏好也是不正确的。一个人的选择是在他没有意识到自己有替代选择，或者所希望的其他选项是不可获得的，或者只存在于有限的供给，或者没有考虑到距离和价格因素。当选择被限制时，由之推断出的结论和偏好是可疑的。供给与需求的关系④，在有关研究中，认为南部和西部家庭更偏好机构照顾的真正原因在于，南部和西部机构照顾服务的供给比其他地区更充足。这并不能说明其他地区不偏好机构照顾，不能说明其他地区、南部和西部地区的需求有差别。⑤ 再如，有研究提出，低收入父母大量使用非正规照顾，是在可负担、安全、方便的正规照顾受到严格限制的情况下发生的。因此，在评估正规儿童照顾需

---

① 参见 Tarjei Havnes, Magne Mogsta, "No Child Left Behind: Universal Child Care and Children's Long-Run Outcomes", *American Economic Journal Economic Policy*, Vol. 3, 2011, pp. 97–129。

② 参见 Sharon Lynn Kagan, Bidemi Carrol, "Child Care in Poor Communities: Early Learning Effects of Type, Quality, and Stability", *Child Development*, Vol. 75, 2004, pp. 47–65。

③ 参见 Columba K. Mbekenga Email, Andrea B. Pembe, Kyllike Christensson, Elisabeth Darj and Pia Olsson, "Informal Support to First-parents after Childbirth: a Qualitative Study in Low-income Suburbs of Dar es Salaam, Tanzania", *BMC Pregnancy and Childbirth*, vol. 11, 2011, p. 98。

④ 参见 Nancy Hendrix, "Child-care Usage Patterns as Estimates of Child-care Need", *The Journal of Sociology & Social Welfare*, 1981, Vol. 8, p. 655。

⑤ 参见 Hill, C. Russell, "Private Demand for Child Care: Implications for Public Policy", *Evaluation Quarterly*, 1978, Vol. 2, pp. 523–546。

求时，如果用现有行为来解释父母偏好是不正确的。①

研究者对儿童照顾质量的需求进行了分析，包括儿童照顾质量需求与儿童照顾价格、母亲薪酬、家庭特征（儿童年龄和数量、成年人人数、母亲和父亲受教育程度等）之间的关系。同时，将儿童照顾质量的测量可操作化为可观察因素（比如儿童照顾方式的选择、机构托育服务中的班级规模、师生比例、教师专业程度）和潜在因素（比如照顾者的动力和热情、消费者的地位）。受教育程度高的母亲要求更高质量的儿童早期照顾，比如教师受教育程度、师生比、班级规模等，在经济方面的投入更多。研究发现，消费者很少重视发展心理学家所界定的质量，不太认为质量与班级规模、师生比、教师专业程度相关，最看重的是时间便利、地点、可靠性。同时，供给约束了消费者实现他们的选择偏好。在政策实施效果上，当前的儿童津贴政策带来服务需求在数量上的增加，但质量（班级规模、师生比、教师专业程度）甚至是下降的。②

总体上，西方学界对儿童早期照顾需求问题从多个角度进行了比较广泛深入的研究，同时，在这一领域的研究中，西方学界在方法上主要以定量研究为主，拥有较为充分的经验数据支撑。就研究内容而言，在政策方面，对国家—家庭关系中的政策模式、政策对儿童照顾质量和照顾方式选择的影响、市场化的托育服务供给与质量等方面进行了分析，较为清晰地反映了政策定义中的儿童早期照顾需求以及政策供给对需求的影响。在家庭儿童照顾研究中，提出性别平等这一重要视角，同时对父母照顾特点、分工进行了关注，体现了性别平等意义上的家庭照顾需求。儿童早期照顾对就业、生育影响同样是西方学

---

① 参见 Julia R. Henly, Sandra Lyons, "The Negotiation of Child Care and Employment Demands Among Low-Income Parents", *Journal of Social*, 2000, Vol. 56, pp. 683–706。

② 参见 David M. Blau, Alison P. Hagy, "The Demand for Quality in Child Care", *Journal of Political Economy*, Vol. 106, 1998, pp. 104–146. K. E. Yaeger, "Cost, Convenience and Quality in Child Care Demand", *Children and Youth Services Review*, Vol. 1, 1979, pp. 293–313。

界研究的重点议题之一,也是儿童照顾政策目标重点关注的内容,对家庭和社会在上述问题中体现的需求进行了深入剖析。儿童照顾方式的选择同样是西方学界关注的特点,并作为反映需求的标志之一,在此基础上,在对儿童照顾需求的研究中,部分学者在理论层面对现有研究进行了反思,提出已有的儿童照顾方式选择并不能代表家庭需求偏好和真实需求这一观点。在儿童早期发展方面,对早期照顾质量、家庭教养方式对儿童发展结果影响的研究中,均形成系统化、理论化成果。在上述研究中展现的多重研究视角、研究框架、研究发现均对本书研究中国儿童早期照顾需求问题具有重要启发意义。

二 国内研究现状述评

国内学界对儿童早期照顾问题进行了多方面的研究,主要包括儿童早期照顾政策、家庭视角中的儿童照顾、儿童早期教育、儿童早期照顾的国际经验等方面。

(一) 儿童早期照顾需求政策维度

在对我国儿童早期照顾政策的历史变迁分析中,研究者普遍从国家与家庭关系、性别等视角出发,认为我国经历了不同政策与社会服务支持的几个时期,目前处于对家庭支持较为有限的时期。比如,张亮从性别、家庭、国家视角出发,研究儿童照顾问题在中国产生和发展的政治过程,儿童照顾政策的起源和演变历程。他认为,1949年以来,国家先后出于解放妇女和妇女劳动力、学前儿童教育两个动机介入儿童照顾领域。国家对儿童照顾中采取最小介入的立场,即使在提供公共支持的计划经济时期,国家也是最大化家庭责任、最小化国家支持作用。国家政策干预一定程度上导致了社会不平等的后果,表现在性别不平等、不同阶层受益机会不均、城乡家庭和儿童之间的不平等。[①]徐浙宁从国家与家庭的关系出发,对我国关于儿童早期发展的家庭政

---

① 参见张亮《中国儿童照顾政策研究——基于性别、家庭和国家的视角》,博士学位论文,复旦大学,2014年。

策（1980—2008）进行了分析。研究发现，20世纪90年代后，相关政策发展较快，基本形成了覆盖儿童早期健康、教育、法律保护和环境的政策体系，并逐渐从"责任取向"转向"权利取向"。但由于我国长期以来"家庭化"的养育责任分配、尚不发达的社会经济状况等因素，使现有相关政策的构成依然以"家庭支持"为主，对家庭的支持还非常有限。[①] 邓锁提出从家庭补偿到社会照顾的儿童福利政策的发展路径分析，他认为当前的儿童福利政策在总体上还仍然是一种补缺性和维持性的制度安排，政策的主要目标仍然是为了满足困境儿童及其家庭的基本福利需要，而非更具发展及可持续性的照顾支持。在计划体制时期儿童照顾主要为父爱主义福利模式。国有企业改革后集体照顾的式微，市场化的照顾服务成为最直接的替代，照顾的商业化也产生了阶层效应。我国的儿童照顾面临着照顾体制和家庭形态变迁的双重冲击，导致家庭在回应儿童抚育和照顾需求上的能力不足。[②]

在对我国当前的儿童照顾政策研究分析中，学者们普遍认为，目前我国儿童照顾政策对家庭的支持不足。和建花认为目前在中国，幼儿教育事业的重要性已经得到了应有的强调。然而托幼事业、托幼政策对帮助父母特别是妇女解决育儿与工作的冲突、促进妇女就业、促进男女平等所起到的推动和促进作用，却没有得到应有的研究和强调。[③] 孙艳艳认为近几年来，中国针对3—6岁儿童的"普惠性"学前教育体系也逐渐提上日程，唯有针对0—3岁儿童及其家庭的相关政策与公共服务处在极不完善的阶段，无法应对社会变迁所导致的一系列家庭结构与家庭功能的变化。[④] 宋健提出，目前中国的托幼服务

---

① 参见徐浙宁《我国关于儿童早期发展的家庭政策（1980—2008）——从家庭支持到支持家庭》，《青年研究》2009年第4期。

② 参见邓锁《从家庭补偿到社会照顾：儿童福利政策的发展路径分析》，《社会建设》2016年第2期。

③ 参见和建花《从支持妇女平衡家庭工作视角看中国托幼政策及现状》，《学前教育研究》2008年第8期。

④ 参见孙艳艳《0—3岁儿童早期发展家庭政策与公共服务探索》，《社会科学》2015年第10期。

政策以教育为主，且3岁以下婴幼儿相关政策缺位。① 单纯针对儿童照顾政策的研究比较有限，儿童照顾政策是家庭政策的重要组成部分，还有许多学者对当前家庭政策进行了思考，认为目前的家庭政策仍未脱离含蓄型和补缺型模式的局限。② 张秀兰、徐月宾认为转型期的中国社会政策赋予了家庭重要的社会保护责任，但对家庭的支持却非常有限。社会政策不能局限于缺陷修补，而要以支持和满足社会成员的发展需要为出发点。③

在儿童早期照顾政策建议方面，李莹、赵媛媛、王晖等学者进行了探讨④，从政府、市场、社会、家庭等多个角度提出了政策建议。杨菊华等提出建构"以政府为主导，以市场为主体，以社会为补充，以社区为依托、以家庭为基础"的3岁以下婴幼儿托育服务体系，形成具有中国特色的福利性与公益性、市场化运作与家庭照料相结合的多层次服务模式，是未来我国托育服务体系建设的基本方向。⑤ 刘中一认为应提高政府重视程度，出台0—3岁儿童托育服务规范，明确业务主管部门、完善托育服务体系，利用现有托育资源、加大托育服务供给，发挥企业、社区在托育服务中的作用。⑥

（二）儿童早期照顾需求的家庭维度

第一，关于隔代照顾这一中国城市中普遍存在的儿童早期照料形式，学者们给予了诸多关注，比如老年人生活满意度、子女劳动参与

---

① 参见宋健《托幼服务相关政策：中国现实与国际经验》，《人口与计划生育》2016年第11期。

② 参见胡湛、彭希哲《家庭变迁背景下的中国家庭政策》，《人口研究》2012年第2期；吴帆《第二次人口转变背景下的中国家庭变迁及政策思考》，《广东社会科学》2012年第3期。

③ 参见张秀兰、徐月宾《建构中国的发展型家庭政策》，《中国社会科学》2003年第6期。

④ 参见李莹、赵媛媛《儿童早期照顾与教育：当前状况与我国的政策选择》，《人口学刊》2013年第2期；王晖《3岁以下婴幼儿托育需求亟需重视》，《人口与计划生育》2016年第11期。

⑤ 参见杨菊华、杜声红《建构多元一体的婴幼儿托育服务体系》，《中国社会科学报》2017年8月23日。

⑥ 参见刘中一《多措并举加强0—3岁幼童托育工作》，《人口与计划生育》2016年第11期。

率和生育意愿、代际分工等。① 肖索未通过实证研究的方式考察了城市家庭中广泛存在的代际育儿合作现象，深入分析了代际间的分工合作与权利关系。研究发现，在代际合作育儿过程中，家庭内部形成了"严母慈祖"的分工和权利格局，母亲掌握主导孩子成长的话语权和决策权并承担社会性抚育的教育职责，祖辈以"帮忙者"的角色进入子女家庭、承担大量的儿童生理性抚育和家庭照料的工作，但在家庭事务决策和话语权上处于边缘位置。② 唐晓菁认为"隔代抚育"是一套有着一定历史延续性的制度化安排，该制度在调动、延续家庭传统代际互助纽带的同时，亦延长、强化了老年父母的牺牲型父母角色与年轻父母在生活中的"孩子化"角色，为当今独生子女一代年轻父母个体成长与现代父母角色、情感的形成带来限制。③ 王晶等提出了老年人"候鸟型照料"和"留守型照料"两种过渡形态的照料模式，及其与二孩生育意愿的相关关系。④ 另外，卢洪友等研究发现，老年父母的隔代照料显著提高了子女的劳动供给，并且女性的工作时间增加幅度远大于男性。⑤

第二，在儿童早期照顾带来的就业、生育影响研究中，杜凤莲认为，在中国儿童看护供给体制逐步由单位或者国家福利式供给转向市场提供时，儿童看护方式的成本、可获得性的变化对劳动力供给产生

---

① 参见郑杨《对中国城乡家庭隔代抚育问题的探讨》，《学术交流》2008年第9期；吴祁《进城隔代抚养的祖辈生活满意度及其影响因素》，《南通大学学报》（社会科学版）2017年第5期；宋璐、冯雪《隔代抚养：以祖父母为视角的分析框架》，《陕西师范大学学报》（哲学社会科学版）2018年第1期；靳小怡、刘妍珺《照料孙子女对老年人生活满意度的影响——基于流动老人和非流动老人的研究》，《东南大学学报》（哲学社会科学版）2017年第2期。

② 参见肖索未《"严母慈祖"：儿童抚育中的代际合作与权力关系》，《社会学研究》2014年第6期。

③ 参见唐晓菁《城市"隔代抚育"：制度安排与新生代父母的角色及情感限制》，《河北学刊》2017年第1期。

④ 参见王晶、杨小科《城市化过程中家庭照料分工与二孩生育意愿研究》，《公共行政评论》2017年第2期。

⑤ 参见卢洪友、余锦亮、杜亦譞《老年父母照料家庭与成年子女劳动供给——基于CFPS微观数据的分析》，《财经研究》2017年第12期。

了影响，女性劳动参与率呈下滑趋势，同时，在此过程中影响劳动参与率的因素还包括与父母居住地的距离、最小孩子年龄、实际工资水平等。① 另外，在研究祖父母和正规儿童照料对0—6岁儿童母亲劳动参与率的影响中，祖母参与儿童照料对女性劳动参与率的影响要大于正规儿童照料，祖母参与照料在维持母亲劳动参与率方面发挥着重要作用。由于祖父母在儿童照料中的作用，延迟退休和全面二孩政策在实施上存在冲突。② 石智雷等的研究则进一步指出，儿童养育问题与育龄夫妇再生育的意愿有明显关联。③

第三，以新社会风险为视角的研究，钟晓慧、郭巍青对社会服务支持不足下的家庭照顾进行了实证研究，分析了母亲在女性就业与儿童照顾的两难困境之中的应对策略，包括空间规划、网络构建和时间分配等，但这一现象存在可持续性问题，且因条件差异产生不平等。④

第四，关于儿童照顾方式的选择研究，有学者对中国独生子女政策下的儿童照顾方式选择影响因素进行了探索，除了常规影响因素之外，儿童性别和兄弟姐妹年龄顺序也是显著影响因素，研究发现，中国独生子女比非独生子女入园入托的比例更高，家中年龄大的男孩或学龄儿童会降低年龄小的女孩和学前儿童接受托育机构照顾的可能性。同时，低收入家庭接受托育机构教育的比例更低。⑤

第五，家庭早期教养方式的研究，有学者从儿童性别、祖辈与父母教养差异、受教育程度等因素考察对教养方式的影响，认为教养方

---

① 参见杜凤莲《家庭结构、儿童看护与女性劳动参与：来自中国非农村的证据》，《世界经济文汇》2008年第2期。

② 参见杜凤莲、张胤钰、董晓媛《儿童照料方式对中国城镇女性劳动参与率的影响》，《世界经济文汇》2018年第3期。

③ 参见石智雷、杨云彦《符合"单独二孩"政策家庭的生育意愿与生育行为》，《人口研究》2014年第5期。

④ 参见钟晓慧、郭巍青《新社会风险视角下的中国超级妈妈——基于广州市家庭儿童照顾的实证研究》，《妇女研究论丛》2018年第2期。

⑤ 参见 Fuhua Zhai, Qin Gao, "Center-Based Care in the Context of One-Child Policy in China: Do Child Gender and Siblings Matter?", *Population Research and Policy Review*, 2010, Vol. 29, pp. 745 – 774。

式不存在性别差异、祖辈教养比父母有更少的鼓励独立和探索，而有更多的拒绝、鼓励成功、关注和保护以及实施高压、权威的管教方式，高学历父母在教养方式的多个维度上普遍优于低学历父母。①

（三）儿童早期照顾国际经验维度

我国学者在儿童早期照顾国际经验方面的研究较多②，在国家政策③方面，对发达国家在早期照料④、教育⑤、生育支持、家庭⑥等方面的政策予以关注，并对早期发展项目如美国"开端计划"、英国"确保开端"⑦和"保教一体化"的学前教育⑧、美国"儿童保育与发展专款"项目⑨等方面进行研究。张亮研究了欧美儿童照顾社会政策的发展，并对三种干预手段进行介绍和分析：服务政策（日托和早期教育服务）、时间政策（产假、父亲假和父母假）、经济支持政策。⑩刘彤从历史发展的角度对美国"开端计划"历程进行研究，包

---

① 参见林青《婴儿的父母和祖辈的教养方式研究》，《首都师范大学学报》（社会科学版）2009 年增刊。

② 参见杨启光《儿童早期发展多元化政策目标整合的国际经验》，《学前教育研究》2015 年第 4 期；王茜《促进儿童早期发展的国际经验及其对我国的启示》，《人口与计划生育》2016 年第 15 期。

③ 参见刘云艳、岳慧兰《韩国的学前教育政策：现状、问题及其启示》，《外国教育研究》2013 年第 7 期；厉育纲《加拿大儿童照顾政策及其对我国部分现行政策的启示——以安大略省儿童照顾政策为个案的分析》，《北京青年政治学院学报》2007 年第 3 期；白仙姬《韩国儿童保育津贴政策及争议》，《社会保障研究》（北京）2007 年第 2 期。

④ 参见李敏谊、张晨晖《从布莱尔到布朗——英格兰幼儿教育和保育政策的发展历程与新进展》，《外国教育研究》2010 年第 9 期；和建花《部分发达国家 0—3 岁托幼公共服务经验及启示》，《中华女子学院学报》2018 年第 5 期。

⑤ 参见刘焱《英国学前教育的现行国家政策及改革》，《比较教育研究》2003 年第 9 期。

⑥ 参见和建花《法国家庭政策及其对支持妇女平衡工作家庭的作用》，《妇女研究论丛》2008 年第 6 期。

⑦ 参见李硕《英国布莱尔政府学前教育政策——确保开端项目》，硕士学位论文，东北师范大学，2012 年。

⑧ 参见霍力岩、齐政珂《全面整合学前儿童服务体系——走向"保教一体化"的英国学前教育》，《比较教育研究》2010 年第 5 期。

⑨ 参见向美丽《美国"儿童保育与发展专款"项目的形成、内容与特点——美国第二大贫困儿童早期保教项目简述》，《学前教育研究》2009 年第 2 期。

⑩ 参见张亮《欧美儿童照顾社会政策的发展及借鉴》，《当代青年研究》2014 年第 5 期。

括开端计划创立和发展的历程、在不同历史时期的发展目标、实施途径及主要内容，剖析了影响"开端计划"发展的社会因素，总结并评价了"开端计划"的历史经验和教训等。①杨菊华通过梳理日本、韩国、新加坡、美国等八国在假期福利、津贴补助、儿童保育、代际支持和女性就业等方面的相关政策，评估这些政策的生育效用和就业效果，以期为我国生育支持政策体系的构建和完善提供参考借鉴。②

在对早期照顾服务机构的研究中，周欣介绍了托幼机构教育质量的各项指标，包括师生比、教师受教育和受训练程度、对儿童的敏感性和回应性等。③刘中一介绍了英国、瑞典等国家庭式托育的政府管理部门、从业者的基本资格、托育中心运行的基本要求、政府监管方式等。④柳倩介绍了整合性早期服务机构运行模式，主要从组织结构及其运行的角度，对英国、澳大利亚、日本三个国家以社区为基础的整合性早期服务机构运行模式进行比较分析，包括运行目标、执行系统和支持系统等方面，并从政治制度、历史传统、保教管理体制、价值取向四个方面对三个国家政策及其运行差异原因进行了分析。⑤

在早期照顾投入方面，曾晓东、张丽娟以财政支出改革为背景，对OECD国家早期照顾与服务财政支出规模的确定、财政支出方式、成本确定的方式进行了简要分析。⑥池瑾等进一步比较了当前儿童早期发展实际的和最佳的投资模式特征，介绍了近年来发展中国家儿童

---

① 参见刘彤《美国"开端计划"历程研究》，博士学位论文，河北大学，2007年。
② 参见杨菊华《部分国家生育支持政策及其对中国的启示》，《探索》2017年第2期。
③ 参见周欣《托幼机构教育质量的内涵及其对儿童发展的影响》，《学前教育研究》2003年第7期。
④ 参见刘中一《家庭式托育的国际经验及其启示》，《人口与社会》2017年第3期。
⑤ 参见柳倩《世界三国以社区为基础的整合性早期服务机构的运行模式比较研究》，硕士学位论文，华东师范大学，2004年。
⑥ 参见曾晓东、张丽娟《OECD国家早期教育与服务财政支出研究》，《比较教育研究》2007年第11期。

早期发展的实践项目及其干预研究结果。强调政府需要重视并衡量儿童早期保育与教育的质量。① 蔡迎旗、冯晓霞介绍了政府财政投资幼儿教育的合理性研究。②

相当长的一段时间内，国内学界仅把儿童早期照顾视作家庭内部事务放在家庭领域研究，近二十年来，学者们开始将儿童早期照顾纳入公共领域，逐渐在政策层面进行反思，并对中国家庭视角下的隔代照料、儿童早期照顾对就业和生育的影响、女性在就业与儿童早期照顾之间的冲突等问题进行了初步研究，并对儿童早期教育、儿童早期照顾国际经验研究予以了关注。其中，隔代照料这一中国特有现象的提出，体现了儿童早期照顾研究的本土化特色。然而，与西方学界对儿童早期照顾需求的研究相比，国内学界对此问题研究不够深入。首先，国内学界对这一问题的关注度不够，研究领域较为分散，相关研究成果在数量上、质量上均与西方学界有一定差距。在研究方法上，使用实证研究方法的较少，论述分析型方法较多。其次，在具体研究领域上，对西方学界所热点关注的儿童照顾方式选择及其影响因素、儿童早期照顾质量、儿童早期照顾政策运行效果等问题关注较少。对于儿童早期照顾对就业和生育的影响、女性角色冲突等问题，只有少数学者予以关注。在儿童早期照顾国际经验研究方面，主要集中在政策经验介绍层面，缺少与中国现实的结合与分析。总体上，在儿童早期照顾研究领域，尚未形成中国本土化的研究体系。究其原因，可能在于中国儿童早期照顾正式纳入社会议题的时间尚短，近二十多年我国儿童早期照顾政策支持、社会服务相对缺乏，学术界的关注也较为有限。尽管如此，国内研究中展现的多重研究视角、研究发现均对本书的研究主题提供了重要的参考和借鉴。

---

① 参见池瑾、Eduardo Velez《儿童早期发展的投资与干预：国际的实证依据》，《基础教育》2017 年第 5 期。

② 参见蔡迎旗、冯晓霞《政府财政投资幼儿教育的合理性——来自国外的教育经济学分析》，《比较教育研究》2007 年第 4 期。

第三节 理论基础、分析框架与基本概念

一 理论基础：社会需求类型论

关于福利需求分类的研究，较为著名的是布莱德萧的社会需求类型论和马斯洛的需求层次理论。根据研究需要，本书选取布莱德萧的社会需求类型论作为研究基础。由于在儿童早期照顾需求研究中，大多从某一特定视角进行，比如政府视角或家庭视角。而社会需求类型论提供了一个多视角的分析框架，从官方规范、服务需求方的需求感知、服务的可获取性、公平视角等不同维度反映了需求状况，综合或比较分析四个方面的需求状况，可以较为全面地了解真实需求，使社会服务的供给与真正的社会需求之间得以更好地匹配。这一理论为本书的大城市儿童早期照顾需求研究提供了基本分析框架。

英国约克大学布莱德萧教授于1972年发表《社会需求的分类》一文，讨论在政策形成过程中如何进行社会服务需求评估，将社会服务需求分为规范性需求、感觉性需求、表达性需求、比较性需求四类，通过这一分析框架分辨社会服务中真正的需求。社会需求的概念与社会服务的概念相联系，社会服务的历史也就是认识需求、组织社会力量去帮助他人满足需求的过程。同时，社会需求类型论在社会服务供给较为充足的背景下提出，具体用于考察某一地区即将推行的社会服务比如公共保障住房需求。

其中，规范性需求是由政府管理人员或专家学者根据某一状况界定的需求；感觉性需求是服务需求方对某一特定社会服务需求的主观感知；表达性需求是服务需求方通过实际行动表达主观感知；比较性需求是政府管理人员、专家学者或其他人员对相同特征的社会群体在接受社会服务上存在差异的比较。在实践中，每类需求都各有侧重点，也可能存在测量准确性的问题。布莱德萧认为，规范性需求没有标准的、绝对的定义，因为不同服务需求群体可能面临

不同的价值标准、不同的专家学者和政府管理人员可能有着不同的价值判断或者受到不同资源供给条件的现实约束，同时规范性需求标准可能随着时间、社会价值的变化而改变。感觉性需求具有一定主观性，是对真实需求的不充分测量，可能被无真正需求的人夸大，也可能受到个人认知的限制，比如服务需求方是否知道有可用的服务或者在许多情况下他们不愿因接受社会福利而失去独立性。表达性需求常通过希望获得某项社会服务的等候名单作为衡量标准，这一衡量方法比较容易但也存在测量充分性的问题，可能存在等候名单上的人已解决服务需求问题但尚未撤回申请，或者某些类别的人群有真正需求但由于服务申请条件设置而难以进入等候名单等问题。比较性需求中，需求的衡量标准难以获得，在公共保障住房服务中，需要调查已申请公共保障住房人员的特征，然后通过抽样调查获得具有类似特征的社区。同时，社会需求类型论对上述四类需求进行不同的排列组合，分析某一领域社会服务是否同时满足了四类需求中的所有或部分需求。

1983年，苏珊·克莱顿（Susan Clayton）进一步分析了社会需求类型论。他认为布莱德萧提出的需求类型论在实践中存在诸多难题，需引起注意并加以完善。虽然任何讨论社会需要的尝试都充满了问题和潜在的批评，因为这个概念是复杂的，并且能够进行各种各样的解释。他以地方住房管理局对老年社会保障住房需求评估为例，对社会需求类型论在实际政策制定环境中的优缺点进行了分析：第一，规范性需求的优缺点分析基本与布莱德萧的分析相一致。第二，在感觉性需求中，他认为布莱德萧将人们对需求的主观感知等同于需要，想要某项服务与是否真的需要某项服务是两个不同的问题。部分老年人表示愿意申请住房服务，同时承认他们并没有强烈的需求，而许多贫困环境中的老年人可能会接受他们的处境，不再要求任何东西。并且，老年人与同龄人的比较也会影响他们的感觉性需求。另外，社会服务的经济成本影响感觉性需求的表达，有可能受访者由于经济原因而不表达这项服务需求，也可能当服务成本为零时，受访者由于不需要负担成本而索取不需要的服务。总之，在某项社会服务的提供中，感觉性需求是一个复杂的概念。第三，在表达性需求中，将服务等候名单作为需求指标不够充足，因为最需要服务的人可能表达起来最困难，可能因此被排除在外，如不了解服务项目、服务供给中没有适合的居住方式等。同时，如果住房需求超过供应，住房管理部门有时会对等候名单的条件设置更为严格。第四，在比较性需求中，对于不同地区之间的比较可能是不合理的，因为有着不同的经济社会条件。苏珊·克莱顿认为将四类需求进行数据汇集会有困难，因为需求比较的前提是潜在服务需求对象在各类需求中都有全面的数据信息，比如已获取整个地区的表达性需求，但只获取部分人口的感觉性需求，此时这种方法就是不可行的。

苏珊·克莱顿认为社会需求类型论需要改进之处包括：第一，没有考虑到政治、社会、经济因素在政策决策中的决定性影响以及在四种类型需求形成中的重要作用，如人口趋势、地方情况等。第二，没有考虑四类需求之间的比较、每一类需求的强度，以及对有限资源的最优分配。第三，如果按照已有的服务形式来询问是否需要服务，而不是聚焦于老年人的生活环境、生活的状况来确定需求，引导人们需要服务和真正需要服务是不同的，可能存在服务资源低效分配、真正需要服务的人被忽视等问题。第四，没有考虑到不同社会群体、不同社会服务需求之间的权重和排序，比如老年社会保障住房与儿童福利问题在资源分配上的平衡等。第五，不仅需要考虑当下的需求，还要预测未来的需求。[①]

社会需求类型论对于分析中国大城市儿童早期照顾需求在理论上是否适用，是一个值得关注的问题。首先，社会需求类型论在西方发达国家社会服务供给较为充足的背景下提出，主要是对资源分配执行

---

① 参见 S. Clayton, "Social Need Revisited", *Journal of Social Policy*, 1983, Vol. 12, pp. 215–234。

阶段的需求分析。当下，我国儿童早期照顾社会服务尚处于起步阶段，需要首先在宏观层面对儿童早期照顾问题的关注和投入程度、家庭和政府的责任划分等资源投入阶段的问题进行分析，然后才能在执行层面进行资源分配。其次，这一理论在自身发展中存在一定不足，在实践中的适用性也引发讨论和思考。

尽管如此，本书认为这一理论最大的优势在于提供了一个多视角的分析框架，通过从多个视角进行全面的社会需求服务分析。尽管我国与西方发达国家的儿童早期照顾社会服务发展背景、水平等方面存在差异，但选取官方规范、服务需求方的需求感知等多视角的基本框架对中国大城市儿童早期照顾需求进行分析是具有理论适用性的。通过多个视角的需求观察，有助于更为全面地了解需求。在此基础上对各个视角中的需求具体测量内容和方法进行适当调整，使其更适合对中国儿童早期照顾社会服务发展现状的研究。

二 儿童早期照顾需求的分析框架

在社会需求类型论的基础上，将进一步确定中国儿童早期照顾需求的分析框架。

人的幼年期是一个完全依赖期，儿童的成长依赖于他人照顾，包括满足其身体需要的活动和对其进行社会化的活动。我国对3岁以上儿童的照料和教育关注更多，在3岁以下儿童的早期照顾方面仍然存在许多政策空白，因此，本书将研究范围限定在对3岁以下儿童的照顾需求研究。儿童早期照顾是指为0—3岁儿童提供日常的、社会心理的、情感的和身体的照料和教育，这种照料可以是有酬或无酬的，非正式或正式的，家庭内或家庭外的。

不同于经济学中的需求，儿童早期照顾需求是社会福利需求中的一种，福利需求就是指人所处的环境中，经过客观比较和主观感受，觉察在某些方面有所匮乏并产生危机感，但又缺乏通过经济解决的能力，因而需要政府或组织进行特定的行动干预，提供他们必需的物质或服务，以解决困难、摆脱困境、恢复或增进福利。① 福利需求的满足主要依靠国家的再分配政策，如社会服务、社会保障制度等方面来实现。

本书所讨论的儿童早期照顾需求（见表1-1），根据布莱德萧所提出的社会需求类型论，提供社会服务的历史就是认知社会需求、组织社会力量满足需求的过程，包括四种类型需求：规范性需求、感觉性需求、表达性需求、比较性需求。②

表1-1　　　　　　儿童早期照顾需求分析框架

需求类型	需求界定主体	需求界定主体角色	需求视角	需求目标	具体内容
规范性需求	政府管理人员等	儿童早期照顾服务的规划者、供给者	政府视角	平衡政府、家庭、社会、市场等多方需求	政府等儿童早期照顾服务的规划与供给主体对需求的标准化界定： (1) 需求内容和程度 (2) 需求范围 (3) 需求层次
感觉性需求	家庭	服务需求者	家庭视角	满足家庭需求	家庭在儿童早期照顾中的主观感知需求，即家庭所感觉到实际生活中未能达到应该达到的水平： (1) 显性需求：对经济支持、"理想"服务支持等的主观感知 (2) 隐性需求：家庭照顾者在照顾过程中面临的压力和困难、潜在影响等所反映的需求，包括生活照顾、早期教育两个方面

---

① 参见范斌、福利《社会学》，社会科学文献出版社2006年版，第134页。
② 参见 J. Bradshaw, "A Taxonomy of Social Need", *New society*, Vol. 30, 1972, pp. 1-12。

续表

需求类型	需求界定主体	需求界定主体角色	需求视角	需求目标	具体内容
表达性需求	家庭	服务需求者	家庭视角	满足家庭需求	家庭在行为表达即是否实际选择儿童早期照顾服务中体现的需求： （1）服务选择因素中体现的优势与困难 （2）服务未选择因素中体现出的困难
比较性需求	专家学者、政府管理人员等	第三方评估者	社会视角	缩小社会群体需求差异	不同社会群体在接受儿童早期照顾服务、家庭儿童照顾水平等方面存在的差异以及由此体现的需求

三 基本概念

儿童早期照顾中的规范性需求。按照布莱德萧的定义，规范性需求是由政府管理人员或专家学者从服务供给者的角度，根据某一状况界定的需求，而不是由当事人自己主观地感受到或主动地提出。在我国，儿童早期照顾服务规划者、供给者主要是政府，本书将所研究的规范性需求定义为政府对于儿童早期照顾需求的标准界定，如需求范围、需求内容、需求层次等，主要体现在政策内容、政策实践、政策目标等方面的综合状况之中。在此过程中，政府的目标主要在于平衡政府、家庭、社会、市场等多方需求。

儿童早期照顾中的感觉性需求。布莱德萧提出，感觉性需求主要关注人们对需求的主观感知，比如某一方面实际生活状况未能达到应该达到的水平。通过询问个人是否需要某一特定社会服务，可以反映出个人希望的需求和想要的服务。这种需要可能是主观的感受，也可能是基于客观事实而体会出的感受，尚未通过任何方式或行动表达出来。在此过程中，家庭的需求表达具有一定主观性，其目标在于尽可能获取支持、满足家庭需求。在儿童早期照顾中，感觉性需求的主体是家庭，即服务和社会保障的需求方。感觉性需求主要关注家庭在儿童早期照顾方面所感觉到的实际生活中未能达到而应该达到的水平，可分为显性需求和隐性需求两类。显性需求是家庭对儿童早期照顾支持，如服务、经济等方面的直接需求，即了解家庭对经济支持、"理想"服务支持的主观感知。由于现实中部分托育服务难以满足家庭基本需求，仅了解现有服务使用状况难以全面反映家庭需求，而询问家庭是否需要能满足基本需求的服务，更能反映真实的主观意愿。"理想"服务支持主要是指家庭是否需要能满足基本需求的服务，即具有一定适度普惠性、时间和距离的方便性、质量保障、覆盖各年龄段等特征的服务。隐性需求是在家庭照顾者面临压力和困难、潜在影响中隐藏着的需求，体现在照顾意愿、照顾压力、照顾水平等日常生活中，具体包括生活照顾需求和早期教育需求两方面，其中，生活照顾需求主要从家庭照顾者的视角出发了解照顾者的困难与压力，而早期教育需求更多与儿童早期发展、儿童早期照顾质量相关。总体上，显性需求的主观性更强，常常面临的是主观上"想要"，还是真正"需要"的问题，而隐性需求更多从早期照顾事实中被了解，客观性更强。因而，在了解显性需求的基础上，隐性需求的挖掘尤为重要，隐性需求将从不同照顾者日常生活中去觉察。

儿童早期照顾中的表达性需求。布莱德萧将表达性需求界定为：当人们将他们内心或潜在的"感受需求"通过行为表达出来，使其他人明白他们的意愿与要求时，就成为了"表达性需求"。在某一特定社会服务中，人们将感觉性需求通过行为表达出来，比如选择或不选择某一社会服务。本书将儿童早期照顾中的表达性需求定义为家庭在实际选择或不选择早期照顾服务中所体现出的需求，如选择某一服务过程中存在的困难等。通过家庭行为表达这一客观现象，有助于减少家庭作为需求方的主观性表达，与感觉性需求形成互补。

儿童早期照顾中的比较性需求。布莱德萧之所以提出比较性需求，针对某种特征所作的比较，如个人或社区具有同已接受服务的个人和社区的相同特征，但却没有接受同样的服务，而他们也是服务的需求者。这种与其他个人和社区比较，产生了在公平原则下"比较性需求"。本书将儿童早期照顾中的比较性需求界定为不同社会群体在使用儿童早期照顾服务、家庭的儿童早期照顾水平中存在的差异，以及由此产生的需求。

第四节　研究方法

本书主要选取三种研究方法：文献研究法是基础；扎根理论研究方法主要用在中国大城市儿童早期照顾感觉性需求、表达性需求的研究中；比较研究的方法用在对某一阶段四类不同需求的横向比较分析、各个历史时期需求的纵向比较分析中。

一　文献研究方法

文献研究方法包括两部分：第一部分是学术文献研究，国外学者对儿童早期照顾需求进行了广泛的、多学科的研究，已产生丰富成果，国内学者也在部分主题上对儿童早期照顾需求有所讨论，这些已有研究是本书的研究起点。通过对不同领域、不同主体文献资料的深入分析、思考，为确立研究思路、方向、框架提供了重要参考。第二部分是政策文献研究，在儿童早期照顾规范性需求的研究中，尤其关于不同时期政府对于儿童早期照顾的需求界定、政策目标等，对儿童早期照顾相关的政策文本进行分析是研究重点之一。

二　扎根理论研究方法

（一）研究方法的选取

在中国大城市儿童早期照顾需求方面，国内对于这一主题的研究较少，与西方国家的情况又有较大差异，因而信息较为有限，需要对我国大城市儿童早期照顾需求状况进行全面的了解。面对这样的情境，本书在质性研究方法论的指导下选择扎根理论作为主要研究方法之一，主要在对中国大城市儿童早期照顾感觉性需求、表达性需求的研究中，采用以建构理论为目的的扎根理论、从本土化的情境中获得对该问题的认知。之所以选择定性研究，一方面，由于资源有限、难以组织大范围的抽样调查等定量研究；另一方面，在信息较为有限的情况下，扎根理论研究比抽样调查研究在信息获取的深度上更具优势。扎根理论是指在没有理论假设的基础上直接从原始资料中归纳出概念和命题，在这些概念之间建立联系然后上升到理论，研究过程严格扎根于资料，不掺杂研究者主观思想而建立理论的方法。① 质性的资料文本分析并不简单传统，"将秩序、结构和解释带给收集到的大量资料，这一过程是凌乱的、暧昧不明的，要花很长时间，也是创造性的和令人着迷的"②。质性文本分析的典型程序："（1）对资料进行组织；（2）沉浸于资料之中；（3）提出范畴和论题；（4）对资料进行编码；（5）在分析备忘录中提出解释；（6）寻找替代性的理解；（7）写作研究报告或以其他方式汇报研究。资料分析的每一阶段都包括以下内容：（1）资料简化，大量资料成为了可处理的'大块（chunks）'；（2）解释，研究者将意义和看法赋予研究对象的话语和行为。"③

（二）研究过程

在对中国大城市儿童早期照顾感觉性需求、表达性需求的研究中，数据收集按照规范的经典扎根理论进行，即先进行目的性抽样，按照不同历史时期、父母就业情况、父母受教育程度、儿童年龄等条件选取调查对象。访谈是扎根理论研究中非常重要的数据收集方法，同时，遵循扎根理论研究的饱和原则，即在对儿童照顾需求的访谈中没有新的信息出现时，即停止访谈。在本书中累计对62名父母进行

---

① 参见贾哲敏《扎根理论在公共管理研究中的应用：方法与实践》，《中国行政管理》2015年第3期。
② 参见［美］凯瑟琳·马歇尔、格雷琴·B. 罗斯曼《设计质性研究：有效研究计划的全程指导》，何江穗译，重庆大学出版社2015年版，第243页。
③ 参见［美］凯瑟琳·马歇尔、格雷琴·B. 罗斯曼《设计质性研究：有效研究计划的全程指导》，何江穗译，重庆大学出版社2015年版，第247页。

访谈，其中，在强政策支持阶段（1949年至20世纪90年代初期）、强家庭责任阶段（20世纪90年代中期至2010年左右）、政策重构阶段（2010年代初期至今）分别选取19人、12人、31人进行访谈（访谈对象的详细情况将在第二章至第四章分别予以说明）。

在数据收集过程中，分别对62名父母进行访谈，访谈完成后共整理访谈录音文稿约20万字。在调研后进行编码的同时也进行研究笔记的整理，记录访谈中的所感、所想和对研究问题的理论思考，共计约3万字。

本书的数据处理过程按照扎根理论方法进行，首先进行开放性编码，在获得核心范畴后开始进行选择性编码，在判定其饱和后，转入理论构建阶段。

（三）研究的可信性

本书通过对反馈检验、持久观察、三角测量、回访受访者等可信度检验的使用，尽可能保证研究结果的可信度。

"自然主义研究不做单一客观现实的假定，因此，对同构性的客观判断就没有任何意义。更切题的是，回答者心中的建构性现实与归属跟他们的现实之间是否一致。"[1] 所以，扎根理论研究的可信度检验方式是多轮反馈检验，即在开放性编码、选择性编码等过程中不断与老师、同学、调研访谈对象进行交流反馈，以得到对事实的真实描述。

"持久观察"这一研究策略可以帮助研究者透过那些细微的、不经意的实践发现有价值的信息，其目的在于发现、辨析和探索与问题有关的一切特征和元素，并对它们进行详细的剖析。在研究中，采取不同的策略与技术来深化田野观察，加强资料分析过程。为了进行更为严谨地观察，笔者做了详细的田野笔记，随时记录调查中的感想。

"三角测量"包括使用多样化的资料来源、研究方法、不同的被

---

[1] [美] 大卫·A. 欧兰德森、埃德沃德·L. 哈里斯、巴巴拉·L. 史克普、史蒂弗·D. 艾伦：《做自然主义研究——方法指南》，李涤非译，重庆大学出版社2007年版，第9页。

调查者以及不同的理论。本研究尝试使用多元化的资料和方法进行分析，除了访问父母关于儿童早期照顾需求的问题，还访问了学者、托育机构老师、社区干部，从而获得对儿童早期需求的进一步信息。在研究中，除深入访谈外，还使用了参与观察、文献资料分析等不同的资料收集方法，通过与部分访谈对象家庭共同外出游玩等方式，观察家庭对儿童的生活照料和教育情况。另外，在条件允许的情况下，通过与访谈对象家庭的亲人和朋友进行沟通交流，询问他们对于访谈对象的家庭儿童早期照顾需求状况的判断，从侧面验证信息的可靠性。还对部分访谈对象进行回访，将资料、分析类别、解释和结论与访谈对象进行再沟通，既可以加深对访谈对象观点和看法的理解，也可以评估资料本身的可信性。

三 比较研究方法

关于比较研究方法的使用，一是对同一历史时期中的大城市儿童早期照顾规范性需求、感觉性需求、表达性需求、比较性需求进行横向比较，总结各个时期大城市儿童早期照顾需求满足状况及其特征、影响因素等，分析不同类型需求之间的互动关系。二是对强政策支持阶段（1949年至20世纪90年代初期）、强家庭责任阶段（20世纪90年代中期至2010年左右）、政策重构阶段（2010年代初期至今）的四类需求状况进行纵向比较，总结大城市儿童早期照顾需求的历史变迁特征。

第五节 研究技术路线与结构安排

一 研究技术路线

研究的具体技术路线如图1-1所示。

本书将从横向和纵向两个维度，对中国大城市儿童早期需求进行研究。

```
                    ┌──────────┐
                    │   导论    │
                    └────┬─────┘
                         ↓
                ┌─────────────────┐
                │    理论基础      │
                │  社会需求类型论   │
                └────────┬────────┘
                         ↓
            ┌────────────────────────────┐
            │ 中国大城市儿童早期照顾需求分析 │
            └────────────────────────────┘
```

┌──────────┬──────────┬──────────┬──────────┐
│儿童早期照顾规范性│儿童早期照顾比较│儿童早期照顾感觉│儿童早期照顾表达性│
│需求（政府视角）│性需求（服务均衡│性需求（家庭需求│需求（服务可获得性│
│   │与公平视角）│感知视角）│视角）│
├──────────┼──────────┼──────────┼──────────┤
│强政策支持阶段│强家庭责任阶段│   │政策重构阶段│
│（1949年至 │（20世纪90年代中期至│   │（2010年代初期至今）│
│20世纪90年代初期）│2010年左右）│   │   │
└──────────┴──────────┴──────────┴──────────┘

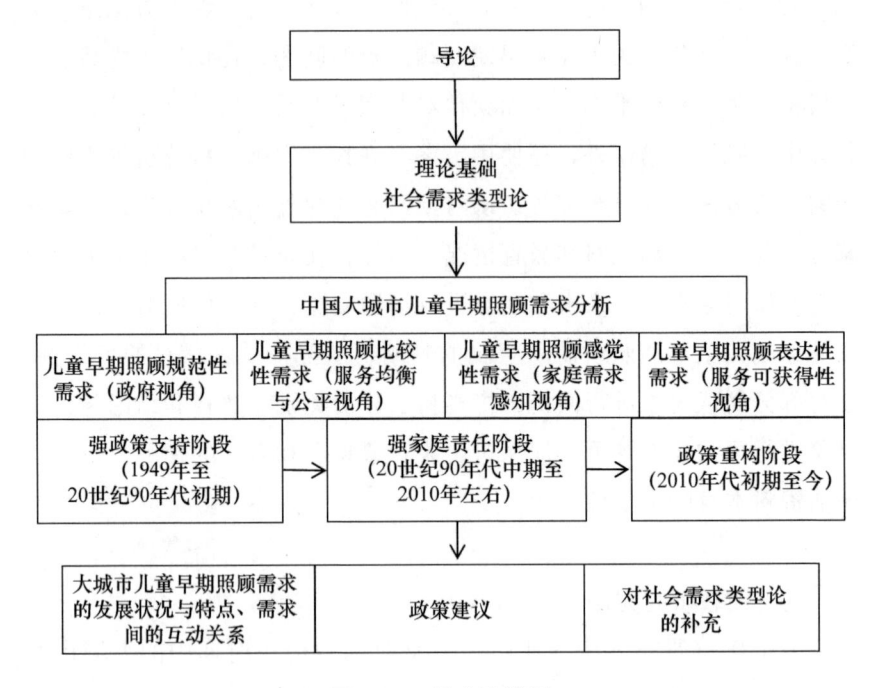

┌──────────────────┬──────────┬──────────────┐
│大城市儿童早期照顾需求│   │对社会需求类型论│
│的发展状况与特点、需求│ 政策建议 │   的补充   │
│   间的互动关系   │   │   │
└──────────────────┴──────────┴──────────────┘

图 1-1 技术路线图

在横向维度上，主要从中国大城市儿童早期照顾规范性需求、感觉性需求、表达性需求、比较性需求四个方面，通过官方规范、公平视角、服务需求方的需求感知、服务的可获取性等四个不同视角对儿童早期照顾需求进行分析。

在纵向维度上，根据不同历史时期公共政策对于儿童早期照顾的支持程度，将中国大城市儿童早期照顾需求研究分为三个阶段，对不同时期的儿童早期需求状况进行分析。研究阶段的划分如下：

强政策支持阶段（1949年至20世纪90年代初期）。这一时期政府对城市儿童早期照顾支持力度较大，以单位为依托，广泛提供集体福利式托育服务，单位成为提供儿童早期照顾服务最重要的责任主体。自20世纪50年代初期确定"单位制"背景下的集体福利式托育供给模式以来，在计划经济时期和改革开放初期共四十多年的时间里基本延续这一模式，一直到20世纪90年代初期市场化进程的进一步加快、国有企业改革的继续深化、单位社会化职能的进一步转移，"单位制"背景下的儿童早期照顾的社会服务支持才逐渐消解。计划经济时期，在政策方面，各类全国性会议如1949年中国妇女第一次全国代表大会、1958年中共八届六中全会等均对儿童早期照顾议题多次进行了讨论，同时，政府出台多项政策，如1953年实施的《中华人民共和国劳动保险条例实施细则修正草案》、1955年国务院颁布的《关于工矿、企业自办中、小学和幼儿园的规定》等，确定了政府、单位在儿童早期照顾服务、减轻家庭照顾压力中的重要责任，并提供了可操作化的实施细则，为公共托育服务的发展提供了有力支撑。在社会服务方面，各级政府、企事业单位和街道社区都大力支持托幼机构的举办，儿童早期照顾服务的使用率维持在较高水平。改革开放初期，在政策方面，1980年卫生部出台《城市托儿所工作条例（试行草案）》、1981年出台《三岁前小儿教养大纲（草案）》等，继续支持发展儿童早期照顾事业。同时，从20世纪80年代中期开始，政府对于儿童早期照顾的政策支持开始减弱，儿童早期照顾议题逐渐从公共话语中隐退。在社会服务方面，尽管在20世纪80年代中期，随着国有企业的进一步改革、单位制开始解体，依附于单位而运转的集体福利式托育服务开始减少供给，但并没有马上消失，而是经历了渐进式的变化过程，直至20世纪90年代初期，随着市场化进程的加快、单位社会化职能的进一步剥离，才逐步瓦解。总体上，这一时期国家对于儿童早期照顾的政策与社会服务支持力度均较强，因而，将这一时期界定为"强政策支持"阶段，进一步探索此背景下的儿童早期照顾需求。

强家庭责任阶段（20世纪90年代中期至2010年左右），这一时期政府对城市儿童早期照顾支持力度相对较小，认为应由家庭承担儿童早期照顾责任，家庭几乎独立应对照顾需求，儿童早期照顾社会服务以市场化供给为主。在政策方面，政府对于3岁以下的儿童早期照顾问题提及较少，在1999年颁布的《中共中央国务院关于深化改革全面推进素质教育的决定》、2001年颁布的《中国儿童发展纲要（2000—2010年）》等文件中，所提及的儿童早期照顾问题主要与早期教育相关，大多为总体性、原则性描述。比如"要重视婴幼儿的身体发育和智力开发""发展0—3岁儿童的早期教育""重视0—3岁婴幼儿教育"等，几乎没有提及政府在儿童早期照顾社会服务中的责任。在社会服务方面，随着单位社会服务职能的转移，儿童早期照顾服务逐步走向市场化，大量由企事业单位和机关事业单位开办的托育机构关闭或转卖，儿童早期照顾服务的供给与使用均大幅降低。总体上，这一时期国家对于儿童早期照顾的政策与社会服务支持较弱，儿童早期照顾社会服务的供给以市场化的方式为主，无论在服务供给数量和质量上都难以满足家庭需求，儿童早期照顾责任几乎全部由家庭承担，因此将这一时期界定为"强家庭责任"阶段。

政策重构阶段（2010年代初期至今），这一时期儿童早期照顾问题重新从"家事"进入公共政策视野，儿童早期照顾政策逐步向前推进。自2010年代初期起，政府出台一系列与儿童早期照顾问题相关的政策，并提出公益性、普惠性的发展方向。2011年的《中国儿童发展纲要（2011—2020年）》、2012年的《国家教育事业发展第十二个五年规划》，分别提出"促进0—3岁儿童早期综合发展……积极发展公益性、普惠性的儿童综合发展指导机构"，"积极开展公益性0—3岁婴幼儿早期教育指导服务"。党的十八大以来，我国的民生建设站在新的历史起点上，儿童早期照顾工作进一步得到重视。党的十九大以后，儿童早期政策进入重新调整的关键阶段，党的十九大报告要求，在"幼有所育"上不断取得新进展。中央经济工作会议明确提出"解决好婴幼儿照护和儿童早期教育服务问题"。2019年的政府工作报告指出，要针对实施全面两孩政策后的新情况，加快发展多种形式的婴幼儿照护服务，支持社会力量兴办托育服务机构。同时，先后出台多项政策，进一步推动儿童早期照顾社会服务的发展，如《加大力度推动社会领域公共服务补短板强弱项提质量　促进形成强大国内市场的行动方案》，提出"到2020年，婴幼儿照护服务的政策法规和标准体系初步建立……增加托育服务有效供给"。2019年5月，国务院办公厅出台儿童早期照顾服务工作的纲领性文件——《关于促进3岁以下婴幼儿照护服务发展的指导意见》，明确了促进婴幼儿照护服务发展的基本原则、发展目标、主要任务、保障措施和组织实施。同年，《托育机构设置标准（试行）》《托育机构管理规范（试行）》等纷纷出台。2020年，中央在"十四五"规划中建议对儿童早期照顾服务这一事关人口长期发展战略的问题进行了顶层设计，明确提出："发展普惠托育服务体系，降低生育、养育、教育成本，促进人口长期均衡发展，提高人口素质。"随后，《关于促进养老托育服务健康发展的意见》出台。总体上，这一时期儿童早期照顾问题逐渐成为重要的公共政策议题，尤其在党的十八大以后，家庭在儿童早期照顾中的需求得到政府、社会、市场的多方关注，儿童早期照顾政策朝着普惠性、公益性的方向发展，并不断增加对儿童早期照顾服务发展的政策支持力度。同时，在政策重构阶段，家庭仍然面临着儿童早期照顾较大的压力，政策效果的显现还有待时间和实践的检验。

　　在研究地域的界定方面，选择"大城市"这一研究范围。所用的"大城市"，是对《国务院关于调整城市规模划分标准的通知》（国发〔2014〕51号）中"超大城市、特大城市、大城市"的统称。选择研究中国大城市中的儿童早期照顾需求，主要原因在于：第一，对大城市儿童早期照顾问题的研究更具有示范效应。相对农村和小城市，大城市经济发展、社会服务水平相对更高，政府投入更加充分，更具备满足儿童早期照顾需求的基础条件，对大城市儿童早期照顾需求全面深入的分析，并提出需求满足的对策建议，可为其他地区解决这一问题提供参考。第二，在研究的便利性方面，尤其是访谈对象的获取在大城市范围内更具研究优势。

二 结构安排

全书共分五章，基本构思和框架如下。

第一章 导论。主要是对全书的介绍，包括研究的缘起、国内外研究现状述评，并提出了理论基础、研究内容和方法。

第二章 强政策支持阶段（1949年至20世纪90年代初期）：大城市儿童早期照顾需求。主要在强政策支持阶段（1949年至20世纪90年代初期）公共托育服务支持较为充足的情况下，对大城市儿童早期照顾的规范性需求、感觉性需求、表达性需求、比较性需求进行分析和比较。

第三章 强家庭责任阶段（20世纪90年代中期至2010年左右）：大城市儿童早期照顾需求。主要在强家庭责任阶段（20世纪90年代中期至2010年左右）公共托育服务较为缺失的情况下，对大城市儿童早期照顾的规范性需求、感觉性需求、表达性需求、比较性需求进行分析和比较。

第四章 政策重构阶段（2010年代初期至今）：大城市儿童早期照顾需求。主要在政策重构阶段（2010年代初期至今）儿童早期照顾问题重新引发关注的情况下，对大城市儿童早期照顾的规范性需求、感觉性需求、表达性需求、比较性需求进行分析和比较。

第五章 分析与展望。首先，对强政策支持阶段（1949年至20世纪90年代初期）、强家庭责任阶段（20世纪90年代中期至2010年左右）、政策重构阶段（2010年代初期至今）的儿童早期照顾需求的发展与变化进行纵向分析。同时，对各阶段大城市儿童早期照顾的规范性需求、感觉性需求、表达性需求、比较性需求的互动关系进行分析。对社会需求类型论进行补充完善，尝试提出本土化的社会服务需求分析框架。在需求研究的基础上，对儿童早期照顾问题的未来发展提出对策建议。最后，对研究基本结论、研究的创新与不足、研究展望进行阐述。

第二章　强政策支持阶段（1949年至20世纪90年代初期）：大城市儿童早期照顾需求

本章将对强政策支持阶段（1949年至20世纪90年代初期）的大城市儿童早期照顾需求进行分析，主要讨论以下问题：第一，这一时期，在规范性需求方面，政府如何界定早期照顾需求，在哪些方面给予支持，儿童早期照顾政策的目标和实施情况如何？第二，在感觉性需求方面，家庭在哪些方面感觉到困难与压力，或带来哪些潜在影响？第三，在表达性需求方面，家庭对于儿童早期照顾服务的选择受到哪些因素影响？第四，在比较性需求方面，对于不同社会群体早期照顾支持是否均衡与公平？

第一节　强政策支持阶段（1949年至20世纪90年代初期）：规范性需求

本书将对这一时期的儿童早期照顾政策内容、社会服务发展状况、政策目标规范性需求状况等方面进行描述，从中分析政府对于儿童早期照顾需求的标准界定。

一　政策内容：重视儿童早期照顾问题

在强政策支持阶段（1949年至20世纪90年代初期），自20世纪50年代初期确立"单位制"背景下的集体福利式托育服务供给模式以来，在四十多年的时间中基本延续这一模式，即在国家的支持下，主要由工作组织和生产组织以集体福利形式为单位职工提供托育机构服务。这一阶段我国大城市儿童早期照顾服务主要依附于单位制而运转，侧重于保育和托育，在企事业单位、街道社区已建立较为完善的托育服务体系。

"自新中国成立之初，传统由家庭承担的儿童照顾就作为一个社会问题纳入了社会政策的领域……国家积极介入了儿童照顾的安排。在此期间，从党和国家领导人到妇女运动的领导者，都对儿童照顾问题给予了高度关注，把儿童照顾与国家建设、妇女解放、儿童福利等联系起来，并推动发展社会政策为儿童照顾提供公共支持。"[①]

各类全国性会议对儿童早期照顾议题多次进行了讨论。其中，1949年中国妇女第一次全国代表大会通过的《关于中国妇女运动当前任务的决议》中指出："在有了初步工作基础的城市中，应围绕在生产事业的周围，逐渐解除束缚妇女的封建思想传统习俗和迫切的特殊的困难，改善妇女生活，提倡妇女儿童福利事业，举办托儿所、妇婴卫生及助产训练等。"[②] 1950年中华全国民主妇女联合会第一届第三次执行委员会扩大会议首次论述了儿童照顾问题与妇女解放、妇女就业之间的关系，"妇女只有参加了生产……才能真正享受男女平等的各项权利……围绕生产方针，进行文化教育、儿童保育、妇婴卫生及协助有关方面贯彻劳保条例等具体工作，解除妇女在生产中所遇到的困难"[③]。1958年中共八届六中全会通过的《关于人民公社若干问题的决议》中，在人民公社的任务中提出"办好托儿所和幼儿园"。

---

① 张亮：《中国儿童照顾政策研究——基于性别、家庭和国家的视角》，博士学位论文，复旦大学，2014年。
② 1949年中国妇女第一次全国代表大会：《关于中国妇女运动当前任务的决议》，中国网（http://www.china.com.cn/aboutchina/zhuanti/zgfn/2008－10/06/content_16572856.htm）。
③ 邓颖超：《关于城市妇女工作的几个问题（1950）》，人民网（http://cpc.people.com.cn/GB/69112/86369/87275/5964637.html）。

尽管20世纪60年代中期至70年代中期，儿童早期照顾问题暂时停滞，但集体福利式的托育服务发展理念并未发生改变。70年代中期以后，儿童早期照顾问题重新得到重视。1978年举行的中国妇女第四次全国代表大会指出："家务劳动的社会化和现代化，是发展后勤服务事业的重要内容……哺乳室、托儿所、幼儿园等托幼事业，是实现家务劳动社会化的重要方面。"① 1979年召开的全国托幼工作会议提出，"办好托幼事业……是妇女彻底解放的一个必要条件"，"从目前我国的实际情况出发，为了满足对托幼组织的要求，应继续提倡机关、部队、学校、工矿、企事业等单位积极恢复和建立哺乳室、托儿所、幼儿园"。② 1980年11月，卫生部颁发了《城市托儿所工作条例（试行草案）》，确定了我国托儿所制度，指出"托儿所是3岁前儿童的集体保教机构，必须贯彻实行以保为主、保教并重的方针，为把儿童培育成体格健壮、品德良好、智力发达的下一代打下基础"。1981年6月，卫生部妇幼卫生局颁布《三岁前小儿教养大纲（草案）》，提出了托儿所教养工作的具体任务。③

另外，在政策实施方面，相关劳动法规为集体福利式托育服务提供了可操作性的实施细则，进一步为公共托育服务的发展提供了有力支撑。1953年实施的《中华人民共和国劳动保险条例实施细则修正草案》第51条规定："实行劳动保险的企业的女工人女职员，有四周岁以内的子女20人以上，工会基层委员会与企业行政方面或资方协商单独或联合其他企业设立托儿所。"另外，在1955年国务院颁布的《关于工矿、企业自办中、小学和幼儿园的规定》、1956年的《关于托儿所幼儿园几个问题的联合通知》，都明确鼓励企业、机关、团体

---

① 《1978年中国妇女第四次全国代表大会上的工作报告》，中国妇女研究网（http://www.wsic.ac.cn/internalwomenmovementliterature/12996.htm）。
② 1979年中共中央、国务院转发《〈全国托幼工作会议纪要〉的通知》，中国妇女研究网（http://www.wsic.ac.cn/internalwomenmovementliterature/13005.htm）。
③ MoreCare早期教育机构：《0—3岁儿童托育服务行业白皮书》（https://www.sohu.com/a/208949621_817001）。

等兴办幼儿园和托儿所，要求各工矿、企业单独或联合创办托幼机构，以解决本单位职工子女入托入园的需求，经费由各单位列入财政预算。

20世纪80年代中期以后，随着改革开放的深入推进，国有企业逐步进行改革、单位福利职能的转移，儿童早期照顾议题逐渐从公共政策议题中隐退。

二　社会服务发展状况："单位制"背景下的公共托育服务

这一时期，在政策的推动下，各级政府、企事业单位和街道社区都大力支持托幼机构的举办，3岁以下儿童的入园入托率维持在较高水平。20世纪50年代，儿童入园数量迅速上升，0—6岁儿童由1951年的14万人左右快速升至1960年的2933万人。① 根据1980年底《人民日报》的报道，"据22个省、市、自治区的不完全统计，城乡各类托儿所、幼儿园已发展到988000多个，入托总数达到34747000余人，婴幼儿的入托率已达28.2%"。同时，当时的妇联等组织还大力倡导家庭兴办托儿所。根据1985年《人民日报》报道，"1983年以来，北京市各级妇联组织大力兴办家庭托儿所（户）。全市家庭托儿所（户）已由297个发展到现在的16000多个，为5万多名职工解除了后顾之忧，托管三岁以下婴、幼儿2万余名，使全市三周岁以下儿童入托率提高了8%，达到34.4%"。②

20世纪80年代中期，随着改革开放的深入推进，国有企业逐步进行改革、单位制开始解体，作为各单位尤其是国有企业社会化职能之一的集体福利式托育服务开始减少供给。尽管如此，集体福利式托育服务并没有马上消失，持续发展了十年左右时间，经历了

---

① 张亮：《中国儿童照顾政策研究——基于性别、家庭和国家的视角》，博士学位论文，复旦大学，2014年。
② MoreCare早期教育机构：《0—3岁儿童托育服务行业白皮书》（https://www.sohu.com/a/208949621_817001）。

渐进式的变化过程，直到20世纪90年代初期，随着市场化进程的加快，各单位开始大规模剥离社会化职能，直到1995年才基本完全瓦解。

三 政策目标：增加女性劳动力供给与妇女解放、提高人口素质

国家主要基于以下两个目标实施儿童早期照顾政策、发展公共托育服务：增加女性劳动力供给与妇女解放、提高人口素质。其中，增加女性劳动力供给与妇女解放是最主要的政策目标。首先，发展集体福利式托育服务的重要背景在于国家建设中的人力资源短缺。新中国成立之初，国家建设需要大量的劳动力投入，女性被视作劳动力的重要来源，动员女性参加社会生产首先需要减轻她们的家庭劳动负担，尤其是儿童早期照顾工作，将女性从家庭中解放出来。毛泽东曾提出，"中国的妇女是一种伟大的人力资源。必须发掘这种资源，为了建设一个伟大的社会主义国家而奋斗"[①]，"有些家务事可以变为共有的事来办，这样妇女劳动力就解放出来了。妇女是劳动大军"[②]。在此目标的激励下，这一时期的集体福利式托育服务主要面向参与社会生产劳动的女性。1956年教育部、卫生部、内务部颁发了《关于托儿所幼儿园几个问题的联合通知》，明确指出幼儿园的"发展重点应放在工业地区和大、中城市"。同时，增加女性劳动力供给与妇女解放这一政策目标是发展集体式托育服务最重要的动力，并一直贯穿始终。"无论是工矿企业、机关事业单位设立的托幼机构，街道、里弄开办的经常或临时性的简便托儿组织，还是农村在农忙时举办的托儿组织，都只向参加社会生产劳动的妇女提供服务，那些未外出工作的

[①] 毛泽东为《发动妇女投入生产，解决了劳动力不足的困难》一文写的按语，载中国妇女联合会编《毛泽东周恩来刘少奇朱德论妇女解放》，人民出版社1988年版，第64页。

[②] 康克清：《毛主席率领我们走妇女彻底解放的道路》，载中华全国妇女联合会编《蔡畅、邓颖超、康克清妇女解放问题文选（1938—1987年）》，人民出版社1988年版，第321页。

妇女不能使用这些服务来减轻子女照顾的负担。"①

尽管在20世纪80年代中期，国家对于女性劳动力的需求不再强烈，许多国有企业开始出现劳动力过剩的问题，但由于政策惯性等因素，集体福利式托育服务依然保持原有的发展方向，并持续供给服务。

其次，提高人口素质。随着20世纪70年代中后期计划生育政策的逐步实施以及优生优育目标的提出，集体福利式托育服务发展方向也由生活照顾向提高人口素质转变。1980年前后举办的托幼工作会议中提出，"我们要把托幼工作提到为国家培育人才的战略高度来认识，任务十分艰巨。过去把托幼工作看作只是解放妇女劳动力的一个附属工作，是不够的"②。"托幼工作是建设人才的事业，是为明天开创更高的生产率准备条件……发展托幼事业是极为重要的人力投资。"③

四 规范性需求状况：强化政府责任、政府投入水平较高

通过对以上政策的内容和实践、政策目标的描述分析，可以感觉到，这一时期，我国政府更多从国家建设、经济发展的需要来界定儿童早期照顾的需求标准，而较少从家庭福利、儿童福利的角度考虑需求问题。

这一时期，儿童早期照顾的需求界定呈现强化政府责任、政府投入水平较高，重照看需求、轻教育需求，发展广覆盖的托育服务等特点。在儿童早期照顾需求内容方面，集体福利式托育服务以生活照顾服务为主，而对儿童早期教育关注较少，虽在托育服务中曾提出发展

---

① 张亮：《中国儿童照顾政策研究——基于性别、家庭和国家的视角》，博士学位论文，复旦大学，2014年。
② 《1980年陈慕华在全国托幼办公室主任会议上的讲话》，中国妇女研究网（http://www.wsic.ac.cn/internalwoineiimovementliterature/12181.htm）。
③ 《1982年胡德华在城市托幼工作座谈会上的总结》，中国妇女研究网（http://www.wsic.ac.cn/internalwomeninovementliterature/12405.htm）。

儿童早期教育的目标，但在实践中执行得并不理想。在需求层次方面，主要满足儿童的生理需求、安全需求，而对情感和归属需求等方面关注偏弱。根据马斯洛的需求层次理论①，这一时期的公共托育服务主要满足了第一、第二层次的需求，而对更高层次的需求相对忽略。在需求范围方面，集体福利式托育服务的"发展重点应放在工业地区和大、中城市"②，同时，政府主要支持各单位向本单位职工提供服务。

政府关于儿童早期照顾规范性需求的内容和层次、范围界定受到社会背景、政策目标以及政府支持能力的重要影响。在新中国成立初期国家经济建设、工业化发展中的人力资源缺乏的背景下，需要鼓励女性参与劳动、缓解劳动供给压力。同时，这一时期经济社会发展水平较低，对公共托育服务的支持能力有限，现有水平的托育服务已经给单位带来较大的经济负担。另外，为参与生产劳动家庭中的儿童提供安全的环境、基本生活照顾已经可以很大程度上实现从家庭中解放女性、增加劳动力供给的目标。

第二节 强政策支持阶段（1949年至20世纪90年代初期）：感觉性需求

本节将探索强政策支持阶段（1949年至20世纪90年代初期），在中国大城市中拥有较为充足的集体福利式托育服务的背景下家庭感觉性需求状况，主要包括家庭在儿童早期生活照顾中感觉到的压力和困难、家庭未明确感知但隐含在儿童照顾状况之中的压力和困难等，体现在经济支持、服务支持等显性需求以及家庭内照顾的隐性需求诸多方面。

---

① 参见龚金保《需求层次理论与公共服务均等化的实现顺序》，《财政研究》2007年第10期。
② 张亮：《中国儿童照顾政策研究——基于性别、家庭和国家的视角》，博士学位论文，复旦大学，2014年。

一 访谈对象基本情况

我们在北京、武汉等地共选取访谈对象19人（见表2-1），其中，访谈对象子女的出生年份在1972—1993年。一方面，1966—1976年十年间儿童早期照顾政策和公共服务基本处于停滞状态，这一时间段的访谈对象代表性偏弱。另一方面，由于现实条件限制、子女在1966年前出生的高龄访谈对象较难选取。尽管在访谈对象子女出生年份的时间维度方面存在不足，但由于强政策支持阶段（1949年至20世纪90年代初期）的儿童早期照顾政策、社会服务供给模式具有连续性，针对1972—1993年儿童早期照顾感觉性需求、表达性需求的访谈基本可以反映这一时期的整体情况。

另外，在调查对象上，主要考虑选取各个年代不同经济社会地位的家庭（这一时期家庭间收入差距较小），父母受教育程度、职业、子女出生年份等因素，选取较高学历家庭（父母均为大学专科及以上学历）7个、中等学历家庭（父母中一人为大学专科及以上学历）5个、较低学历家庭（父母均为高中及以下学历）7个。同时，对不同职业如专业技术人员、办事人员、个体工商户、工人等，以及子女不同出生年份的家庭。

根据19位访谈对象的描述，在儿童早期照顾过程中，大多数家庭在不同阶段使用过家庭成员以外的儿童照顾服务，其中，12个家庭使用过托育服务、8个家庭使用过保姆照顾服务。部分家庭主要由家庭成员进行儿童早期照顾，4个家庭主要由祖辈照顾儿童，1个家庭由母亲全职照顾儿童。

访谈数据的收集整理按照规范的经典扎根理论方法进行，首先对每位访谈对象的访谈内容进行开放性编码，在获得核心范畴后开始进行选择性编码，在此基础上进行需求分析及说明。

表 2-1　强政策支持阶段（1949 年至 20 世纪 90 年代初期）
访谈对象基本情况

序号	访谈对象	子女出生年份	家庭经济水平	母亲受教育程度	父亲受教育程度
1	1H1	1988 年	中等	大专	大专
2	1H2	1983 年	中等	大学本科	大学本科
3	1H3	1991 年	中等	大专	大专
4	1H4	1989 年	中等	研究生	研究生
5	1H5	1992 年	中高	研究生	研究生
6	1H6	1993 年	中等	大学本科	大学本科
7	1H7	1989 年	中高	研究生	研究生
8	1M1	1983 年	中等	高中	大专
9	1M2	1986 年	中等	高中	大专
10	1M3	1988 年	中等	高中	大专
11	1M4	1984 年	中等	高中	大专
12	1M5	1982 年	中低	中专	大专
13	1L1	1992 年 1996 年	中等	高中	高中
14	1L2	1972 年 1974 年 1976 年	中低	初中	初中
15	1L3	1982 年	中低	高中	高中
16	1L4	1978 年	中低	初中	初中
17	1L5	1976 年 1980 年	中等	高中	高中
18	1L6	1974 年 1976 年	中等	初中	高中
19	1L7	1987 年	中等	初中	初中

二　家庭显性需求：多数家庭无经济支持需求、有刚性服务支持需求

（一）儿童早期照顾的经济需求：大多数家庭基本无经济压力

儿童早期照顾的经济需求主要是指父母是否由于子女出生后需要

照顾而带来更大的经济压力,以及是否需要社会给予经济支持。在强政策支持阶段(1949年至20世纪90年代初期),大多数家庭在儿童早期照顾方面没有太多经济需求(见表2-2)。

表2-2　　　　　　　　儿童早期照顾经济支持需求

	基本无经济支持需求⑯	有经济支持需求③
收入状况	1. 家庭收入普遍不高、收入差距小,相互之间没有攀比⑯ 2. 部分工作岗位收入较高④ 3. 祖辈经济支持③	1. 少数工作岗位收入偏低③ 2. 无祖辈经济支持③
支出状况	1. 家庭日常生活开支低⑯: (1)"单位制"保障:住房、医疗、教育均有保障 (2)物质生活简单 2. 儿童早期照顾开支低⑯: (1)儿童食品开支低 (2)儿童照顾服务如托儿所、保姆等方面的费用低 (3)无教育培训支出	1. 虽然生活开支低,但由于收入太低,也会带来较大生活压力③ 2. 人情往来的开支带来一定经济压力①
社会价值观	1. 金钱观⑭:对物质生活要求较低 2. 消费观⑩:量入为出、理性消费、勤俭持家	

注:○中的数字是代表持有这一"编码概念"或"要素"的人数,下同。

其中,16位访谈对象感觉基本没有经济压力,在儿童早期照顾方面没有太多经济需求,主要体现在三个方面:第一,家庭收入状况。一是在20世纪70年代至90年代早期,大城市家庭收入普遍不高、收入差距小,家庭之间没有明显的贫富差距;二是部分工作岗位收入稍微高一些,比如柴油机厂、电厂等单位的工人;三是部分家庭有来自祖辈的经济支持,在一定程度上缓解了生活压力。第二,家庭支出状况。一是家庭日常生活开支低。首先,在"单位制"背景下,大城市单位成员在住房、医疗、教育等方面均有基本保障,为家庭解除了后顾之忧。其次,由于物资匮乏,当时人们普遍生活简单、对物质的要求不高。在日常生活中,物价不高、饮食简单,基本没有娱乐

第二章 强政策支持阶段（1949年至20世纪90年代初期）

活动；二是儿童早期照顾开支低。当时，儿童食品的种类不太丰富，主要是奶粉、发糕、馒头等，在价格上都比较便宜。在儿童照顾服务方面，托儿所的费用很低，单位托儿所对本单位职工基本不收费或象征性收费。在保姆费用方面，访谈对象普遍感觉收费不高，没有带来太大的生活压力。另外，当时基本没有儿童早期教育培训方面的支出。第三，社会价值观因素。一是在金钱观方面，大家普遍对物质生活没有太高要求，对金钱没有太多欲望，没有太多相互之间的攀比；二是在消费观念上，大家认为，既然收入不太高，更需要量入为出、理性消费。通过勤俭持家，自己动手做衣服、鞋子，减少开支。

同时，还有三位访谈对象感觉存在较大的经济压力、有一定经济支持需求，主要体现在以下两个方面：在收入状况方面，少数工作岗位收入稍微偏低，比如城郊中学教师、国营照相馆摄影师等。同时，家庭没有来自祖辈的经济支持，完全依靠自己的努力。在支出状况方面，尽管日常生活支出、儿童早期照顾支出都不太高，但由于家庭收入偏低，因而也会经常出现经济压力特别大、月底工资接不上的情况。同时，同学、同事结婚等人情往来的开支也带来一定经济压力。

总体上，除少数低收入家庭以外，大多数家庭在儿童早期照顾方面没有太多经济需求。儿童早期照顾中经济需求较低，主要受到收入状况、支出状况、社会价值观的影响。其中，收入因素主要指家庭收入水平与收入差距状况，尽管这一时期我国经济发展处于快速发展阶段，但家庭收入水平仍呈现普遍偏低的状况，与此同时，在计划经济时期和改革开放初期，家庭间的收入差距较小，没有因家庭之间在经济方面的比较而产生的需求。支出因素主要包括市场价格和社会福利支持两个方面，日常生活开支、儿童早期照顾开支的市场价格低，同时在"单位制"背景下，单位福利对城市家庭生活在医疗、教育、住房等方面全面保障，因而家庭总体支出较小。社会价值观方面，家庭普遍对物质生活没有太高要求，同时秉持勤俭持家、量入为出的生活理念。

（二）儿童早期照顾的服务支持需求：多数家庭有刚性需求

访谈中，主要了解家庭是否需要能够满足基本需求的"理想"服务、需求程度如何。本书将在随后的表达性需求中了解家庭在实际中是否选择、如何选择服务支持。从理想和现实两个维度对服务支持需求进行分析，有助于了解人们对服务需求的主观感知和现实满足情况。其中，在"理想服务"需求部分，根据需求程度不同，将家庭对托育服务的需求分为刚性需求、弹性需求、基本无需求三类（见表2-3）。

表2-3　　　　　　　　儿童早期照顾服务支持需求

要素/（频次）	编码概念/（频次）
刚性需求⑮	有明确的、较为强烈的服务需求⑮：无祖辈照顾支持⑪、已选择保姆照顾③、较大压力的祖辈照顾①作为服务替代
弹性需求②	中等程度的服务需求②：已选择保姆照顾①、较大压力的祖辈照顾①作为服务替代
基本无需求④	无需求：更偏好祖辈照顾②、父母照顾②

大多数家庭认为对服务支持有刚性需求、极为需要托育服务支持，其中部分家庭表示，"没有老人能够帮忙，家里孩子多、老人管不过来，'理想'的托育服务是必选项"（1L2）。同时，部分家庭由于难以获取服务只能选择保姆等家政服务、祖辈照顾作为服务替代品。在此情况下，存在着保姆服务质量不高、难以满足家庭需求，祖辈压力过大等问题。"如果附近有托儿所肯定会考虑，我们是把孩子送到邻居保姆家里，老两口，谈不上看护质量，只能说是按时保障孩子吃喝，大多时间把孩子一个人放在车椅里。"（1L5）"当时应该说是非常需要托儿所，一方面是老人照顾孩子的确太吃力，另一方面是保姆照看孩子不太仔细，而且动不动就不干了。"（1H1）

少数家庭认为对托育服务具有弹性需求，家庭在现实中确有照顾困难，会根据托育服务供给的实际情况考虑是否使用。"老人身体很差、自己照顾自己都有困难，还好我在学校上完课能随时回来，基本能应付过去，但如果有距离上、质量上合适的托儿所肯定也会考虑。"（1H3）"当时家里人照顾不过来，就请了一位小保姆，但毕竟比不上专业的老师，如果附近有放心的托儿所，应该会考虑。"（1L1）

少数家庭表示基本无需求，一方面，这类家庭有充足的祖辈支持、偏好祖辈照顾，"家里老人喜欢照顾孩子，家里人多，照顾起来也轻松，没必要去托儿所"（1L7）；另一方面，父母的工作性质具有弹性、认为父母照顾更放心等，"我和孩子爸爸都不用坐班，工作时间很灵活，自己照顾没问题"（1H2）。

总体上，这一时期大多数家庭表示有显性的服务支持需求。

三 家庭生活照顾隐性需求：压力感偏低

儿童早期照顾中的隐性需求是在家庭照顾者面临的压力和困难、潜在影响中隐藏着的需求，体现在照顾意愿、照顾压力、照顾水平等日常生活中。其中，在生活照顾方面，隐性需求将从不同照顾者日常生活中去觉察，家庭中的儿童早期照顾者主要有父母和祖辈，父母是儿童早期照顾中的直接责任人，祖辈是重要的支持者。

（一）祖辈照顾：少部分家庭的选择、个别祖辈压力感知明显

1. 少部分家庭选择祖辈照顾，部分家庭难以获取祖辈照顾支持

在儿童照顾中，祖辈为家庭提供了不可或缺的支持，通过儿童早期照顾时间的代际转移，保障了父母的正常工作时间。这一时期大城市家庭对于祖辈照顾有一定需求，并在情感上将其作为最理想化的照顾方式之一。访谈中，约有1/4的家庭由于主观偏好或现实压力将祖辈照顾作为主要照顾方式之一，同时，超过1/3的家庭希望选择这一方式但难以获得支持。

在已选择祖辈照顾的5个家庭中，其中3个家庭有主观偏好并选择祖辈照顾，2个家庭无主观偏好但选择祖辈照顾。在未选择祖辈照顾作为主要照顾方式的14个家庭中，7个家庭表示有祖辈照顾需求，

但由于各种原因难以得到满足，还有 7 个家庭表示更倾向于选择其他照顾方式（如托育机构服务、母亲和保姆共同照顾等）。

选择祖辈照顾服务主要有三方面因素：第一，在主观意愿上，一方面，几乎所有祖母都考虑到由于子女需要工作，自己必须为家庭分担育儿压力；另一方面，部分家庭中祖母从情感上非常主动愿意照顾孩子。第二，在身体状况方面，部分家庭中祖母身体健康、能够胜任照顾工作，同时，也存在着部分家庭中祖辈身体差、但由于没有其他更好的照顾方式，只能硬撑着照顾孩子、为家庭作贡献。第三，在照顾质量上，家庭普遍认为祖辈照顾质量有保障，具有安全放心、主动性强、情感交流等优势。

表 2－4　　　　　　　　　选择祖辈照顾因素

	选择因素⑤
主观意愿	1. 由于现实压力，必须为家庭分担育儿压力⑤ 2. 从情感上非常主动愿意照顾孩子③
身体状况	1. 身体健康、能够承担照顾任务③ 2. 身体差但没有其他更好的照顾方式②
照顾质量	1. 安全放心④ 2. 态度：主动性强、尽心尽力⑤ 3. 与孩子的互动：亲情、情感交流⑤

部分家庭未选择祖辈照顾，主要有三方面因素：第一，客观因素。部分家庭由于祖母年龄大、身体不好、祖母离世较早而无法获得支持。第二，人口与传统观念因素。由于家庭中孙辈众多，少数祖母难以平衡照顾任务，"不可能照顾到每一个孩子"（1H2）。同时，祖母和外祖母在孙辈、外孙辈众多时，均倾向于选择优先照顾孙辈。访谈对象（1L1）表示自己家来自农村，"奶奶理所当然认为自己应该照顾孙子。在农村都是奶奶照顾孙子，没有外婆照顾外孙的道理"。访谈对象（1H1）提到，"孩子的外公外婆认为，孩子是爷爷奶奶家

的子孙,而不是自己家的,自己不需要插手,不能抢别人家的孩子"。第三,主观意愿。由于分隔两地,祖母更倾向于选择照顾老伴、处理家庭事务等,在部分家庭中难以获得支持。

表2-5　　　　　　　　　未选择祖辈照顾因素

	未选择因素⑦
客观因素	1. 祖母年龄大、身体不好① 2. 祖母离世较早③
人口与传统观念	1. 祖母孙辈众多、难以平衡① 2. 外祖母孙辈、外孙辈众多,优先照顾孙辈③
主观意愿	1. 与祖母分隔两地:照顾老伴、家庭事务等②

使用祖辈照顾的影响因素如下:第一,照顾方式的比较和排序是选择祖辈照顾的重要因素。这一时期,部分家庭主观上对祖辈照顾较为偏好,将祖辈照顾作为家庭最理想的照顾方式之一。第二,在传统家庭观念的影响下,是否拥有祖母的有效支持是能否获得祖辈照顾的关键因素。祖母和外祖母在孙辈、外孙辈众多时,均倾向于选择优先照顾孙辈。第三,祖辈身体状况是是否使用祖辈照顾的重要因素。家庭在选择儿童照顾方式的理性决策过程中,同时考虑祖辈利益与核心家庭利益,当祖辈身体状况不好时将慎重考虑这一方式。当祖辈身体状况较好时,对祖辈照顾方式较为偏好。第四,祖辈主观意愿是影响祖辈是否支持儿童照顾的影响因素之一。其中,大部分家庭的祖母在主观上愿意照顾孩子,希望为家庭分担压力,少数家庭的祖母由于分隔两地而不愿离开家庭或孙辈众多难以平衡而选择不支持儿童照顾。

2. 使用祖辈照顾的家庭普遍认为这一方式既有优势又有不足,个别家庭祖辈照顾压力大

访谈中,有7个家庭的孩子曾经由祖辈照顾,其中5个家庭的孩子由祖辈长期照顾。在祖辈长期照顾的家庭中,有3名访谈对象表示照顾孩子没有给祖辈带来太大压力,2名访谈对象认为祖辈有着很大压力,压力主要来自于祖辈身体不好、有老年病,以及烦琐的儿童照

顾工作、家庭事务。

7个家庭均认为祖辈对儿童的照顾，既有优势又有不足。优势因素主要有两方面：第一，照顾质量因素。访谈对象普遍提及，祖辈照顾最大的优点就是安全和放心，对孙辈照顾尽心尽力。同时，在与孩子的互动中，除日常生活照顾外，祖辈和孙辈之间还会有频繁、深入的情感交流，有利于孩子身心健康成长。第二，经济因素。在部分家庭中，祖辈会对子女和孙辈给予经济支持，一定程度上减轻经济负担。

表2-6　　　　　　　　　祖辈照顾优势与压力因素

	优势		压力
照顾质量	1. 安全放心⑦ 2. 态度：主动性强、尽心尽力⑤ 3. 与孩子的互动：亲情、情感交流⑦	照顾质量	1. 能力有限：身体差、不能抱孩子，孩子主要在床上活动② 2. 生活习惯问题：咀嚼食物后喂孩子①
经济因素	部分家庭中，祖辈给予经济支持②	家庭教养因素	1. 观念：溺爱孩子、重男轻女、忽略孩子性格问题③ 2. 家庭关系：养育观念冲突、引发家庭矛盾⑤

压力因素主要有三个方面：第一，教养因素。一是教养观念上，祖辈常溺爱孩子，对孩子比较放任、缺乏原则。同时，有部分老人存在重男轻女的观念，对男孩娇惯、女孩严格，容易给孩子带来心理失衡。"老人对我儿子宠得无法无天，所以儿子从小习惯就不好，现在长大了做什么事都做得不好，就是被老人给惯的。"（1L1）"和老人待了一段时间以后，孩子性格变得不活泼，看起来傻傻的、很可怜。"（1M1）同时，祖辈与父母的教养观念上的不一致，容易产生冲突，引发家庭矛盾。第二，照顾质量因素。一是祖辈照顾能力有限，"老人身体差，不能抱孩子，只能让孩子主要在床上活动。比如孩子学走路时，老人就没法照顾了"（1H3）；二是祖辈照顾习惯问题，"老人可能怕孩子吃饭容易卡到，自己咀嚼食物后再喂给孩子吃，我们觉得很脏"（1H1）。

综上分析,在祖辈照顾中需求的满足,主要与祖辈身体状况、与子女教养观念的契合度、儿童照顾质量等有较大关系。在访谈中,约有1/4的家庭将祖辈照顾作为主要照顾方式,认为祖辈照顾较好地满足需求、难以满足需求的家庭各占一半,其中最主要的影响因素在于祖辈身体状况是否良好,身体状况差的祖辈,由于照顾质量降低等因素无法给予家庭充分支持,同时也给自己带来较大身体和精力方面的压力。在教养观念方面,几乎所有家庭中都存在老人与子女教养观念的不一致,一定程度增加家庭关系等方面压力。尽管存在不足,祖辈照顾仍具有照顾质量中无法替代的优势,比如安全放心、主动性强、亲情交流等。另外,祖辈照顾实质上是家庭中人力资源和时间成本的代际转移。虽然祖辈照顾儿童并不是必须的责任,但他们常常承担了超出责任范围的工作。

(二)母亲照顾:较大压力、较小压力的母亲几乎各占一半

母亲是儿童早期照顾中的重要角色,承担着较多的责任、较大的压力。访谈中,共有9个家庭的母亲感觉有很大压力,10个家庭的母亲感觉压力相对较小。

表2-7　　　　　　　　　母亲照顾压力影响因素

	较大压力⑨	较小压力⑩
产假时间	1. 法定产假时间比较短⑰ 2. 大部分单位产假执行严格⑮	
个人空间	个人休闲、社交空间受到较大影响⑰	
母亲角色与工作、个人发展冲突	1. 工作环境: (1) 单位规章制度严格⑥ (2) 工作时间不规律、严格④ (3) 单位距离远② 2. 工作压力: (1) 兼顾儿童照顾与工作业务的压力大⑥ (2) 因时间难以安排,对儿童照顾不周② 3. 个人发展影响 (1) 工作发展中的潜在影响⑥ (2) 个人发展受限④	1. 工作环境宽松⑧ 2. 工作压力: (1) 工作节奏慢,压力不太大⑦ (2) 因时间难以安排,对孩子照顾少③ 3. 个人发展影响: (1) 工作发展中的潜在影响⑧ (2) 就业影响①

	较大压力⑨	较小压力⑩
精力因素	1. 儿童照顾、家庭事务繁重⑨ 2. 生活条件差、不方便⑤	年轻身体好，能吃苦③

母亲照顾压力的共性因素有产假时间、个人空间。法定产假时间比较短。在产假时间上，享受56天产假、4个月左右产假、半年以上产假的母亲分别为7名、10名、2名。另外，由于单位人手紧张等因素，大部分单位产假执行严格，必须按时回到工作岗位。值得关注的是，在20世纪80年代后期，部分单位由于经济效益下降，采取更为灵活的产假政策："当时单位也有很多妈妈办了留休，过了产假后就只拿80%的工资，一直到一岁半，可以照顾孩子，也不影响以后的工作，还可以带到三岁，稍微降一些工资大概60%—70%。"（1M4）"1978年产假很严格，两年后开始松动，可在家带孩子到三岁，有基本工资、没有奖金。"（1L4）在个人空间方面，孩子出生以后，由于照顾儿童、家庭事务繁重，个人休闲、社交空间受到较大影响，生活重心以照顾孩子为主，没有时间做其他事情，即使和朋友聚会，也会带上孩子。有一位母亲提到，"孩子一岁多的时候，单位奖励工作成绩优异的班主任去旅游，机会很难得，但因为需要照顾孩子没有去"（1H2）。

另外，母亲较大的压力感知还有以下两类因素：

母亲角色冲突因素。这一时期，母亲的就业率很高，在访谈对象中只有一位母亲未正式就业，大多数母亲面临着母亲角色与工作、个人发展冲突。第一，在工作环境方面，一是规章制度比较严格，比如请假困难、不允许迟到早退、不能带孩子到单位等；二是工作时间上的困难，比如部分单位需要上夜班、上班时间早等，"早上七点上班，虽然单位离家不太远，但孩子很早也要起床带到托儿所"（1M2）；三是少数家庭距离单位比较远，"托儿所在单位，离家很远，由于七点上班，每天四五点钟需要起床，带着孩子换乘好几次公交车，每天上下班很辛苦"（1L4）。第二，在工作压力方面，兼顾儿童照顾与工作业务的压力大，"工作与照顾孩子的冲突大，兼顾起来很累，常常难以兼顾，精力上压力很大。班主任工作很忙，还有很多的学习任务，经常有考试，必须要过关。无论有没有孩子，抱着孩子或者日夜不睡，也必须要过关"（1M5）；"尽量自己克服困难，不将生活问题带到工作上，但精力上压力很大"（1H3）。尽管如此，有时儿童照顾与工作难以兼顾，会对儿童有照顾不周的情况："那个时候压力很大，有时保姆没有来，只能把孩子一个人放在家里。有一次开会家里没人照看，托付邻居，结果邻居忘了，孩子自己爬到床上睡着了，全身衣服都被汗湿透了，门也半开着，那个时候社会秩序还比较好，如果把孩子抱走了可怎么办？"（1M5）第三，个人发展影响。在工作发展上，有时需要请假照顾孩子，带来一定潜在影响。同时，单位会对年幼孩子的母亲给予特殊照顾，比如不安排上夜班等，虽然是一种照顾，但与男职工相比，女职工会有更多诸如此类潜在的弱势。在个人发展上，母亲受到更多限制，一位母亲提到"一辈子最大的遗憾，就是1977年恢复高考的时候，很想去参加高考，但因为要照顾刚出生的孩子，错过了机会，很难受（直到现在，提及此事还会忍不住落泪）"（1L5）。

其次，精力因素。第一，儿童照顾、家庭事务繁重，母亲承担大量儿童生活照顾、家务劳动，普遍感觉很劳累、睡眠很欠缺。第二，当时生活条件差、不方便，增加了家庭劳动的工作量，比如错峰用水、做饭需要生炉子等。第三，母亲缺少其他儿童照顾方式的支持，比如难以获取托育机构照顾服务、祖辈身体差、父亲参与少等。

母亲较小的压力感知有以下两类因素：一是在母亲角色与工作、个人发展冲突因素方面，第一，工作环境比较宽松，比如请假相对自由、工作时间具有一定弹性、允许带孩子上班等。"带孩子没感觉特别累。那时我们在粮站工作，孩子一岁前，我带孩子住在粮站、一起上班，上班时把孩子放在楼上房间，同事有空时也会帮忙轮流照看"。

(1M3)"我和他爸爸都在大学上班，不用坐班，工作时间比较自由，我们根据对方时间调课，共同照顾孩子，工作压力也不太大。"(1H2)第二，工作压力相对较小，"国企相对宽松，可以稍微晚一点上班，上班时很忙很紧张，但基本不需要加班"(1M4)。兼顾照顾孩子也有一些困难，"孩子两岁多的时候开始跑项目，早出晚归，对孩子管得比较少，其他人照顾会差一些"(1H5)。第三，个人发展会受到一定程度影响。在工作表现上，"孩子生病需要请假，重心更多在孩子身上，与男同事相比有差距"(1L7)。少数母亲全职在家照顾孩子，就业受到影响。

二是精神压力因素。第一，是感觉身体好、能吃苦。"年轻的时候不觉得累，有一次孩子住院，白天去高考阅卷，晚上去医院陪孩子，没有觉得很累，很开心。"(1H2)"我从农村出来，意志品质坚强，靠自己克服困难。"(1M2)第二，是得到较多的其他儿童照顾方式支持，比如祖辈照顾较多、保姆比较满意、父亲参与较多等，"没感觉累，孩子白天送到保姆家，晚上也有爷爷奶奶可以辅助照顾"(1H5)。"总体感觉不累，我当时到上海外出学习培训了好几个月，晚上孩子由爸爸照顾，白天由托儿所照顾，很放心。"(1M1)

综上所述，首先，与其他家庭成员相比，尤其与父亲进行比较，母亲在儿童照顾中承担着过多的压力，在儿童照顾时间和精力上投入最大，有着减轻个人压力的需求。其次，母亲照顾需求压力感知与其他照顾方式的有效支持、母亲角色与工作和个人发展冲突、产假时间、个人空间、精力等因素相关。在压力感知方面，超过半数的母亲感觉压力较大。在前文总体性需求感知强度影响因素中，母亲角色与工作和个人发展冲突是影响需求感知的重要因素，同时，较短的产假时间、压缩的个人空间、繁重的家庭事务均增强了母亲的压力感知。在母亲产假方面，由于产假时间比较短，普遍面临着儿童年龄很小时（甚至不到2月龄）与母亲分离的问题；几乎所有母亲的个人空间都被压缩到没有；除儿

第二章　强政策支持阶段（1949年至20世纪90年代初期）

童照顾外，部分母亲还承担繁重的家庭事务，身体和精力上压力较大。

（三）父亲照顾：大多数家庭的父亲几乎不参与或较少参与儿童早期照顾

父亲在儿童早期照顾参与上总体存在不足，在所有调查对象中，5个家庭中父亲参与儿童早期照顾较多，4个家庭中父亲参与较少，10个家庭中父亲几乎不参与。同时，父亲在儿童照顾中基本没有压力或有较小的压力，在个人社交、休闲空间方面几乎没有受到影响，与母亲在儿童照顾中承担的压力形成鲜明对比。

对于父亲参与因素的描述，在选择性编码阶段，共获取4级共16个编码（见表2-8）。第一，参与度较高的父亲。调查中发现，在照顾内容上，只是主要陪同孩子进行休闲娱乐、学习活动，如讲故事、玩游戏、户外活动等，对孩子的生活照顾相对较少，只有1位父亲可以独立参与孩子的吃饭、穿衣、大小便、洗澡等生活照顾工作，其他4位父亲主要辅助母亲进行儿童生活照顾。参与度较高的父亲，主要有两方面因素：一是个人意愿上，父亲喜欢和孩子在一起，认为应该由夫妻共同承担儿童照顾责任；二是家庭人力资源不足，其中4名访谈对象表示在儿童照顾方面缺少祖辈支持，只能依靠夫妻两人合作进行。

第二，参与度较少的父亲。共有4名父亲在儿童早期照顾中有一定参与、参与较少，主要有两方面因素：在个人意愿上，父亲主动性不高、被动参与儿童照顾，虽认为自己有责任照顾孩子，但也有懈怠情绪，比如有的父亲会因为常参与娱乐活动如打麻将而在照顾孩子上偷懒；在客观上，存在着上班比较远、工作忙等情况，挤占了儿童照顾时间。

第三，参与度极低的父亲。共10名父亲几乎没有参与儿童早期照顾，主要有两方面因素：在个人意愿上，父亲认为"男主外女主内"，应由女性负责家庭事务，不太愿意参与儿童照顾；在客观上，存在着父亲工作忙等情况,并且有6名父亲与母亲和孩子分隔两地,接近调查对象人数的1/3。

表2-8　　　　　　　　父亲参与儿童早期照顾因素

	参与较多⑤	参与较少④	几乎不参与⑩
个人意愿因素	喜欢和孩子在一起,夫妻共同承担儿童照顾⑤	被动参与儿童照顾④	男主外女主内,由女性负责家庭事务⑧
外界因素	家庭人力资源不足③	工作因素:上班比较远、工作忙③	空间隔离:与母亲和孩子分隔两地⑥

总体上,在父亲照顾中,普遍存在着父亲参与不足的情况,半数以上的家庭中父亲几乎不参与儿童早期照顾,不利于家庭儿童早期照顾压力的缓解。父亲参与度与个人意愿、外界因素相关。其中,在个人意愿方面,男女平等观念越低的父亲,在儿童照顾中的参与度越低,反之则参与度较高。在外界因素中,家庭人力资源不足时,父亲参与度更高。父亲工作压力较大或与孩子两地分隔时,父亲的参与度更低。另外,家庭中存在着增加父亲参与度的隐性需求。受到传统家庭观念的影响,家庭普遍对父亲在儿童早期照顾中参与不足的现象缺少反思,没有感觉到照顾过程中有增加父亲参与的需求。而事实上,无论从父亲责任、亲子关系、夫妻平等、家庭压力等多个角度出发,都需要父亲在儿童照顾中的参与。

(四)生活照顾需求:总体需求感知偏低

总体感知需求强度是指家庭在儿童早期生活照顾过程中感觉到的压力强度。这一时期,儿童早期照顾总体感知需求偏低,同时有小部分家庭存在照顾方面的需求。在19个家庭中,共有5名访谈对象感觉家庭在儿童早期照顾中的需求较大、存在着很大的照顾压力,2名访谈对象感觉具有中等程度需求、存在较大的照顾压力,12名访谈对象感觉需求较小、没有太大的照顾压力。

第二章 强政策支持阶段（1949年至20世纪90年代初期）

表2-9　　　　儿童早期照顾总体需求状况及其影响因素

	较大需求⑤	中等需求②	较小需求⑫
照顾方式支持的有效性	缺少有效的儿童照顾方式支持： 1. 托育机构服务支持不足⑤；无托育机构服务支持②；托育机构服务质量较差③ 2. 祖辈照顾支持不足⑤；无祖辈照顾支持④；祖辈身体状况差① 3. 保姆照顾质量偏低②	缺少有效的儿童照顾方式支持： 1. 托育机构服务支持不足②；无托育机构服务支持② 2. 祖辈照顾支持不足②；无祖辈照顾支持①；祖辈身体状况差① 3. 家庭托育式服务质量偏低①	拥有有效的儿童照顾方式支持： 1. 托育机构服务支持充足⑧；质量较高⑥，质量一般② 2. 祖辈照顾支持充足④ 3. 母亲照顾支持充足⑤ 4. 家庭托育式服务：质量一般① 5. 保姆照顾质量较高④ 6. 父亲照顾支持充足④
母亲角色与工作角色冲突	1. 冲突较大，母亲工作压力较大④ 2. 冲突较小，母亲工作压力较小①	1. 冲突较大，母亲工作压力较大① 2. 冲突较小，母亲工作压力较小①	1. 冲突较小，母亲工作压力较小⑤ 2. 冲突较小，母亲有一定工作压力，但无需花费太多时间照看孩子⑤ 3. 无冲突，母亲未正式就业②
经济因素	经济压力大③	基本无经济压力②	基本无经济压力⑫

通过以上分析可以发现，在强政策支持阶段，儿童早期照顾总体需求偏低，其中，超过半数的家庭感觉需求较小、没有太大的照顾压力，有小部分家庭存在照顾方面的需求。这一时期的儿童早期照顾需求状况主要受到儿童照顾方式支持的有效性、母亲角色与工作角色冲突、经济因素等方面影响。

首先，是否拥有有效的儿童照顾方式支持是影响需求感知强度最重要的因素。在需求感知强度较大的5个家庭、拥有中等需求的2个家庭均缺乏有效的儿童照顾方式支持：在托育机构照顾服务支持方面，共有4个家庭无托育机构服务支持，其他3个家庭虽有托育机构服务支持，但照顾质量较差、难以满足需求；在祖辈照顾支持方面，共有5个家庭无祖辈照顾支持，其他2个家庭虽有祖辈照顾支持，但由于身体原因，祖辈的支持力度较为有限；在其他照顾方式如保姆照顾、家庭托育式照顾中，均存在照顾质量较差的问题。与此形成对比的是，需求感知较小的12个家庭，拥有有效的儿童照顾方式支持：其中8个家庭拥有较为充足的托育机构服务支持，6个家庭认为照顾质量较高、可以较好地满足需求，2个家庭认为照顾质量一般、基本能够满足需求；在其他照顾方式如保姆照顾、母亲照顾、家庭托育式、父亲照顾中均能拥有较高质量或较为充足的支持；部分家庭拥有2种或3种以上有效照顾方式的支持。

在儿童照顾方式支持的有效性中，第一，是否拥有有效的托育机构照顾服务支持是关键因素之一。这一时期，托育机构服务的供给较为充足，但存在部分托育机构照顾质量偏低的问题。虽然有半数以上家庭拥有托育机构支持，然而只有较高质量的托育机构服务支持能够满足儿童早期照顾需求，低质量的托育机构服务会加大需求强度、引发家庭对儿童的担忧。总体上较为充足的托育机构服务资源为缓解家庭压力、满足家庭需求起到了支撑作用，超过半数的家庭得到托育机构服务支持，接近半数的家庭感觉托育机构服务有效满足了照顾需求。第二，是否拥有充足的祖辈照顾支持也是影响因素之一，由于家庭子女多、有托育机构集体福利支持等因素，只有小部分家庭能依靠祖辈照顾支持，尤其在无托育机构照顾服务支持的情况下，祖辈照顾成为重要的补充方式，无充足祖辈照顾支持家庭的照顾需求感知强度较强烈。第三，是否拥有一种或多种其他照顾方式如保姆照顾、母亲照顾、家庭托育式、父亲照顾等较高质量或较为充足的支持，对照顾需求的满足具有影响作用。家庭使用上述其他照顾方式作为主要儿童早期照顾方式的比例相对较小。其中，保姆照顾服务具有特殊时代背景，改革开放初期，在农民工进城的浪潮下，保姆基本都是由亲戚朋友介绍，从农村进入城市的小姑娘，大多与儿童所在家庭具有亲戚关系，因而普遍照顾质量较好，基本能够满足照顾需求。与此同时，少数家庭保姆照顾质量偏低，难以有效满足家庭需求。在家庭托育式服务中，多为未就业老人从事照顾工作，总体上相对质量偏低，没有太好满足照顾需求。在母亲照顾支持中，这一时期女性处于普遍就业阶段，将母亲照顾作为主要照顾方式的家庭较少（约为4个家庭），但在工作时间以外主要由母亲照顾儿童的家庭较多，约有15个家庭（包括母亲作为主要照顾方式的4个家庭）。母亲是否能够给予充足支持也是需求满足的重要因素。在父亲照顾支持中，作为与子女具有最亲密关系的人员之一，父亲在参与儿童早期照顾的比例普遍偏低，对儿童照顾支持不足，同时，少数家庭父亲参与度较高、减轻了家庭在儿童早期照顾中的需求强度。

其次，母亲角色与工作角色冲突也是需求感知影响因素之一，超过半数的家庭中母亲角色与工作角色冲突较小，其中大部分母亲工作压力较小或无工作压力，还有小部分母亲有一定工作压力但拥有其他照顾方式支持、不用花费太多时间看管孩子。在需求感知强度较大和中等的7个家庭中，有5名母亲感觉角色冲突大、工作压力大。需求感知强度较小的12个家庭中，2名母亲未就业、无角色冲突问题，10名母亲感觉角色冲突小，其中5名母亲虽然工作压力大但无需花费太多时间照看孩子。由此可见，母亲角色与工作角色冲突和需求感知呈正相关关系，角色冲突越大则需求感知越强烈，同时其他家庭照顾方式的有效支持对角色冲突起到缓解作用。

最后，家庭经济压力将加大对于儿童早期照顾需求的强度。这一时期，家庭经济压力普遍较小，在少数经济压力大的家庭中，经济负担会加深儿童早期照顾中的需求感知强度。在需求感知强度较大的5个家庭中，有3名母亲感觉经济压力较大，虽然儿童照顾中的保姆、托儿所等开支较低，但由于家庭经济条件差、依然带来较大照顾中的压力。

四 家庭早期教育隐性需求：对早期教育的关注度较低

在儿童早期照顾的隐性需求中，包括生活照顾需求、早期教育需求两个方面。其中，早期教育与儿童早期照顾的质量、儿童早期发展关系更为密切。早期教育需求主要指家庭在儿童早期教育状况之中面临的困难与问题，对父母自我学习、早期教育观念、父母与孩子的互动关系、早期教育内容、早期教育困难中的需求状况进行分析描述。

（一）父母自我学习需求：大多数家庭不关注育儿知识的学习

父母自身在儿童早期教育中的需求主要体现在对育儿知识的关注上。这一时期父母对育儿知识的关注比较少（见表2-10）。共有14个家庭基本没有关注过育儿知识，3个家庭表示有一点关注、偶尔会购买育儿书籍，2个家庭关注比较多、经常阅读育儿书籍。

表2-10　　　　　　　　　父母关注育儿知识状况

	不关注 ⑭	有一点关注 较高学历家庭③		较多关注 中等学历家庭③
养育文化环境	1. 传播：育儿知识的信息传播有限；听老人经验或自己摸索⑫ 2. 社会观念：普遍缺乏育儿知识学习观念⑰		生活环境	1. 家庭文化传承① 2. 职业环境影响②
生活压力	生活、工作事务压力大，没有时间精力关注⑬			

大部分家庭不关注或偶尔关注育儿知识，主要有以下两方面因素：第一，养育文化环境因素。在信息传播方面，育儿知识的信息量比较小，电视、书籍、报纸都少有宣传报道。当时大家养育孩子主要都是凭借老人经验或靠自己摸索，不认为养育孩子还需要专门学习。同时，生活环境中普遍缺乏育儿知识学习观念，"那时没有科学育儿的概念，对孩子的关注度也不像现在这么高"（1M4）。育儿知识的缺失，也引发一些问题，比如对孩子照顾不周，"那个年代什么都不懂，有一次孩子发烧很严重都不知道、处理方法不当、把孩子捂出病来，持续很长时间，每年到这个季节都犯病"

(1L5)。第二，生活压力因素。大家感觉生活、工作事务繁忙，没有时间精力关注育儿知识，"能保证基本的吃饱穿暖、不生病就是最大的关注，那时候最重要的事情是做好工作，没工作就没饭吃"（1M5）。

关注育儿知识的家庭，主要有生活工作环境方面因素：第一，家庭文化的传承，其中一名的祖辈是儿科医生，家庭在育儿知识方面有传承，对孩子身体照顾方面有一套方法，比如小儿推拿按摩、被动操等（1M2）。第二，职业环境的影响，由于从事幼儿教育行业，有一位访谈对象对育儿知识关注很多、阅读大量育儿书籍，但她感觉"周围人普遍没有这种意识"（1M1）。

综上分析，家庭中存在增加父母对育儿知识学习的隐性需求。首先，父母普遍对育儿知识的关注比较少，大部分家庭缺乏育儿知识学习的意识，没有感觉到儿童照顾中需要加强自我学习。而实际上，育儿知识的缺乏是儿童照顾过程中的不利因素，有时会带来负面影响。其次，父母对育儿知识的较少关注主要受到养育文化环境的影响，比如育儿知识的信息传播有限、社会普遍缺乏育儿知识学习观念等，不利于推动家庭的自我学习。最后，少数家庭中父母对育儿知识的关注主要源于家庭文化传承、职业环境等个性化因素。

（二）儿童早期教育需求

1. 儿童早期教育观念中的需求

在儿童早期教育认识上（见表2-11），大多数家庭对儿童早期教育关注不多，相对较高学历家庭（父母均为大学专科及以上学历）、中等学历家庭（父母中一人为大学专科及以上学历）而言，较低学历家庭（父母均为高中及以下学历）对儿童早期教育关注得更少。其中，共有7个家庭比较缺乏儿童早期教育意识，8个家庭对儿童早期教育略有关注，4个家庭对儿童早期教育比较重视。

表 2-11　　　　　　　　儿童早期教育观念

	儿童早期教育观念		
	无儿童早期教育意识⑦	对儿童早期教育略有关注⑧	对儿童早期教育比较重视④
父母受教育程度	较高学历① 较低学历⑥	较高学历⑤ 中等学历② 较低学历①	较高学历① 中等学历③
观念内容	1. 态度：没有儿童早期教育的意识⑦ 2. 方法：放任自由⑦ 3. 陪伴时间：很少陪伴⑦ 4. 3岁以前的竞争压力：没有考虑过竞争的问题⑦ 5. 学龄阶段的竞争压力： （1）对孩子学习没有太高要求⑤ （2）对孩子学习要求比较高②	1. 态度：顺其自然，没有特意培养孩子⑧ 2. 方法：凭借经验和感觉进行儿童早期教育⑧ 3. 陪伴时间：有时间会陪伴孩子⑧ 4. 关注重点：健康快乐的心理、为人处世的道理等⑧ 5. 3岁以前的竞争压力：没有考虑过竞争的问题⑧ 6. 学龄阶段的竞争压力： （1）在学龄阶段，对孩子学习没有太高要求⑤ （2）对孩子学习要求比较高③	1. 态度：认为儿童早期教育比较重要④ 2. 方法：陪伴孩子的过程中，有意识地教育引导④ 3. 陪伴时间：几乎每天会抽出一段时间（30分钟左右）专心陪伴孩子④ 4. 关注重点：简单的智力开发、知识教育，健康快乐的心理、为人处世的道理等④ 5. 3岁以前的竞争压力：基本没有竞争压力 （1）没有考虑过竞争的问题③ （2）没有必要竞争，孩子健康快乐成长最重要① 6. 学龄阶段的竞争压力：对孩子学习要求比较高④
生活压力、文化环境因素	1. 生活压力：父母更多考虑自身工作和发展，没有太多精力管孩子⑫ 2. 生活环境：社会舆论对儿童早期教育关注较少⑮		1. 生活压力：工作和生活压力相对比较小，时间比较充裕④ 2. 生活环境：父母职业因素② 3. 家庭关注：第一批独生子女，比较重视④

7个家庭比较缺乏儿童早期教育意识，其中较低学历家庭6个、较高学历家庭1个。在这类家庭中，父母感觉自己不具备儿童早期教育的意识，缺乏这一概念，对孩子管得比较少，陪伴孩子的时间也很

少。在孩子3岁以前，完全没有感觉到孩子之间的竞争压力。在学龄阶段，有5个家庭对孩子的学习没有太高要求，只有2个家庭对孩子学习要求比较高。

8个家庭对儿童早期教育略有关注，其中较高学历家庭5个、中等学历家庭2个、较低学历家庭1个。在这类家庭中，父母对孩子的早期教育秉持顺其自然的态度，有时间会陪伴孩子，主要凭借经验和感觉进行儿童早期教育，没有专门学习和思考过，也没有设立目标和计划，孩子喜欢做什么父母就顺便教什么。同时，父母对知识教育关注比较少，注重培养孩子健康快乐的心理、为人处世的道理等。在孩子3岁以前，父母基本没有考虑过竞争的问题。在学龄阶段，有5个家庭对孩子的学习没有太高要求，3个家庭对孩子学习要求比较高。

在儿童早期教育观念的影响因素方面，上述两类家庭均认为，一方面，生活和工作压力比较大，父母家庭事务繁忙、更多考虑自身工作和发展，没有太多精力管孩子；另一方面，社会舆论对儿童早期教育关注较少，那个年代大家都没有这方面意识。

4个家庭对儿童早期教育比较重视，其中中等学历家庭3个、较高学历家庭1个。这类家庭认为儿童早期教育比较重要，在陪伴孩子的过程中，会有意识地教育引导。同时，在陪伴时间上比较有规律，几乎每天会抽出一段时间（30分钟左右）专心陪伴孩子。主要关注对孩子简单的智力开发、知识教育，以及健康快乐的心理、为人处世的道理等。另外，在孩子3岁以前，父母基本没有考虑过竞争的问题，或者认为没有必要竞争，孩子健康快乐成长最重要。在学龄阶段，4个家庭均对孩子学习要求比较高。在这类家庭儿童早期教育观念的影响因素主要有三个方面：第一，职业因素，孩子的母亲或父亲是教师，在孩子的教育问题上具有一定职业敏感性。第二，对孩子的关注比较多，孩子均为独生子女，比较重视孩子的教育。第三，父母在工作和生活方面的压力相对比较小，时间比较充裕。

综上分析，首先，这一时期家庭中存在着增加儿童早期教育关注的隐性需求，大多数家庭关注度较低，没有意识到对儿童早期教育关注的必要性。然而，对早期教育关注的缺乏是儿童教育过程中的负面因素，有时会不利于儿童的早期发展。

其次，对儿童早期教育的关注度主要受父母受教育程度、生活压力、生活环境、家庭关注因素的影响：父母受教育程度是重要因素，较低学历家庭的关注更少、中等和较高学历家庭关注相对更多；生活压力较大的家庭对于儿童早期教育关注度较低，反之则关注度相对较高；生活环境方面，社会舆论对儿童早期教育的关注度低，少数家庭中父母对早期教育的关注主要源于职业环境等个性化因素。

2. 父母与孩子的沟通方式

在父母与孩子的沟通方式方面，在7个家庭（4个较高学历家庭、2个中等学历家庭、1个较低学历家庭）中，父母对孩子的态度比较宽松给予更多自由，几乎不会对孩子发脾气、体罚孩子，也基本不会强迫孩子做父母认为正确的事情，比较注重和孩子讲道理，一般不会惩罚或变相惩罚，重视与孩子的沟通，分析问题、满足孩子的合理需求。在12个家庭（3个较高学历家庭、3个中等学历家庭、6个较低学历家庭）中，父母对孩子压制比较多、相对严格，有时会对孩子发脾气、体罚孩子、会强迫孩子做父母认为正确的事情。压制型沟通方式尤其是较高程度压制如经常打骂、强迫孩子做事或缺乏对孩子的理解等都不利于孩子的身心发展，同时，宽松型沟通方式总体上较为适合儿童发展。关于父母与孩子互动关系的影响因素（见表2-12），在7个家庭中，父母对孩子的态度比较宽松、给予更多自由，主要有以下两方面因素：第一，受教育程度。访谈中，大多数较高学历家庭中父母与孩子间为宽松型沟通方式，而中等学历家庭、较低学历家庭采取宽松型沟通方式的比例较低。第二，父母因素。在观念因素方面，父母认为不赞同对孩子过于严厉的教育方式。在个性因素方面，6个家庭中父母个性温和、比较有耐心。

第二章 强政策支持阶段（1949年至20世纪90年代初期）

表2-12　　　　　　　父母与孩子沟通方式状况

	宽松⑦	压制⑫
父母受教育程度	较高学历④ 中等学历② 较低学历①	较高学历③ 中等学历③ 较低学历⑥
父母因素	1. 观念：不赞同对孩子过于严厉的方式⑤ 2. 个性：父母个性温和⑥	1. 观念：父母需要树立威信、坚持原则，帮助孩子形成好习惯⑨ 2. 压力与情绪控制：经济上、精力上压力比较大，负面情绪转移③

12个家庭中的父母对孩子压制比较多、相对严格。第一，受教育程度。大多数较低学历家庭、中等学历家庭中父母与孩子间为压制型沟通方式。第二，父母因素。在观念因素方面，9个家庭的父母认为需要通过压制的方式树立威信，把坏习惯消灭在萌芽中，"小孩子什么都不懂，当然要靠大人去管教，有时候讲道理讲不通，打他几下就记住了"（1H3）。在情绪控制因素方面，3个家庭中，父母在经济上、精力上压力比较大，情绪控制能力不强，容易将负面情绪转移到孩子身上。

综上分析，这一时期父母与孩子的沟通方式中，压制型的沟通方式较为普遍，多于宽松型的沟通方式，存在着改进现有亲子沟通方式的隐性需求。同时，父母与儿童的沟通方式主要受父母受教育程度、父母管教方式、儿童因素影响，其中父母受教育程度是主要因素，并在一定程度上影响父母管教方式：一是在受教育程度方面，低学历家庭中几乎所有父母与孩子的沟通方式呈现出压制性特征，中等学历家庭中大部分家庭呈现压制型沟通方式，高学历家庭中宽松型沟通方式超过半数。二是父母观念、个性、压力与情绪控制等因素相关。

3. 早期教育内容

关于儿童早期教育内容（见表2-13），父母对儿童的早期教育内容主要集中在认知能力、社会交往、生活习惯三个方面，其中，既有父母主动的引导教育，也有玩乐过程中无意识的教育。

表 2-13　　　　　　　　　　儿童早期教育内容

认知能力	社会交往	生活习惯
1. 语言能力：给孩子读书、讲故事⑭ （1）主动教育⑧：培养孩子语言能力 （2）无意识教育⑥：孩子有兴趣、陪孩子打发时间	1. 孩子间的主动社交⑨：主动希望和其他孩子一起玩	1. 有一定要求⑧：独立吃饭、穿衣、纠正坏习惯、控制看电视的时间等
2. 游戏和艺术：有时陪孩子做游戏、唱歌、跳舞、画画⑬ （1）无意识教育⑬：孩子有兴趣，陪孩子打发时间	2. 孩子间无意识的社交⑦ 孩子间的玩乐互动，家属院提供了孩子间的社交环境	2. 基本无要求⑪： （1）没有培养孩子生活习惯的意识 （2）包办孩子的事情
3. 数学思维：有意识的数学思维训练、启蒙学习② （1）主动教育②：培养孩子的数字敏感性		

在认知能力方面，有 14 个家庭的父母会有时给孩子读书、讲故事，其中 8 个家庭希望通过这一方式培养孩子语言能力，6 个家庭没有考虑阅读对孩子的教育帮助；13 个家庭的父母有时陪孩子做游戏、唱歌、跳舞、画画等，几乎所有家庭在这一过程中基本没有考虑到对孩子的教育帮助；2 个家庭的父母会有意识地进行数学思维训练、启蒙学习，培养孩子的数学敏感性。在社会交往方面，7 个家庭的父母没有考虑到对孩子的社交教育，家属院孩子间的玩乐互动多、为孩子提供了社交环境；9 个家庭的父母会主动为孩子创造社交环境，希望孩子多参与孩子间的互动。在生活习惯方面，8 个家庭表示对孩子在独立吃饭、穿衣、纠正坏习惯、控制看电视的时间等方面有一定要求，其余 11 个家庭在这一方面对孩子基本没有要求，没有培养孩子生活习惯的意识，习惯于包办孩子的事情。

综上分析，在早期教育中，在认知能力、社会交往、生活习惯等方面存在增加主动引导教育的隐性需求。这一时期，不同受教育程度家庭未显现出明显差异，总体上家庭较少考虑到对孩子的主动引导和教育帮助，持无意识教育态度的家庭多于主动教育引导态度的家庭。同时，在教育内容上，父母对儿童语言能力、社会交往能力的主动引导较多，对生活习惯的培养较为忽略，超过半数的家庭在生活习惯上对孩子没有要求。

4. 早期教育中的困难

关于儿童早期教育中的困难（见表 2-14），主要有以下四方面因素：

第一，父母自身因素。一是父母由于家庭事务、工作压力大，或者没有认识到陪伴孩子的重要性，在时间精力上投入不够。二是自身能力限制，父母认为自己的育儿知识有限，对孩子要求不够严格，缺乏明确的教育计划、目标，或因个人能力、经济条件有限，对孩子的各方面能力培养有缺憾，没有及时发现孩子的兴趣和天赋，影响了孩子的全面发展。三是在亲子沟通中，有时在情绪控制上不足、对孩子情绪急躁，站在成人角度考虑问题。四是部分家庭父母存在重男轻女的观念。

表 2-14　　　　　　　　儿童早期教育中的困难状况

父母自身因素	时间精力投入不足	1. 外界原因：父母家庭事务、工作压力大② 2. 主观原因：没有认识到陪伴孩子的重要性④
	自身能力限制	父母的育儿知识有限，缺乏明确的教育计划、目标④
		父母个人能力、经济条件有限，对孩子的各方面能力培养有缺憾③
	亲子沟通	情绪控制不足，有时对孩子情绪急躁⑤
	观念因素	重男轻女的观念②
父母与祖辈的教育观念冲突		与祖辈教育观念的差异③
		祖辈溺爱孩子③
儿童个性因素		孩子个性强、不听话③
		对学习没有兴趣②
亲子关系		孩子与父母关系比较疏远①

第二，父母与祖辈的教育观念冲突。一是父母与祖辈教育观念的差异，比如老人主张孩子不去正规幼儿园。二是老人溺爱孩子，对孩子的个性发展、生活习惯等方面均有影响。

第三，儿童个性因素。部分父母认为孩子脾气大、个性强，与孩子沟通困难。孩子对学习没有兴趣，长大后学习成绩差。

第四，在亲子关系上，父母感觉孩子与自己关系比较疏远。

儿童早期教育困难中主要体现出增加父母时间精力投入、加强父母自我学习、改进亲子沟通方式的需求。首先，父母自身因素中的问题是最主要的困难，具体表现在父母对儿童早期教育的时间精力投入不足，同时由于个人能力、育儿知识的限制，对孩子的教育关注度不够，可能对孩子某方面的能力培养有所忽略。在教育方式上，父母在亲子互动中有时情绪控制不足、主要从成人角度思考问题，影响沟通效果。其次，困难因素还包括父母与祖辈的教育观念冲突、亲子关系疏远。

（三）儿童早期教育中的总体需求

这一时期，家庭对儿童早期教育需求感知程度较低，但存在较大程度的隐性需求。首先，在需求感知方面，总体上，几乎所有父母都不认为在儿童早期教育方面有需求和压力。家庭在父母自我学习、早期教育观念等方面均没有感觉到困难和压力，唯有对早期教育困难中的某些方面如儿童个性、亲子沟通等感觉到压力。其次，在隐性需求方面，家庭在儿童早期教育中存在较大程度未明确感知但实际存在的困难，具体体现在父母育儿知识学习不足、儿童早期教育关注缺乏、压制型亲子沟通方式、儿童早期学习中的主动教育引导不足等方面。儿童早期教育中的需求感知主要受到社会文化环境的影响。这一时期，社会普遍对儿童早期教育问题缺乏关注，在早期教育理念、信息传播、早期教育服务等方面均供给不足，因而父母对儿童早期教育中的需求处于较为忽略的状态。

儿童早期教育中的隐性需求强度主要受社会文化环境、父母受教育程度因素的影响：一是在社会文化观念中普遍不重视儿童早期教育的背景下，很多家庭存在父母育儿知识学习不足、儿童早期学习中的主动教育引导不足等问题。二是父母受教育程度对儿童早期教育关注度、父母与儿童的沟通方式具有相关性，受教育程度越高的父母，对儿童早期教育的关注度越高，越可能与孩子形成宽松型的沟通方式，反之，则可能对儿童早期教育的关注度更低、与孩子形成压制型的沟通方式。三是父母受教育程度对儿童发展结果有相关性。较高学历家庭的子女受教育程度相对较高、较低学历家庭的子女受教育程度相对较低。

第三节 强政策支持阶段（1949年至20世纪90年代初期）：表达性需求

本节将在对强政策支持阶段（1949年至20世纪90年代初期）儿童早期照顾感觉性需求的研究基础上，继续对这一时期家庭在儿童早期照顾中的表达性需求进行探讨。本书所界定的表达性需求主要指家庭在选择或未选择某种早期照顾服务方式或其他方式的过程中体现出的需求，尤其是通过分析早期照顾服务方式的选择或未选择因素，反映某种社会服务在运行中的优势或可能存在的不足。本节将对托育机构服务、保姆照顾服务两种儿童早期照顾方式进行分析。

一 托育服务中的表达性需求：大多数家庭成功获取托育服务支持、对服务的满意度参差不齐

大城市家庭对于托育服务的需求量大，并且对于这一照顾方式具有明显偏好，托育服务的使用率较高，但一部分家庭的表达性需求未得到满足。访谈资料显示，在21个家庭中，有11个家庭使用了这一服务，有7个家庭有需求但缺乏托育服务支持、2个家庭无托育服务需求。

（一）大多数家庭成功获取托育服务支持

1. 基本情况

这一时期，共有超过半数的家庭成功获取托育服务支持。在托育

机构类型方面（见表 2-15），有 9 个家庭选择父母所在单位的托儿所或幼儿园，2 个家庭选择附近街道托儿所。儿童入托年龄普遍偏小，6 个家庭儿童入托时间在 6 月龄以前，1 个家庭儿童入托时间为 12 月龄。另外，还有 4 个家庭将儿童送到机关幼儿园婴儿班，时间均在孩子 24 月龄以后。

表 2-15　　　　　　　托育机构类型和入园入托年龄

序号	访谈对象	子女出生年份	托儿所、幼儿园类型	子女入托入园年龄	托育机构需求满足状况
1	1H4	1989 年	机关幼儿园婴儿班（父亲所在单位）	26 月龄	满意
2	1H6	1993 年	机关幼儿园婴儿班（母亲所在单位）	30 月龄	满意
3	1H7	1989 年	机关幼儿园婴儿班（母亲所在单位）	24 月龄	满意
4	1M1	1983 年	工厂托儿所（母亲所在单位）	4 月龄	满意
5	1M2	1986 年	工厂托儿所（母亲所在单位）	6 月龄	满意
6	1M3	1988 年	机关幼儿园婴儿班（父亲所在单位）	30 月龄	满意
7	1M4	1984 年	街道托儿所	12 月龄	一般
8	1L2	1972 年 1974 年 1976 年	工厂托儿所（母亲所在单位）	1—2 月龄	一般
9	1L3	1982 年	街道托儿所	1—2 月龄	不满意
10	1L4	1978 年	工厂托儿所（母亲所在单位）	1—2 月龄	不满意
11	1L6	1973 年	工厂托儿所（母亲所在单位）	1—2 月龄	不满意

2. 使用托育服务因素：服务的可获取性、可负担性、使用年龄灵活性较强

家庭选择托育服务有多方面因素：在主观意愿因素方面，在已选择托育机构照顾服务的家庭中，大部分家庭在主观上更偏好这一方式。同时，还有少数家庭主观上更偏好祖辈照顾方式，但由于家庭中难以获得祖辈照顾支持、退而求其次选择托育机构照顾，尽管感觉托育机构照顾服务难以较好地满足家庭需求、但没有其他选择。

第二章 强政策支持阶段（1949年至20世纪90年代初期）

在服务可获取性方面，父母所在单位或附近街道办事处可以提供托育机构照顾服务。其中，父母职业是决定能否获得服务的关键因素，家庭是否在城市中心地区居住也影响着获取街道托育机构服务的机会。在"单位制"集体福利托育服务供给的情况下，大多数单位举办的托育机构只接受本单位职工家庭儿童，因而，父母职业在一定程度上决定家庭能否拥有托育机构照顾服务支持。部分城市中心地区街道也提供托育机构服务，弥补单位供给的不足。访谈中，获得托育机构服务支持的11个家庭中，9个家庭获取单位托育服务支持，父母在工厂和机关事业单位工作，2个家庭获取街道办事处托育服务支持，居住地点在城市中心地区。

在服务可负担性方面，这一时期托育机构普遍费用低，对本单位职工象征性少量收费或不收费。"那个时候的托儿费几乎可以忽略不计，有的单位是免费，有的单位是象征性收取，我记得大概是一两块钱一个月。"（1M4）

在服务的方便性方面，托育机构的地点大多在父母单位内或附近街道，服务时间与父母上下班时间一致，方便程度较高。

服务机构对儿童年龄具有灵活性，部分托育机构如工厂幼儿园接受年龄较小儿童（1—2月龄儿童），在母亲法定产假结束后即可将儿童送到托儿所，最小甚至低于2月龄。"孩子满月了就能送去，休完一个月的产假就要开始上班了。"（1L2）也有少数家庭的孩子在2岁以后进入托育机构，家长认为他们已具备基本生活自理能力、需要适应集体生活环境。

在服务质量上，大多数家庭认为服务质量高、一般，只有少数家庭认为服务质量低但无其他选择。这一时期，托育机构均能满足儿童的基本安全，但不同主办单位的幼儿园在照顾质量上显现出一定差异，机关、大型工厂举办的托育机构的照顾质量相对优于普通工厂和街道举办的托育机构。其中，认为"托育机构照顾虽难以满足家庭需求、但没有其他选择"而被动选择托育机构照顾方式的3个家庭，均认为子女所在普通工厂和街道托育机构质量偏低。

表 2 – 16　　　　　　　　　使用托育服务因素

选择因素⑪	
主观意愿	1. 无祖辈照顾方式支持，托育机构照顾虽难以满足家庭需求但没有其他选择③ 2. 在各种照顾方式比较之下，家庭主观上愿意选择托育机构⑧
服务可获取性	1. 父母所在单位⑨ 2. 家庭附近的街道办事处可以提供托育机构照顾服务②
可负担性	费用低⑩
方便性	离家近⑩、服务时间合适⑪
服务使用年龄的灵活性	1. 接受小月龄儿童使用服务⑦ 2. 2岁以后孩子具备基本生活自理能力，需要集体生活环境②
服务质量	服务质量高⑥；服务质量一般②；服务质量低但无其他选择③

3. 托育服务需求满足状况：对服务的满意度参差不齐

在选择托育服务的家庭中，在需求满足方面（见表 2 – 17），有 6 名访谈对象对托育机构（托儿所 2 人、幼儿园 4 人）感到满意，2 名访谈对象感觉托育机构总体上一般，3 名访谈对象对托育机构感到不满意。

满意因素。6 名访谈对象对托育机构感到满意，认为儿童所在托育机构满足了家庭需求。其中，2 名访谈对象家庭选择母亲所在单位托儿所，需求的满足主要有以下因素：第一，照顾质量因素。一是母亲所在单位均为大工厂（柴油机厂、热电厂），单位效益好、托儿机构福利更好。二是教师照顾质量比较高。在专业训练方面，教师们普遍没有太多儿童照顾专业训练的经验，主要从生产一线岗位抽调部分比较负责、适合照顾孩子的人员，或是抽调部分身体不好、不能上夜班的人员担任教师。虽然当年的托儿所教师专业程度不高，但教师对孩子态度好、比较耐心，"托儿所的老师知道家里没有老人这种情况也比较照顾孩子。孩子少的时候，会单独照顾我家孩子、抱孩子出去玩，有的老师下班后还会义务帮忙照顾孩子，害怕自己离开后孩子会哭"（1M2）。三是在生活保障方面，子女所在托儿机构设施齐全、饮食质量好，注重营养搭配，与医务室共同设计营养餐，并定期组织儿童进行健康检查。四是在照顾内容上，除基本生活照顾外，还会有简单活动，比如晒太阳、唱歌、玩玩具等。第二，儿童对幼儿园的态度。孩子喜欢去托儿所，孩子积极主动的态度让家长比较放心孩子在托儿所的生活状态，"孩子很喜欢去托儿所，喜欢和小伙伴在一起，感觉比在家里更好玩。记得有一次生病在家，还吵闹着要去上学"（1M3）。第三，熟人关系因素。"有关系比较好的熟人比较放心，那个时候重要的是和老师处好关系。"

4名访谈对象选择父母所在单位机关幼儿园，需求的满足主要有以下四方面因素：第一，照顾质量因素。一是机关幼儿园条件好，机关单位资源相对更丰富。二是教师照顾质量高，首先，教师均为机关正式在编人员，受过儿童照顾专业训练，综合素质高。其次，老师对孩子十分耐心，对所有孩子一视同仁、不歧视外地孩子。三是饮食丰富、干净，活动场所大，"每个班级都有独立的院子，包括独立的活动室、卫生间、睡觉间等"（1H6）。四是在照顾内容上，除基本生活照顾外，还有正式教学课程，包括歌舞、画画、讲故事等。第二，儿童态度。孩子非常喜欢、主动要求去幼儿园。第三，熟人关系因素。4名访谈对象均提到幼儿园中有熟人比较放心，会对孩子特别关照。第四，幼儿园离家或离单位很近。第五，儿童入园年龄均在2岁以上，家长认为孩子已具备生活自理能力、比较放心。

一般因素。2名访谈对象感觉托育机构总体上一般，总体上比较放心。感觉托儿所质量谈不上好不好，自己必须要工作，没有其他更好的、可供选择的照顾方式，认为儿童所在托育机构没有完全满足家庭需求。主要有以下几方面因素：第一，照顾质量因素。一是儿童所在的普通街道托儿所、工厂托儿所，质量一般。二是在教师照顾质量上，教师没有受过太多儿童照顾专业训练，主要从生产一线岗位、街道工作人员、未就业家属中选取部分人员担任教师；在对儿童的态度方面，有的老师耐心，有的老师态度不太好、会对孩子发脾气；另外，托儿所孩子多、老师少，"三四个老师，十几个孩子，不如家里照顾得周全，如果能自己照顾还是愿意自己照顾"（1M4）。三是生活保障方面，托儿所的设施和饮食都很一般。四是在照顾内容上，只有基本生活照顾，没有其他活动。第二，在儿童态度方面。孩子最初不愿意，适应环境后愿意去，总体上既不主动也不抗拒。第三，熟人关系方面。托儿所中有熟人，但不是特别熟悉，相对比较放心。第四，幼儿园离家或离单位很近。第五，在社会舆论方面，没有从新闻、周围人中听说托儿所对孩子照顾不周的事情，对托儿所很放心。第六，孩子入托年龄小，访谈对象表示当时也没有考虑太多，虽然担心对孩子照顾得不够好，但也没有其他选择。

表2-17　　　　　　　　　托育服务需求满足状况

		满意②	一般②	不满意③
托儿所	照顾质量因素	1. 大工厂托儿机构福利更好 2. 教师照顾质量： （1）教师专业训练：未受过专业训练 （2）对儿童的态度：对孩子很耐心 3. 生活保障： （1）设施齐全 （2）饮食质量好 （3）定期健康检查 4. 照顾内容：基本生活照顾、简单活动	1. 普通的街道托儿所、工厂托儿所，质量一般 2. 教师照顾质量： （1）教师专业训练：未受过专业训练 （2）对儿童的态度：有的老师耐心、有的老师态度不太好 3. 生活保障： （1）设施一般 （2）饮食一般 4. 照顾内容：基本生活照顾	1. 普通的街道托儿所、工厂托儿所，质量不太好 2. 教师照顾质量： （1）教师专业训练：未受过专业训练 （2）对儿童的态度：有的老师态度不太好 （3）师生比：孩子多、老师少，根本照顾不过来 3. 照顾内容：只负责基本生活照顾，很少抱孩子
	入托年龄	分别为4月龄、6月龄	分别为1—2月龄、12月龄	均为1—2月龄
	儿童态度	非常喜欢	适应环境后愿意去	不愿意，哭闹得厉害
	熟人关系	有熟人、比较放心	有认识的人，不是特别熟悉	没有熟人
	方便程度	离家或单位近、比较方便	离家或单位近、比较方便	少数家庭存在离家距离远、不方便的情况
	社会舆论	安全感：当时对托儿所比较放心，没有听说过虐待孩子等负面新闻		

第二章 强政策支持阶段（1949年至20世纪90年代初期）

续表

		满意④
幼儿园婴儿班	照顾质量	1. 机关幼儿园质量好 2. 教师： （1）教师专业训练：受过专业训练、素质高，正式在编机关工作人员 （2）对孩子的态度：耐心、一视同仁 3. 生活保障：（1）饮食丰富、干净（2）活动场所大 4. 照顾内容：基本生活照顾、正式教学课程
	入园年龄	分别为24—30月龄
	儿童态度	非常喜欢、主动要求去幼儿园
	熟人关系	有熟人、比较放心
	方便程度	距离：离家或单位近、比较方便

不满意因素。3名访谈对象对子女所在的托育机构感到不满意，认为家庭需求没有得到较好的满足，主要有以下几方面因素：第一，照顾质量因素。一是孩子所在的是普通街道托儿所、工厂托儿所，质量不太好。二是教师照顾质量方面，教师基本没有受过专业训练，从未就业的家属中选取一部分人担任教师，属于"家属工、临时工"，教师流动性相对比较大。老师对孩子的态度一般，有的老师脾气不好，对哭闹的孩子不耐烦。"由于孩子哭闹得厉害，老师经常把几个月的孩子一个人放在房间外面、走廊最边缘的地方，让他一个人哭。"（1L4）"老师责任意识差，妈妈由于加班没有按时接孩子，孩子被一个人独自放在教室外，无人看管。"（1L6）在师生比上，"一个老师至少负责五六个孩子，甚至更多，哪能照顾得了孩子呢"（1L4）。三是照顾内容上，托儿所只负责基本吃喝拉撒，大多时候孩子都被放置在车椅中、很少被抱着。缺少对孩子的关注，除了吃喝、换尿布的时候，孩子平时没人管。第二，儿童态度。孩子们均哭闹得厉害、不愿意被放置在托儿所，其中一个孩子"整整在托儿所哭闹了一年多，每天从早哭到晚，都出名了"（1L4）。第三，部分家庭存在托儿所离家路程远的情况。"单位和家距离远，早上五点就要起床抱着孩子换乘

两次公交去上班,很辛苦。"(1L4)第四,孩子入托年龄均在1—2月龄,"孩子很小的时候就送去,感觉很难受,感觉非常对不起孩子。孩子两个多月太小,孩子在里面哭,妈妈在外面哭。这么多年来,感觉不能谈到这件事情,谈到就特别难受(此时再次哽咽落泪)"(1L3)。

总体上,较为充足的托育机构服务资源较好地满足了儿童早期照顾需求。与此同时,仍然有部分家庭难以获得或只获得较低水平的托育机构服务支持。这一时期的托育机构主要提供一种低水平、广覆盖的公共服务,主要目标在于解决儿童最基本的看护问题,即保证儿童基本安全和生活照顾,对儿童的情感需求、教育需求关注相对较少。在已获取托育服务支持的家庭中,需求的满足主要受到照顾质量因素(教师专业训练和对儿童的态度、生活保障状况、照顾内容等)的影响,与儿童年龄、儿童态度、方便程度、熟人关系等因素也具有相关关系,影响着需求的满足。本书认为托育机构照顾需求满足程度还与父母职业、托育机构主办单位的类型关系密切。

首先,在"单位制"集体福利托育服务供给的情况下,大多数单位举办的托育机构只接受本单位职工家庭儿童,因而,父母职业在一定程度上决定家庭能否拥有托育机构服务支持。在快速工业化时期,工厂对于劳动力需求较大,托育机构服务资源主要向工矿企业倾斜,工矿企业举办托儿所的比例最高,同时工厂幼儿园普遍接受年龄较小的儿童,母亲法定产假时间后即可将儿童送到托儿所,最小甚至低于2月龄。因而,大城市工人家庭普遍能在孩子较小的时候得到托育机构服务支持。其他单位如机关事业单位、学校等,相对获取服务的时间较短或难以获取服务。机关事业单位幼儿园一般情况下接受18月龄或24月龄以上儿童,学校自行举办托幼机构的比例较低。虽然大城市中部分地区拥有街道举办的托幼机构,但相对比例较低。

其次,父母职业在一定程度上决定儿童所享有的托育机构照顾质量。在访谈中发现,拥有不同经济社会资源的单位在托育机构上的投入、管理有着一定差异，其中机关、大型工厂举办的托育机构的照顾质量相对优于普通工厂和街道举办的托育机构，体现在教师专业训练和对儿童的态度、生活保障状况、照顾内容等方面。部分街道、普通工厂主办的托育机构在照顾质量上存在着不足，教师基本没有受过专业儿童照顾训练，对孩子在照顾上存在着情感疏忽或照顾不周等情况。

儿童入托入园年龄、儿童态度、方便程度、熟人关系等因素与需求满足相关。第一，在儿童入托入园年龄方面，呈现以下特点：儿童入园入托年龄与需求满足程度呈正相关关系，儿童年龄越小、家长的满意度越低，除托育机构照顾质量外，还有家长对孩子缺乏生活自理和语言沟通能力等脆弱性因素的担忧。儿童年龄越大、家长的满意度越高，尤其是对于两岁以上具有基本的生活自理能力的儿童。这一时期儿童的入园入托年龄普遍偏低，访谈中，超过半数家庭的孩子入托年龄小于12月龄，最低入托年龄甚至低于2月龄。儿童入园入托年龄的分布也与托育机构主办单位性质相关。第二，儿童对于托育机构的接纳态度一定程度上影响着家长的需求感知。访谈中发现，大多数孩子喜欢或适应托育机构环境，少数孩子对托育机构的反感度较高，儿童的反感程度越高则家长的需求满足度越低。第三，托育机构与家庭居住地点的距离影响需求感知，这一时期，大多数家庭居住所在地与工作所在地距离较近，均表示感觉上班时将孩子带到托育机构路程近、时间短、方便度高，个别家庭由于距离较远，感觉给儿童照顾带来较大的压力。第四，是否拥有熟人关系影响需求感知。访谈中发现，大多数家庭对于托育机构中的熟人关系比较重视，超过半数的家庭有熟人或认识的人，均表示熟人关系增加了对托育机构的信任和放心程度。而没有熟人关系的家庭对于托育机构的满意度总体较低。

(二) 小部分家庭未成功获取托育服务支持

在未选择托育服务的家庭中，部分家庭有需求、但未获取服务支持，少数家庭无托育服务需求。未选择托育服务因素的具体情况如下

(见表2-18):第一,服务可获取性因素,父母所在单位、家庭附近街道不能提供托育机构服务支持。"我和他爸爸都是老师,当时我们学校没有托儿所,只能自己想办法解决。"(1H2)此外,父母职业是决定能否获得服务的关键因素。在托育机构服务主要依托单位集体福利供给、缺少其他市场化或社会化供给方式的情况下,家庭的选择主要受到父母所在单位是否提供托育服务的影响。同时,家庭是否在城市中心地区居住,影响着是否能够有机会获取街道举办的托育机构服务。访谈中,未能获得托育机构服务支持的7个家庭中,父母职业主要为大学教师、中小学教师、编辑、公务员等,并且其中2个家庭居住地点在城市郊区。第二,托育机构因素。出于方便性的考虑,少数家庭有机会获得离家较远的托育机构服务支持,但认为距离太远、不方便而放弃。"我们家住在郊区,他爸爸在城里上班,可以送去托儿所,但太远了、不方便。"(1H3)第三,少数家庭表示无托育服务需求,更愿意选择祖辈照顾的方式。

表2-18　　　　　　　　未选择托育服务因素

	未选择因素⑨
服务可获取性	父母所在单位、家庭附近街道办事处不能提供托育机构服务支持⑦
方便性	离家比较远的地方有托育机构,但感觉太远、不方便①
主观意愿	无托育服务需求②

总体上,大城市家庭关于托育服务的需求最为强烈。根据访谈资料,约有超过1/3的家庭的托育服务需求未得到满足。其中,托育服务表达性需求未得到满足的主要原因在于"单位制"集体福利托育服务供给的不均衡。在计划经济时期和改革开放初期,托育服务基本完全依托单位进行供给。在国家努力实现工业化的背景下,在大城市中,托育服务主要向工矿企业及其周围的人口密集地区倾斜,因而,托育服务存在分布不均的情况,非工矿企业家庭或未居住在工矿企业

周围人口密集地区的家庭较难获取这一服务。

二 保姆照顾服务中的表达性需求：使用率较高、满意度一般

这一时期，儿童早期照顾服务方式中，保姆照顾服务的使用率较高，仅次于托育服务。访谈资料显示，超过1/3的家庭使用了保姆照顾服务，其中6个家庭使用居家保姆服务、2个家庭使用在保姆家中的托育服务。这一时期的居家保姆服务具有独特时代背景，改革开放初期，大量农村人口进入城市，这一时期的保姆均为十几岁的农村小姑娘、被称为"小阿姨"，她们文化程度不高，希望在"下学"后尽快进入城市谋生，在亲戚朋友的介绍下，以保姆职业为跳板进入城市，然后逐渐在城市中立足。而在保姆家中的托育服务，则主要通过熟人介绍将孩子送到附近家庭举办的看护点，看护者是邻居或认识的人，多为未就业的老年女性，同时看护1—2个孩子。

1. 对保姆照顾感到满意和不满意的家庭各占一半（表2-19）

表2-19　　　　　　　　保姆照顾服务需求满足状况

	满意④	不满意④
照顾质量因素	照顾质量较高： 1. 照顾内容：儿童的生活照顾和早期教育④、家务劳动③等 2. 照顾状况：工作态度比较主动③与孩子的互动良好④、饮食等卫生状况好④、儿童安全有保障④	照顾质量较低： 1. 照顾内容：儿童的基本生活照顾④ 2. 照顾状态：工作态度比较消极与孩子基本无生活照顾以外的互动④、饮食不卫生①、生活环境卫生状况较差①、儿童安全存在问题①
服务稳定性	服务稳定、保姆流动率低④	服务不稳定、保姆流动率高③

在需求满足方面，4名访谈对象（均使用居家保姆服务）对保姆服务感觉满意，主要有以下因素：一是照顾质量因素，4名访谈对象普遍认为保姆照顾的质量较高。在照顾内容上，保姆除了照顾孩子，还承担部分家务劳动，没有明确的职责分工，随时根据家庭需要而工作；对照顾状况较为满意，例如，保姆在工作态度上比较主动，"勤

劳、灵活,把整个家交给她,家里的钱、日常事务都交给她处理,非常放心"(1M3);"平时比较主动,偶尔家人不在的时候会有些偷懒,但也能理解"(1H6),保姆与孩子的正面互动频繁、深入,比如除生活照顾外,会给孩子讲故事、做游戏等。二是服务稳定性因素,4名访谈对象均表示保姆流动率低,能够长期提供稳定的服务。"小阿姨是农村的亲戚,说好了长期在这里帮忙照顾孩子,我们也没什么后顾之忧。"(1M3)

4名访谈对象(2个家庭使用居家保姆服务、2个家庭使用在保姆家中的托育服务)对服务感觉不太满意,认为保姆照顾质量不高。在照顾内容上,保姆对家庭的支持较为有限,仅参与儿童的基本生活照顾,部分住家保姆不太愿意参与家务劳动,在保姆家中的托育服务更是只负责孩子最基本的生活照顾,看护者还需要照顾自己的家务,比如洗衣服、做饭、搞卫生等。在具体的生活照顾中,保姆的工作态度比较消极,与孩子的互动较少,在基本生活照顾事务以外,孩子主要独自待着,"请的小阿姨感觉都不太好,经常不和孩子说话,孩子每次都自己坐在那里看书或者玩,她能够把孩子推出去玩、不把孩子弄摔了、保障基本的安全就很满足了"(1M5)。部分使用保姆照顾服务的家庭表示,在生活保障方面,保姆有时给孩子的饮食不卫生,孩子好几次出现肠胃问题。同时,家庭卫生状况堪忧,"那时孩子才4个月,接孩子的时候,经常看到孩子自己在地上爬,很脏"(1L5)。在儿童安全上,"有一次由于一时疏忽,把孩子的脚烫伤了,后来换了一个保姆"(1L5)。此外,4名访谈对象均表示保姆流动率高、更换频繁,常常出现无人照顾孩子的空档期,给家庭带来不便。"换过六七个小阿姨,最短的是一天就换了,要想请一个合适的小阿姨很难很难。谈不上是否满意,只是尽可能希望有人看着孩子。"(1H1)

总体上,访谈中接近1/3的家庭使用了保姆照顾服务,使用比例仅次于托育照顾服务。计划经济时期和改革开放初期,保姆照顾服务还没有实现规范的市场化,主要通过熟人关系获取,处于分散化供给状态、缺少外部监管,没有行业标准等,不同保姆之间的照顾质量差异比较大。总体上,对于保姆照顾质量较为满意的家庭与不满意的家庭基本持平。

2. 家庭对保姆照顾无主观偏好,这一服务是迫于现实压力的选择

共有8个家庭选择保姆服务,11个家庭未选择保姆服务。选择保姆照顾服务主要有以下因素(见表2-20):一是现实需求。家庭儿童照顾人力资源不足,同时无其他照顾方式如托育服务、祖辈照顾的充足支持,保姆照顾成为重要选项。二是主观偏好。已选择保姆照顾服务的8个家庭均对这一方式无主观偏好,在与其他照顾方式的比较中,更愿意优先选择托育机构照顾或祖辈照顾,但由于现实条件不允许,退而求其次选择保姆照顾。三是可获取性。保姆服务具有可获取性,并大多具有不同程度的熟人关系。在改革开放初期,在大量农村人口流动到城市的背景下,大多数家庭可以通过亲人朋友等熟人关系网络寻求到较为可靠的保姆服务。在已选择保姆照顾服务的家庭中,4个家庭与保姆具有亲戚关系,2个家庭通过亲戚朋友等熟人介绍获取服务,2个家庭通过邻居关系获取托育服务。对保姆照顾是否可靠的认知,与保姆具有亲戚关系的家庭均表示,"都是自己家里人,对保姆和孩子在一起很放心"(1H6)。通过熟人介绍获取服务的家庭表示,"虽然对孩子的安全比较放心,但和亲戚照顾比较起来,还是会感觉差一些"(1M5)。通过邻居关系获取服务的家庭表示,"感觉应该比较可靠,那个时候很少听说保姆的负面信息"(1H5)。由此可见,较强的熟人关系如亲戚关系,消除了陌生关系中的信息不对称、增加了信任感,并且在雇佣关系基础上增加了情感沟通,在照顾内容分工、工作态度、与孩子的互动等方面均有促进作用。反之,较弱的熟人关系主要体现出雇佣关系的特点,如在照顾内容分工上讨价还价、在工作态度和与孩子互动上均缺乏感情色彩等。四是可负担性。这一时期,保姆的费用相对较低、家庭可负担性强,大多数家庭感觉

没有压力。"保姆工资一个月十几块钱，当时我的工资是五十多块钱，大概占家里一个人工资的1/4，没什么经济压力。"（1M3）也有个别家庭认为"虽然保姆花费不多，但由于收入少，也会有经济压力"（1M5）。五是方便性。家庭保姆照顾具有居家照顾或附近邻居家照顾的距离近、时间灵活的优势。六是照顾质量。部分家庭认为保姆照顾质量较高，也有部分家庭认为，虽然保姆照顾服务难以较好地满足家庭需求，但没有其他选择，只能降低对保姆的要求，能够保障儿童基本安全即可。

表2-20　　　　　　选择、未选择保姆照顾服务因素

	选择因素⑧
现实需求	家庭儿童照顾人力资源不足，同时无充足的托育服务和祖辈照顾支持⑧
主观偏好	迫于现实压力的选择，相比保姆照顾更偏好托育服务⑧
可获取性	亲戚关系④、熟人介绍②、邻居关系②
可负担性	费用低、可承受⑦；服务费用不高，但也有一定经济压力①
方便性	照顾时间灵活⑥
照顾质量	照顾质量高④、照顾质量低但无其他选择④
	未选择因素⑪
现实需求	无家庭外服务需求②
主观偏好	无主观偏好，相比保姆照顾更偏好托育服务⑨
照顾质量	对照顾质量无信心⑦

在没有使用保姆照顾服务的11个家庭中，有2个家庭表示无家庭外服务需求，还有9个家庭不偏好保姆照顾这一服务方式，更愿意选择获得托育服务支持，主要因素在于认为托育机构照顾更为正式，在政府的支持下、由正规机构举办，在日常管理、儿童照顾质量方面有基本保障，同时，托育机构中儿童人数较多，为儿童提供较好的集体生活环境。另外，祖辈照顾更安全可靠、照顾质量更高，在亲情环境中成长更有利于儿童发展。

这一时期，大城市家庭对于保姆照顾服务有一定需求，但对于这一照顾方式在主观意愿上不具有明显偏好，大多在无法选择托育服务的情况下才选择保姆照顾。

第四节　强政策支持阶段（1949年至20世纪90年代初期）：比较性需求

本书将儿童早期照顾中的比较性需求界定为不同社会群体在接受儿童早期照顾服务和儿童早期照顾水平等方面存在的差异，以及由此产生的需求。

一　儿童早期照顾服务中的比较性需求：非工业地区和非城市中心地带的服务获取性不强、不同职业类型的家庭享有不同质量服务

尽管在大城市中公共托育服务供给最为充足，但不同社会群体在享有服务的数量与质量上存在一定差距，存在着不同群体之间的比较性需求。

首先，托育机构的发展重点主要在工业地区和大、中城市（主要是城市中心地区），不同地区的儿童进入托育机构存在着机会差异。1956年发布的《关于托儿所幼儿园几个问题的联合通知》中提到"发展重点应放在工业地区和大、中城市"。在此背景下，处在工业地区、大中城市的家庭更容易获取托育服务，同时，即使在城市内部，托育机构也主要分布在工厂附近、城市中心地带。

访谈中，几乎所有有家人在工厂工作的家庭表示使用过托育服务，"当时的工厂几乎都有托儿所，很方便，否则就影响上班了"（1L4）；"我们那里大多数单位都有托儿所，工厂肯定会有的，而且都是配合工人上下班的时间开托儿班"（1L2）。部分无家人在工厂工作、居住在城郊的家庭表示获取托育服务有一定困难，"我们公安局和她妈妈医院里都没有托儿所，只能请老人帮忙，那时大多数工厂有

托儿点,其他单位不一定有"(1H1);"我们学校比较偏僻,在郊区,附近没有托儿所,幼儿园也只收 3 岁以上的孩子"(1H2)。此外,集体福利式托育服务主要的供给对象是参与劳动生产的女性,未参与劳动生产的女性难以享有服务。尽管这一时期处于普遍就业的阶段,但仍然有未就业家庭的托育需求难以得到满足。

其次,不同职业类型的家庭享有不同质量的公共托育服务。由于各单位经济社会资源的不同,依托于单位供给的托育服务在质量上也存在一定差异,比如公共财政支持下的教育部直接办园和机关自办园,服务质量较高、发挥示范作用,全民所有制企事业单位也可以得到政府各种形式的间接财政补助,职工子女可享有较为优质的服务。与此同时,各类集体所有制企业较少得到公共财政支持,其附属的托育机构主要由单位出资或集资筹办,相对设施简陋、质量偏低,同时随着经济形势的变换,在缺少经济资源的情况下,这类托育机构的举办常具有不稳定性。①

访谈中,不同职业类型家庭在托育服务质量上的感知也有所不同,几名使用机关自办园的机关干部家庭对服务表示满意,"每个班级都有单独的起居室、活动场地等,场地很大,老师对孩子也特别好,孩子很喜欢去幼儿园"(1H6);"幼儿园吃得挺好的,老师对孩子也很照顾,都是认识的同事"(1H4)。部分使用全民所有制企事业单位托育服务的工人家庭也对服务表示满意,"我们是大工厂的托儿所,条件很好,那个时候工人老大哥地位很高的"(1M1);"托儿所配有营养师、保健医,比家里照顾得更好"(1M2)。也有部分使用集体所有制企业托育服务的工人家庭对服务表示不太满意,"托儿所条件很一般,只能说是保障基本生活,孩子才几个月、很可怜"(1L3);"孩子太多,老师管不过来,我家孩子爱哭闹、老师把他一个人放在门外,以免吵到别人"(1L4)。

---

① 张亮:《中国儿童照顾政策研究——基于性别、家庭和国家的视角》,博士学位论文,复旦大学,2014 年。

总体上，尽管这一时期的托育服务具有广覆盖、普惠性等特点，但不同地区、不同职业类型家庭获取托育服务的机会依然存在着较大差异，存在着不同群体之间的比较性需求。

二 家庭早期教育中的比较性需求：家庭教育质量有一定差异

比较性需求还体现在家庭儿童早期教育方面，这一时期，家庭主要依赖自身资源进行早期教育活动，拥有不同资源的家庭在儿童早期教育实践中呈现一定差异。根据访谈资料，尽管这一时期家庭总体对儿童早期教育的关注度较低，但相对而言，部分受教育程度较高的家庭对儿童早期教育的关注更多，并在教育过程中体现出更高的质量。例如，有访谈对象表示，"从小就关注他的教育，除了讲故事、背诗歌外，对性格培养、心理健康也挺关注的，首先就是父母自己不能乱发脾气，让孩子有安全感、感觉被爱"（1H7）。与此同时，部分受教育程度较低的家庭，对早期教育的关注和投入较少或在教育过程中的质量相对不高，"生活都忙不过来，哪有时间考虑教育，而且我们文化程度也不高，不懂怎么教孩子，孩子也不听话，烦了的时候就吼几句，现在想想，孩子也的确是教育得不好，没办法"（1L4）。父母受教育程度与儿童发展结果呈现出一定相关性，较高学历家庭子女受教育程度整体高于较低学历家庭子女。

第三章　强家庭责任阶段（20 世纪 90 年代中期至 2010 年左右）：儿童早期照顾需求

第一节　强家庭责任阶段（20 世纪 90 年代中期至 2010 年左右）：规范性需求

本节将对强家庭责任阶段（20 世纪 90 年代中期至 2010 年左右）的儿童早期照顾政策内容、社会服务状况等方面进行描述，从中分析政府对儿童早期照顾需求的标准界定。

一　政策内容：对儿童早期照顾问题的关注度下降

在强家庭责任阶段（20 世纪 90 年代中期至 2010 年左右），国家对儿童早期照顾的支持逐渐减退，原有的公共托育服务体系受到较大冲击，儿童早期照顾的责任基本完全由家庭承担。这一时期，国家政策对 3 岁以下儿童的早期照顾问题提及不多，大多为总体性、原则化描述，一定程度上缺乏可操作性的政策实施细则，同时不再强调儿童照顾中的公共性。在政策重心上，自 20 世纪末期以来，儿童早期照顾政策理念重心由过去重视托育向重视教育、综合发展转变，所提及的儿童早期照顾问题主要都与早期教育相关，并且不同于计划经济时期和改革开放初期直接提供具有生活照顾和早期教育功能的服务，此时的政策主要在宏观上对儿童早期教育、对家庭早期教育指导等问题进行关注。1999 年 6 月《中共中央国务院关于深化教育改革全面推进素质教育的决定》提出,"要重视婴幼儿的身体发育和智力开发,普及婴幼儿早期教育的科学知识和方法";2001年5月《中国儿童发展纲要(2001—2010年)》指出,"发展0—3岁儿童的早期教育……建立并完善0—3岁儿童教育管理体制";2003年3月《关于幼儿教育改革与发展的指导意见》提出,"为0—6岁儿童和家长提供早期教育和保育服务。……全面提高0—6岁儿童家长及看护人员的科学育儿能力";2007年1月《中共中央国务院关于全面加强人口和计划生育工作统筹解决人口问题的决定》指出,"要大力普及婴幼儿抚养和家庭教育的科学知识,开展婴幼儿早期教育"。[①]

二 社会服务发展状况:公共托育服务供给大幅减少

在托育服务方面,随着改革开放的持续推进,为进一步减轻企业压力,改变原有单位职能,原本由单位承担的社会服务职能转移到其他社会组织,并逐步走向市场化。1995年出台《关于企业办幼儿园的若干意见》,提出"幼儿教育逐步走向社会化","改革现行幼儿园收费制度"。随后,大量由企事业单位和机关事业单位开办的托育机构关闭或转卖,儿童早期照顾的社会服务也跌落最低谷,幼儿园普遍只招收3岁以上学龄前儿童,3岁以下儿童的照看和教育问题不再进入公共议题。即使少量招收3岁以下儿童的托育机构,儿童最低入托年龄也基本都提高到18月龄,且没有获得公共财政的支持。根据历年来的数据显示,3岁以下城乡儿童在1993—2009年的入园入托率基本都低于5%,3岁以上学龄前儿童的入园入托率介于20%—35%。[②] 2004年3岁以下儿童在园人数为119.5万。到了2010年,

---

[①] 参见余宇、张冰子《适宜开端——构建0—3岁婴幼儿早期发展服务体系研究》,中国发展出版社2016年版,第4—5页。

[②] 参见李莹、赵媛媛《儿童早期照顾与教育:当前状况与我国的政策选择》,《人口学刊》2013年第2期;王晖《3岁以下婴幼儿托育需求亟需重视》,《人口与计划生育》2016年第11期。

在园人数升至 206.5 万，只有不到 4% 的 3 岁以下儿童进入托幼机构。①

三 政策目标：提高人口素质、提升人力资本

这一时期，国家主要基于提高人口素质、提升人力资本的政策目标提出有关儿童早期照顾政策，随着我国计划生育政策中优生优育理念的推进，以及逐渐兴起的儿童早期教育中的人力资本投资理念，促进儿童的社会化、培养具有竞争力的人才成为流行的社会观念，国家开始重视并提出儿童早期教育政策。在政策目标的实施中，不同于计划经济时期和改革开放初期国家公共财政的大量直接或间接投入，这一时期国家支持力度较为有限、主要依靠家庭自身的投入。

四 规范性需求状况：强化家庭责任、弱化政府投入

这一时期，我国政府更多从国家建设、提升人力资本的需要来界定儿童早期照顾的需求标准，几乎没有强调儿童早期照顾中的公共性，并且依然较少从家庭福利、儿童福利的角度考虑需求问题。

政府在儿童早期照顾的需求界定中呈现三个特点：重教育需求、轻照看需求；强化家庭责任、弱化政府投入；社会服务与市场服务低供给。在儿童早期照顾需求内容方面，强调早期教育的重要性，对儿童照看的提及较少。在需求层次方面，强调满足儿童的早期教育需求即自我实现需求，根据马斯洛的需求层次理论②中生理需求、安全需求、爱和归属感、尊重、自我实现依次由较低层次到较高层次的排列，这一时期政策内容对较高层次的自我实现需求更为关注，而对第一、第二层次的生理需求、安全需求等方面关注偏弱。在需求范围方

---

① 参见张亮《中国儿童照顾政策研究——基于性别、家庭和国家的视角》，博士学位论文，复旦大学，2014 年。
② 参见龚金保《需求层次理论与公共服务均等化的实现顺序》，《财政研究》2007 年第 10 期。

面，政策中未对不同区域、不同社会群体作出区分，但由于政府投入较小，因而在实践中得到社会服务支持的家庭较为有限。总体上，政府对于儿童早期照顾的需求实际满足方面较为有限，政府投入较少，提倡由家庭承担早期照顾责任，公共服务基本缺失、社会服务和市场服务覆盖率也比较低。

政府关于儿童早期照顾规范性需求的界定受到政策背景、社会福利模式、政策目标等方面的影响。首先，国家建设主要以经济发展为中心，相比之下，虽然也重视社会建设和发展，但总体相对滞后。国家经济处于快速发展阶段，但经济社会发展水平有限、人均GDP并不高，对社会建设领域的支持能力有限。其次，在推进改革、减轻企业压力、转变单位职能的背景下，原本由单位承担的社会服务职能大量转移，"单位制"下的普遍性、全方位福利供给转变为补缺型社会福利模式。同时，增加劳动力供给也不再是国家建设中最关键的问题，部分企业甚至面临着劳动力过剩的问题，在上述背景下，政府在儿童早期照顾的规范性需求界定中，希望由家庭承担更多照顾责任。

第二节 强家庭责任阶段（20世纪90年代中期至2010年左右）：感觉性需求

本节将探索强家庭责任阶段（20世纪90年代中期至2010年左右），在大城市中儿童早期照顾政策和社会服务支持相对弱化的背景下家庭的感觉性需求状况，主要包括这一时期家庭在儿童早期生活照顾中感觉到的压力和困难、家庭未明确感知但隐含在儿童照顾状况之中的压力和困难等，体现在经济支持、服务支持等显性需求以及家庭内照顾中的隐性需求诸多方面。

一 访谈对象基本情况

在北京、武汉、郑州等地共选取访谈对象12人（见表3-1），主要考虑选取各个年代不同经济社会地位家庭，考虑父母受教育程度、职业、子女出生年份等因素。选取较高学历家庭（父母为大学本科及以上学历）7个、较低学历家庭（父母为大学专科及以下学历）5个。同时，分别选取母亲在体制内工作的家庭6个、体制外工作的家庭6个。对不同家庭经济状况、职业类型、子女出生年份均有涉及。

表3-1 强家庭责任阶段（20世纪90年代中期至2010年左右）访谈对象基本情况

序号	访谈对象	子女出生年份	家庭经济水平	母亲受教育程度	父亲受教育程度
1	2L1	1996年	中等	大学专科	大学专科
2	2L2	2008年	中低	中专	中专
3	2L3	2004年	中等	大专	大学专科
4	2L4	2003年	中等	中专	大学专科
5	2L5	2006年	中低	中专	初中
6	2H6	2002年	中等	研究生	研究生
7	2H7	2003年	中等	大学本科	研究生
8	2H8	2007年	中等	大学本科	大学本科
9	2H9	2007年	中等	研究生	研究生
10	2H10	2009年	中等	大学本科	研究生
11	2H11	2008年 2014年	中高	大学本科	研究生
12	2H12	2008年	中高	研究生	研究生

在政策和社会服务支持弱化、家庭照顾责任增加的背景下，儿童早期照顾过程中，大多数家庭主要由家庭成员进行儿童早期照顾。根据12位访谈对象的描述，共有10个家庭的孩子由祖辈长期照顾，其中7个家庭的祖辈是最主要的照顾者，3个家庭由母亲全职照顾儿

童。另外，少数家庭使用过家庭成员以外的儿童照顾服务，其中，有4个家庭曾使用保姆服务、托育机构照顾服务。

二 家庭显性需求：多数家庭无经济支持需求、服务支持需求较为强烈

（一）儿童早期照顾的经济需求：大多数家庭经济压力较小

随着经济发展、普遍生活水平的提高，这一时期大多数家庭在儿童早期照顾方面经济需求较低，12位访谈对象均感觉经济压力较小，主要体现在三个方面：第一，家庭收入因素。这一时期，家庭收入水平逐渐提升，普遍感觉能够承担儿童生活日常开支。第二，儿童早期照顾支出因素。支出项目中，大多数家庭主要是基本生活支出、未选择托育服务或教育的投入，"日常开销都感觉没什么压力，也就是奶粉、尿不湿，那个时候没什么孩子的教育培训"（2L5）；"和3岁以后幼儿园、小学的课外教育培训费用相比，3岁以前感觉没压力，后来的压力特别大"（2L2）。另外，少数家庭选择了托育服务和早期教育服务，感觉虽然价格比较昂贵，但家庭经济条件可以承受。选择保姆照顾的家庭，认为费用基本合理，没有太大经济压力。

表3-2　　　　　　　　儿童早期照顾经济压力状况

	经济压力较小（12）
收入因素	中低收入②、中等收入⑧、中高收入②，均能够承担儿童日常生活开支
支出因素	儿童早期照顾开支压力较小⑫： （1）日常生活支出为主、无托育机构、早期教育投入⑪ （2）托育机构、早期教育服务支出较高，但可以承受② （3）保姆费用较为合理、可以承受④

通过上述分析可以发现，在强家庭责任阶段（20世纪90年代中期至2010年左右），儿童早期照顾中经济需求较低，主要受到收入因素、支出因素的影响。其中，收入因素主要指家庭收入水平状况，这

一时期我国经济社会快速发展，人民生活水平普遍提高，对大多数家庭而言，家庭和儿童的日常生活开支不会带来太大负担。支出因素主要包括日常生活开支和儿童早期照顾服务开支两个部分，相比之下，儿童早期照顾服务费用更高，尤其是市场化的托育、早期教育服务。由于这一时期儿童早期教育机构和教育产品尚未特别丰富、托育服务供给又较为有限，大多数家庭并未选择，只需承担日常生活开支，因而总体开支较小。同时，少数选择儿童早期照顾服务的家庭相对家庭经济状况更好，具备较强的消费能力。

（二）儿童早期照顾的服务支持需求：有刚性需求

访谈中，主要了解家庭是否需要能够满足基本需求的"理想"服务、需求程度如何。在"理想服务"需求部分，根据需求程度不同，将家庭对托育服务的需求分为刚性需求、弹性需求、基本无需求三类（见表3-3）。此外，本书将在随后的表达性需求中了解家庭在实际中的服务支持选择，从理想和现实两个维度了解人们对服务需求的主观感知和现实满足。

表3-3　　　　　　　　　儿童早期照顾服务支持需求

要素/（频次）	编码概念/（频次）
刚性需求⑧	有明确的、较为强烈的服务需求⑧：已选择保姆照顾②、较大压力的祖辈照顾④、全职母亲照顾④作为服务替代
弹性需求②	中等程度的服务需求②：已选择全职母亲照顾①、保姆照顾①作为服务替代
基本无需求②	无需求：更偏好祖辈照顾②

大多数家庭认为对服务支持有刚性需求、极为需要合适的托育服务支持，"如附近有合适的托育服务肯定会选择，我就可以早点出去上班了"（2H6）；"孩子小的时候的确很辛苦，老人压力很大，很需要放心的托育服务"（2H7）。在难以获取托育服务的情况下，部分家庭只能选择祖辈照顾或全职母亲照顾、保姆等家政服务作为替代，面临着祖辈压力过大、母亲劳动参与、保姆服务质量不高等问题。

少数家庭认为对托育服务具有弹性需求，家庭在现实中面临着照顾困难，会根据托育服务供给的实际情况考虑是否使用。"当时家里人比较多，还请了一个阿姨帮忙，压力不是很大，当然，如果附近有方便的、有质量保障的托儿所也会考虑，毕竟集体生活对孩子也有好处。"（2L1）

少数家庭表示基本无需求，这类家庭有充足的祖辈支持、偏好祖辈照顾，"那个时候觉得挺轻松的，老人也喜欢和孩子在一起、也不累，没有太多去托儿所的需求"（2H10）。

总体上，这一时期大多数家庭表示有显性的服务支持需求。

三 家庭的隐性需求：总体压力感知偏高

儿童早期照顾中的隐性需求是在家庭照顾者面临的压力和困难、潜在影响中隐藏着的需求，体现在照顾意愿、照顾压力等日常生活中，隐性需求将从父母、祖辈等不同照顾者日常生活中去觉察。

（一）祖辈照顾：使用率高、部分家庭的"无奈"选择

1. 这一时期，祖辈照顾是家庭较为偏好并且使用率最高的儿童照顾方式。访谈资料显示，共有 10 个家庭的孩子由祖辈长期照顾。选择祖辈照顾主要有三方面因素（见表 3-4）：

表 3-4　　　　　　选择祖辈照顾因素

	选择因素⑩
主观意愿	1. 由于现实压力，必须为家庭分担育儿压力⑩ 2. 从情感上非常主动愿意照顾孩子⑧
身体状况	1. 身体压力小、能够承担照顾任务③ 2. 身体压力适中、基本能承担照顾任务② 3. 祖辈身体压力较大、但没有其他更好的照顾方式支持⑤
照顾质量	1. 安全放心⑩ 2. 态度：主动性强、尽心尽力⑧ 3. 与孩子的互动：亲情、情感交流⑩

在主观意愿上，几乎所有祖辈考虑到由于子女需要工作、自己必须为家庭分担育儿压力，同时大部分家庭中祖辈从情感上非常主动愿意照顾孩子；在身体状况方面，3个家庭中祖辈身体压力较小、能够胜任照顾工作，2个家庭中祖辈身体压力一般、虽然很辛苦但基本能承担照顾工作，此外，还有5个家庭祖辈身体压力大，但没有其他更好的照顾方式支持。由此可见，部分家庭被动选择祖辈照顾方式，尽管主观上更倾向于选择其他方式但难以实现；在照顾质量上，家庭普遍认为祖辈照顾质量有保障，具有安全放心、主动性强、情感交流等优势。少数家庭未选择祖辈照顾，主要是祖辈身体状况方面的因素，有2个家庭由于祖辈年龄大、身体不好，难以承受儿童照顾压力，而未选择祖辈照顾方式。

表3-5　　　　　　　　　　　　未选择祖辈照顾因素

	未选择因素②
身体状况	祖母、外祖母年龄大、身体不好，难以承受儿童照顾压力②

综上分析，首先，这一时期大城市家庭对于祖辈照顾需求较为强烈，大部分家庭选择这一方式并获得不同程度的支持。访谈中，已选择祖辈照顾支持的家庭中，50%的家庭偏好这一方式、需求得到满足，还有50%的家庭需求并未得到较好满足，主要原因在于祖辈照顾方式中的被动选择。由于儿童早期照顾社会服务尤其是托育机构服务供给不足，家庭在儿童早期照顾方式中的选择空间十分有限，在现实压力下被动选择这一方式。其次，大多数家庭选择祖辈方式，主要由于主观意愿较高、照顾质量较好。再次，在身体状况因素方面，少数家庭祖辈身体状况较好、压力小。然而，还有许多家庭中祖辈感觉身体状况一般、压力较大，但由于缺乏其他照顾方式、出于对家庭的责任和情感而坚持进行儿童照顾。另外，家庭未选择祖辈照顾也主要

是祖辈身体因素。

2. 多数选用祖辈照顾的家庭认为照顾压力较大、存在养育观念的代际冲突

这一时期，共有10个家庭的孩子由祖辈长期照顾，访谈中，重点对祖辈在日常照顾中的压力状况进行了解，探索其中隐藏的需求。

在祖辈长期照顾的家庭中，7名访谈对象认为祖辈有着较大压力，有3名访谈对象表示照顾孩子没有给祖辈带来太大压力。祖辈较大的照顾压力主要体现在三个方面：第一，身体和精力压力大。大多数家庭表示，儿童早期照顾、家务劳动等家庭事务工作量大、人力资源有限，给祖辈身体、心理带来较大压力，"姥姥很辛苦，又要管孩子，又要做家务，每天都累得够呛，有时腰疼得受不了，我经常很担心她的身体"（2H12）；"老人经常说太累，有时候发脾气，不想再带孩子了"（2L3）。同时，部分家庭中祖辈身体状况不太好，还需要耗费大量体力精力照顾孩子，给身体带来更大的压力。第二，个人空间受到影响。祖辈的个人休闲娱乐活动、社交空间大大被压缩。少数家庭中祖辈感觉个人生活受到约束、不自由，甚至有时因此出现情绪崩溃。"老人喜欢出去玩，跳舞、唱歌、购物等活动很丰富，如果因为需要照顾孩子而影响她个人的活动时，就会变得心情很差，有几次还大发脾气。"（2L2）第三，环境压力。部分家庭中，存在着祖辈离开故土、到异地照顾孙辈的情况，老人需要适应新环境，并且部分老人存在着语言不通的问题，"老人说家乡话，不会说普通话，别人都听不懂，在这里也没什么熟人"（2H9）。同时，还存在着因照顾儿童而造成祖辈家庭中夫妻两地分隔的情况，在一定程度上给祖辈带来心理上的压力。由此可见，这一时期较大的祖辈照顾压力一定程度反映出家庭对于儿童早期照顾支持的渴求。

表 3-6　　　　　　　　祖辈的照顾压力感知状况

压力较小③	压力较大⑦
1. 身体方面会有一些累，但照顾孩子没有带来太大压力③ 2. 身体状况较好③ 3. 家庭人力资源充足③	1. 身体和精力压力大⑦： （1）家庭事务繁忙、人手不足引发较大的身体压力⑥、情绪较差① （2）身体状况较差① 2. 个人空间受到影响⑥：影响个人休闲娱乐活动 （1）感觉个人生活受到约束② （2）情绪会有不太好的时候，有时会崩溃① 3. 环境压力③ （1）语言：语言不通、与外界沟通交流有困难③ （2）分离：与老伴分隔两地，会有一些担心② （3）社交：感觉很孤独、没有熟人②

与此同时，10个家庭均认为祖辈对儿童的照顾中，既有优势，又有不足（见表3-7）。祖辈照顾的优势主要有两个方面：第一，照顾质量。访谈对象普遍认为祖辈照顾最大的优点就是安全和放心，对孙辈照顾尽心尽力。同时，在与孩子的互动中，除日常生活照顾外，祖辈和孙辈之间还会有频繁、深入的情感交流。第二，经济因素。在部分家庭中，祖辈会对子女和孙辈给予经济支持，一定程度上减轻经济负担。同时，祖辈照顾的不足主要体现在养育观念以及由此引发的家庭矛盾问题，部分访谈对象认为祖辈缺乏科学育儿的理念，在养育方式上存在着对孩子过于溺爱或过于严厉的问题，一方面，不利于孩子的性格培养，"和与爸爸妈妈在一起的时候比起来，孩子和老人在一起的时候特别任性，脾气也比较大，很难管"（2L1）；"老人平时娇惯孩子，有时候孩子不听话，又大声吼孩子、打孩子，感觉孩子性格比较胆小，可能也与这个有关"（2L5）。另一方面，不重视生活习惯的培养、不利于孩子身体健康，部分家庭表示祖辈任由孩子吃零食、使用电子产品，较少考虑孩子的营养、视力等问题。其次，由于父母与祖辈养育观念的冲突，容易引发家庭矛盾。

表 3-7　　　　　　　　　祖辈照顾的优势与不足

	祖辈照顾的优势		祖辈照顾的不足
照顾质量	1. 安全放心⑩ 2. 态度：主动性强、尽心尽力⑧ 3. 与孩子的互动：亲情、情感交流⑩	养育观念	1. 养育方式：过于溺爱或过于严厉⑤ （1）不重视孩子性格培养②缺少科学育儿的方法，任性或胆小 （2）不重视生活习惯培养③：不控制零食、电子产品 2. 家庭冲突：养育观念冲突、引发家庭矛盾②
经济因素	祖辈给予经济支持③		

综上分析，这一时期，祖辈照顾是最重要的儿童早期照顾方式，是家庭内部人力资源的代际转移，在家庭支持中发挥着重要作用。一方面，祖辈照顾具有无可替代的优势，另一方面，祖辈照顾中也存在一些问题。祖辈的照顾压力感知总体偏大，主要体现在身体和精力压力、个人空间受影响、环境压力等方面。祖辈照顾中存在着养育观念的不足而引发的儿童照顾质量、家庭矛盾等问题。

（二）母亲照顾：多数母亲压力感知较强烈，小部分母亲劳动参与受到影响

母亲是儿童早期照顾中最核心的角色，母亲照顾中的压力状况一定程度可反映家庭对儿童早期照顾支持的需求。

关于在儿童早期照顾中面临着的压力，共有 8 个家庭的母亲感觉有很大压力，4 个家庭的母亲感觉压力相对较小。母亲较大的压力感知主要包括四个方面：第一，家庭中儿童照顾人力资源不足。其中，3 个家庭由于人力资源不足，选择由母亲全职照顾儿童的方式。还有部分家庭中，有效照顾方式的支持不足，祖辈身体压力大或只能辅助照顾儿童，因而母亲需承担更多照顾责任。第二，母亲角色与工作角色冲突较大。母亲感觉兼顾儿童照顾与工作业务的压力大，"对工作会有影响，晚上需要备课或撰写课题材料，只能熬夜工作，但孩子很

晚才睡,当时压力很大"(2H6)。在工作环境方面,由于单位规章制度严格,请假困难、不允许迟到早退,当孩子临时需要照顾时,很难兼顾家庭与工作,"有一次外婆生病了,没法照顾孩子,但那段时间学校很忙,不允许请假,只能把孩子整天放在床上,哭闹也没办法"(2H7)。第三,个人休闲、社交空间受到较大影响。母亲感觉个人空间受到较大影响,比如一位全职母亲认为"基本没有自己的空间,时刻和孩子在一起"(2L2)。也有母亲认为个人社交空间发生了改变,"社交的范围不同了,和一部分朋友可能没那么多联系,同时也会因为孩子认识更多新朋友、扩大社交圈"(2H11)。还有母亲表示"孩子3岁前没出去活动过,担心影响孩子睡觉,考虑过带孩子一起出去,但怕她吃不好"(2H6)。第四,儿童照顾、家庭事务繁重。大部分母亲感觉儿童照顾非常辛苦,带来较大的精神和体力压力。其中,由于长时间陪伴儿童,全职母亲的压力更大,"3岁以前感觉很累,二十四小时没有休息,白天很累,晚上也经常睡不好,孩子学走路的时候体力也跟不上"(2L3)。

母亲较小的压力感知体现在以下三个方面:第一,家庭儿童照顾人力资源充足。4个家庭均为祖父祖母共同照顾,并辅助其他照顾方式,母亲的工作量相对降低。"妈妈压力不大,家里人很多,没有太大负担"(2L1);"妈妈管孩子时间比较少,老人是坚强的后盾"(2H10)。第二,母亲角色与工作角色冲突较小。部分家庭中,母亲的工作压力不太大,同时环境较为宽松,比如请假相对自由、工作时间具有一定弹性等。第三,个人休闲、社交空间受到一定影响,但影响程度不太大。

表3-8 母亲照顾压力影响因素

	较大压力⑧	较小压力④
儿童照顾人力资源	家庭中儿童照顾人力资源不足⑧	家庭中儿童照顾人力资源充足④

续表

	较大压力⑧	较小压力④
母亲角色与工作角色冲突	已就业母亲⑤： 1. 兼顾儿童照顾与工作业务的压力大① 2. 单位规章制度严格①：请假困难、不允许迟到早退	已就业母亲③： 1. 工作压力小③：工作节奏慢，压力不太大 2. 工作环境宽松①：请假相对自由、工作时间具有一定弹性
个人空间	个人休闲、社交空间受到较大影响⑧	个人休闲、社交空间受到一定影响④
精力因素	1. 儿童照顾、家庭事务繁重⑧ 2. 全职母亲③：长时间陪伴儿童，体力、精力压力很大	

表 3-9　　母亲劳动参与影响

已就业母亲⑧	全职母亲④
职业发展潜在影响④	母亲劳动参与受到影响④：由于儿童照顾需要，母亲辞职回家承担照顾工作

访谈还关注了儿童早期照顾对母亲劳动参与的影响（见表3-9）。首先，部分母亲的劳动参与受到影响，这一时期，全职母亲的数量开始增加，12个家庭中，有4位母亲处于未就业状态。4位母亲在生育前均处于就业状态，由于儿童照顾需要而辞职回家承担照顾工作，其中最主要的原因是家庭儿童照顾人力资源不足。其次，已参与劳动的母亲个人发展也受到影响。在工作发展上，有时需要请假照顾孩子，带来一定潜在影响，"请假次数多了，领导虽然不说什么，但还是比较介意的"（2H8）。单位会对年幼孩子的母亲给予特殊照顾，比如"单位比较照顾孩子小的职工，孩子一岁前都没有安排上课，有事情就去上班，没有事情可以在家。对个人发展有影响，因为时间精力等因素，领导会更倾向于重用男同志"（2H6）。

这一时期，母亲的照顾压力感知总体较大。首先，大多数母亲感觉有很大压力，母亲的压力感知主要体现在家庭中儿童照顾人力资源、母亲角色与工作角色冲突、个人空间受影响程度等方面。其次,儿童照顾对母亲劳动参与有一定影响,访谈中,有部分母亲因需要照顾儿童而辞职,已参与劳动的母亲个人发展也受到潜在影响。

与过去相比,这一时期全职母亲照顾的比重大幅增加,在12个家庭中,有4个家庭选择全职母亲照顾的方式,因而,本书对选择全职母亲照顾方式的因素(见表3-10)进行了探索。

母亲生育前的职业因素。在生育之前,4名全职母亲均在私营企业就业,相对体制内的稳定就业状况,体制外的就业流动率更高。一方面,在母亲生育和儿童照顾过程中,部分私营企业生态环境相对不友好,"怀孕六七个月的时候就辞职了,入职并没有签正式劳动合同,怀孕了私人老板不可能让我一直工作的。后来考虑没人照顾孩子,就一直在家了"(2L2)。另一方面,母亲个人发展规划更具灵活性,大多数全职母亲考虑暂时放弃工作,在孩子3岁以后再重新参与就业。

儿童照顾人力资源不足。3位母亲由于家庭中无祖辈照顾支持或支持不足而选择回归家庭。

照顾质量因素。全职母亲均认为母亲亲自照顾具有不可替代的优势,尤其在情感交流、照顾方式的科学性等方面。

表3-10 全职母亲照顾选择因素

	选择因素④
生育前职业因素	私营企业就业稳定性较低④
儿童照顾人力资源	无祖辈照顾支持或支持不足③
照顾质量	情感交流、照顾方式更具科学性、安全放心④

综上分析,不同于计划经济时期的普遍就业体制,这一时期,在市场经济不断发展的背景下,城镇地区非国有和集体就业人员的比重

大幅增加，由1980年的0.8%上升到2009年的79.5%。① 随着市场经济改革的深入，在体制外就业的不稳定性以及儿童早期照顾社会服务供给不足的双重背景下，家庭选择全职母亲照顾的比重增加，尤其是对生育前在体制外工作的女性的劳动参与带来负面影响。同时，家庭中儿童照顾人力资源不足，以及对独生子女在照顾质量方面的重视，也促使女性回归家庭。全职母亲的增长、女性劳动参与率的降低从侧面反映出家庭在儿童早期照顾方式选择中的局限性，以及女性承担着较大的照顾压力。

（三）父亲照顾：多数家庭的父亲较少参与儿童早期照顾

父亲在儿童早期照顾参与上存在不足，与母亲在儿童照顾中承担的压力形成对比。在所有调查对象中，4个家庭中父亲参与儿童早期照顾较多，5个家庭中父亲参与较少，3个家庭中父亲几乎不参与。在总体压力感知方面，父亲在儿童照顾中基本没有压力或有较小的压力。在儿童早期照顾对工作和个人发展、个人空间的影响等方面，几乎所有父亲的工作和个人发展均没有受到影响，大多数父亲在个人空间方面也几乎没有受到影响。父亲参与儿童早期照顾的情况如表3-11所示。

参与度较高的父亲。调查中发现，在照顾内容上，与强政策支持阶段（1949年至20世纪90年代初期）相比，这一时期参与儿童日常生活照顾的父亲数量有所增加，在参与度较高的4位父亲中，有3位父亲可以独立参与孩子的吃饭、穿衣、大小便、洗澡等生活照顾工作，并陪同孩子进行休闲娱乐、学习活动，还有1位父亲主要辅助母亲进行儿童生活照顾。参与度较高的父亲，主要有两方面因素：一是个人意愿上，父亲喜欢和孩子在一起，认为应该由夫妻共同承担儿童照顾责任。"爸爸生活照顾比较多，很愿意和孩子在一起，除了工作时间以外，基本没有个人时间，尽可能减轻妈妈和老人的负担。"

---

① 参见李路路《"单位制"的变迁与研究》，《吉林大学社会科学学报》2013年第1期。

（2L3）二是家庭人力资源不足，其中 1 名访谈对象表示在儿童照顾方面老人支持较少，必须依靠夫妻两人合作进行（2L3）。

表 3-11　　　　　　　　父亲参与儿童早期照顾状况

	参与较多④	参与较少⑤	几乎不参与③
个人意愿因素	1. 主观意愿：喜欢和孩子在一起③ 2. 观念：夫妻共同承担儿童照顾④	1. 主观意愿： （1）主动性不高、被动参与儿童照顾② （2）有一定主动性，但儿童早期照顾能力有限③ 2. 观念：夫妻共同参与，但女性更擅长儿童照顾⑤	1. 主观意愿：愿意参与，但现实条件不允许③ 2. 观念：夫妻共同参与，但女性更擅长儿童照顾③
外界因素	家庭人力资源不足①	工作压力大①	空间隔离：与母亲和孩子分隔两地③

参与度较少的父亲。5 名父亲在儿童早期照顾中参与较少，主要有两方面因素：第一，个人意愿。主观意愿上，部分父亲主动性不高、被动参与儿童照顾，虽认为自己有责任照顾孩子，但也有懈怠情绪。有的父亲会希望自己多一些休闲娱乐空间如玩游戏、参加社交活动而较少参与儿童照顾。部分父亲虽然具备一定主动性，但感觉对孩子进行早期生活照顾的能力有限，"感觉爸爸很多事情参与不了，男同志一般都比较粗心大意，孩子小的时候喝奶、换尿不湿都是精细的工作，反而长大了对孩子的学习爱好方面管得比较多"（2H12）。性别观念上，父亲认为虽然夫妻应该共同参与儿童照顾，但女性在这一方面更擅长。第二，外界因素。少数父亲存在着工作忙、挤占儿童照顾时间的现象。

参与度极低的父亲。3 名父亲几乎没有参与儿童早期照顾，主要有两方面因素：在外界因素上，3 名父亲均与母亲和孩子分隔两地。在个人意愿上，父亲愿意参与照顾，但现实条件不允许，同时，在性别观念中，父亲认为夫妻共同参与，但女性更擅长儿童照顾。

综上分析，在父亲照顾中，虽然与强政策支持阶段（1949年至20世纪90年代初期）相比，父亲的参与率相对增加，但依然普遍存在着父亲参与不足的情况。在访谈中，较多参与儿童早期照顾的父亲只占总数的1/3，家庭中存在着增加父亲参与度的隐性需求。

父亲参与度与个人意愿、外界因素相关。首先，个人意愿主要指主观意愿和性别观念。与强政策支持阶段（1949年至20世纪90年代初期）相比，主观上愿意进行儿童照顾的父亲比例有所增加，占总数的3/4，但由于父亲照顾能力限制、与孩子两地分离等原因，总体上父亲参与较少。在性别观念方面，这一时期家庭中男女平等观念有所提升，更多父亲认为"夫妻共同参与，但女性更擅长儿童照顾"，一定程度上改变过去"男主外、女主内"的传统观念。其次，外界因素主要包括家庭人力资源、父亲工作压力、空间隔离等，家庭中人力资源不足一定程度上促进父亲的参与，而较大的工作压力限制了父亲的儿童照顾时间、减少了照顾参与。另外，这一时期与母亲和儿童两地分隔的父亲依然较多，占总数的1/4，几乎不能参与到儿童早期照顾中。

（四）儿童早期照顾需求：总体需求感知偏高

家庭在儿童早期生活照顾过程中感觉到的总体需求感知强度偏高，大部分家庭存在照顾方面的需求。在12个家庭中，有6名访谈对象感觉家庭在儿童早期照顾中的需求较大、存在着很大的照顾压力，2名访谈对象感觉具有中等程度需求、存在较大的照顾压力，4名访谈对象感觉需求较小、没有太大的照顾压力。

随着托育机构服务供给的减少和入园入托年龄的提高，这一时期普遍存在着无托育机构服务支持或支持不足的现象，在此背景下，家庭中是否拥有有效的儿童照顾方式支持尤其是有效的祖辈照顾支持成为影响需求感知最重要的因素。

表 3-12   儿童早期照顾总体需求状况及其影响因素

		较大需求⑥	中等需求②	较小需求④
照顾方式支持的有效性		缺少有效的儿童照顾方式支持： 1. 祖辈照顾支持不足⑥ （1）无祖辈照顾支持① （2）祖辈身体压力大⑤ 2. 保姆照顾支持有限： （1）照顾质量偏低① （2）给予一定支持① 3. 托育机构服务支持不足⑥ （1）无托育机构服务支持④ （2）年龄限制：2 岁或 2.5 岁以上儿童② 4. 父亲照顾支持不足④、支持充足②	缺少有效的儿童照顾方式支持： 1. 祖辈照顾支持不足② （1）祖辈身体压力大② （2）祖辈阶段性支持① 2. 保姆照顾给予有限支持① 3. 托育机构服务支持不足② （1）无托育机构服务支持① （2）年龄限制：2 岁半以上儿童① 4. 父亲照顾支持不足②	拥有有效的儿童照顾方式支持： 1. 祖辈照顾支持充足④ 2. 保姆照顾给予有限支持① 3. 无托育机构服务支持④ 4. 父亲照顾支持不足②、支持充足②
母亲支持与压力	已就业母亲	1. 照顾支持：母亲在非工作时间是最主要的照顾者④ 2. 母亲角色与工作角色冲突：冲突较大，母亲有一定工作压力①；冲突较小，母亲工作压力较小③	1. 照顾支持：母亲在非工作时间是最主要的照顾者① 2. 母亲角色与工作角色冲突：冲突较大，母亲有一定工作压力①	1. 照顾支持：母亲在非工作时间的照顾工作量较小③ 2. 母亲角色与工作角色冲突：冲突较小，母亲工作压力较小③
	全职母亲	1. 照顾支持：母亲是最主要的照顾者② 2. 照顾压力：长时间陪伴儿童，体力、精力压力大②	1. 照顾支持：母亲是最主要的照顾者① 2. 照顾压力：长时间陪伴儿童，体力、精力压力大①	1. 照顾支持：母亲与祖辈均为主要照顾者① 2. 照顾压力：祖辈充分支持，压力较小①

首先，需求感知强度较大的 6 个家庭、需求感知中等的 2 个家庭均缺乏有效的儿童照顾方式支持：在祖辈照顾支持方面，存在着祖辈身体压力大、无祖辈照顾支持或阶段性支持的情况；保姆照顾支持有限，比如照顾质量偏低、给予一定支持但主要在家务劳动方面；托育机构服务支持不足，大部分家庭无托育机构服务支持，少数家庭拥有

托育服务支持，但由于幼儿园的最低年龄限制，3个家庭中儿童分别在2岁或2.5岁入园，缓解家庭照顾压力的时间较短；父亲参与方面，6个家庭中父亲支持不足，2个家庭中父亲支持充足。与此同时，在母亲支持与压力方面，母亲既给予较多支持，也承担着较大的压力，5名已就业母亲均在非工作时间是儿童最主要的照顾者，其中3名母亲角色冲突较小、工作压力较小，2名母亲角色冲突较大、有一定工作压力。同时，3名全职母亲也是儿童最主要的照顾者，并存在着长时间陪伴儿童，体力、精力压力大的问题。

其次，在需求感知较小的4个家庭中，均拥有充足祖辈照顾支持，其他照顾方式如托育机构照顾服务、保姆照顾、父亲照顾支持有限，4个家庭均无托育机构照顾服务支持、1个家庭中保姆照顾给予有限支持、2个家庭中父亲照顾支持不足。同时，由于祖辈支持充足，3位已就业母亲、1位全职母亲的照顾支持与照顾压力均较小。

在强家庭责任阶段，儿童早期照顾总体需求偏高，超过2/3的家庭感觉需求较强烈、具有一定程度的照顾压力，有1/3的家庭总体需求偏低、压力较小。这一时期的儿童早期照顾需求状况主要受到儿童照顾方式支持的有效性、母亲支持与压力等因素的影响。

儿童早期照顾方式支持的有效性：第一，在托育机构服务供给减少和入园入托年龄的提高、普遍缺少托育服务支持的背景下，家庭中是否拥有有效的儿童照顾方式支持尤其是有效的祖辈照顾支持成为影响需求感知最重要的因素。这一时期，由于身体压力等方面原因，拥有有效祖辈照顾支持资源的家庭较为有限，只有部分家庭获得祖辈的有效支持、普遍需求较低，另外大多数家庭中无祖辈支持或祖辈支持不足、普遍需求较高。一方面，祖辈照顾具有不可替代的情感优势，是家庭最理想的照顾方式之一，充足的祖辈照顾支持可以有效满足家庭的儿童早期照顾需求。另一方面，祖辈照顾与女性的劳动参与有一定关系，4名全职母亲主要由于儿童照顾需要而放弃原有工作。有学者根据中国营养健康调查（CHNS）1991—2011年的数据研究表明，在中国城镇地区，祖父母参与儿童照顾对女性劳动参与率的影响要大于正规儿童照顾，家中有一个健康的奶奶是祖父母参与儿童照顾的重要决定因素，祖父母特别是祖母，在维持母亲劳动参与率方面发挥着重要作用。[1]

第二，由于托育服务普遍供给不足，这一照顾方式对于照顾需求满足的影响有限。大多数家庭无托育服务支持，少数家庭使用托育服务，虽然托育服务质量尚可，但由于入园入托年龄在2岁或2岁半以后，对照顾压力的缓解作用较小。

第三，由于参与的有限性、辅助性特点，保姆和父亲儿童照顾虽发挥一定支持作用，但未对总体需求满足强度产生明显的影响。

由于母亲是儿童最重要的照顾者，母亲的支持与压力因素与儿童早期照顾总体需求强度有相关性。在照顾支持方面，母亲照顾支持工作量越大，母亲及家庭的压力感知越明显、总体需求强度越高，反之，则家庭总体需求强度较低。在照顾压力方面，在全职母亲照顾压力较高的家庭中，总体需求强度普遍较高，同时，在就业母亲角色冲突较小的家庭中，总体需求强度普遍较低。

四　家庭早期教育隐性需求：家庭对早期教育的关注度开始提升

（一）父母自我学习需求：育儿知识

父母自身在儿童早期教育中的需求主要体现在对育儿知识的关注上。与过去相比，这一时期父母对育儿知识的关注有所提升，访谈中，有6个家庭对育儿知识给予较多关注、比较重视育儿知识的学习，经常阅读育儿书籍、订阅杂志；有3个家庭表示有一点关注、有时会阅读育儿书籍；有3个较低学历家庭基本没有关注过育儿知识。对于父母关注育儿知识状况的描述（见表3-13），主要包括观念和实践两个方面。

---

[1]　参见杜凤莲、张胤钰、董晓媛《儿童照顾方式对中国城镇女性劳动参与率的影响》，《世界经济文汇》2018年第3期。

表 3-13　　　　　　　　父母关注育儿知识状况

影响因素 \ 关注程度	不关注③	有一点关注③	较多关注⑥
受教育程度	较低学历③	较高学历② 较低学历①	较高学历⑤ 较低学历①
关注状况	1. 观念：缺乏自我学习意识，没考虑过需要学习育儿知识③ 2. 实践：主要依赖老人的经验③，社会观普遍缺乏育儿知识学习观念①	1. 观念：具备一定学习意识，感觉需要自我学习，但不需要过于关注② 2. 实践：感觉需要自我学习，但没有太多时间关注①	1. 观念：重视育儿知识学习，有助于给孩子良好的开端⑥ 2. 实践：愿意投入一定时间学习⑥

6个家庭较多关注育儿知识，其中较高学历家庭5个、较低学历家庭1个。这类家庭在观念上重视育儿知识学习，认为良好的自我学习有助于给孩子更好的开端，希望能在各方面尽力做到最好，并在实践中愿意投入一定学习时间。3个家庭有一点关注育儿知识，其中较高学历家庭2个、较低学历家庭1个。这类家庭具备一定学习意识，并认为需要自我学习，但不需要过于关注，希望孩子自然成长。还有少数家庭认为生活事务压力大、没有太多时间关注。3个家庭基本不关注育儿知识，均为较低学历家庭。这类家庭在观念上缺乏自我学习意识，没考虑过需要学习育儿知识，在实践中主要依赖老人的经验。少数家庭认为当时社会上普遍缺乏育儿知识学习观念，"没有太多关注，顺其自然，当时大家都不太关注"（2L1）。

综上分析，这一时期，虽然家庭对于育儿知识学习的关注度有所提升，但仍然存在增加父母自我学习的隐性需求。有1/2的父母对育儿知识基本不关注或有一点关注，学习意识缺乏或较弱。对育儿知识关注程度较高的父母，对育儿知识学习重视程度和实践中的执行力较强。对育儿知识的关注程度较低的父母，则相对缺乏自我学习意识、缺少实践行动。父母对育儿知识的关注与父母受教育程度具有相关性,访谈中,较多关注育儿知识的家庭中,父母受教育程度普遍较高,较高学历家庭占5/6。同时,基本不关注育儿知识的家庭中,父母受教育程度相对较低,均为较低学历家庭。

(二)儿童早期教育需求

1. 儿童早期教育观念

在儿童早期教育观念上,相比过去,家庭对于儿童早期教育的关注度有所提升。7个家庭对儿童早期教育略有关注,5个家庭对儿童早期教育比较重视。关于儿童早期教育观念的阐述,在选择性编码阶段,获取4级共29个编码(见表3-14)。

表3-14　　　　　　　　儿童早期教育观念状况

关注程度 影响因素	对儿童早期教育略有关注 ⑦	对儿童早期教育比较重视 ⑤
受教育程度	较高学历家庭③ 较低学历家庭④	较高学历家庭④ 较低学历家庭①
观念状况	1. 态度:顺其自然,没有特意关注⑦ 2. 方法:凭借经验和感觉进行儿童早期教育⑦ 3. 关注重点 (1)早期能力开发:艺术培养②、英语①、综合能力① (2)自由发展③ 4. 陪伴时间 (1)没有刻意陪伴孩子③ (2)有时会抽时间陪伴孩子④ 5. 3岁以前的竞争压力: 无压力,没有必要竞争⑦ 6. 学龄阶段的竞争压力: (1)压力小,对孩子学习没有太高要求⑤ (2)压力大,对孩子学习要求比较高②	1. 态度:认为儿童早期教育比较重要⑤ 2. 方法:有意识地教育引导⑤ 3. 关注重点 能力开发:体育运动①、智力开发②、性格独立① 4. 陪伴时间:几乎每天会抽出一段时间(1小时左右)专心陪伴孩子⑤ 5. 3岁以前的竞争压力: (1)无压力,没有必要竞争③ (2)无压力,当时周围环境无竞争压力,现在认为有必要早点做好准备② 6. 学龄阶段的竞争压力: 压力大,对孩子学习要求比较高⑤

7个家庭对儿童早期教育略有关注,其中较高学历家庭3个、较低学历家庭4个,均对儿童早期教育持有顺其自然、没有特意关注的态度,主要凭借经验和感觉、跟随孩子的兴趣进行比较松散的教育。其中4个家庭对能力早期开发有所关注,比如艺术培养、英语、综合能力等,3个家庭对此没有关注,认为孩子自由成长、开心快乐更重要。在对孩子的陪伴中,3个家庭没有刻意陪伴孩子,4个家庭有时会抽时间陪伴孩子,但不是特别有规律。在竞争压力方面,7个家庭均认为在孩子3岁以前没有竞争压力,主要原因在于没有必要竞争,孩子健康快乐成长、自由发展最重要。随着孩子年龄的增长,这一状况发生改变,在学龄阶段,有2个家庭认为具有竞争压力、对孩子学习要求比较高,有5个家庭仍然认为竞争压力较小、对孩子学习没有太高要求。

5个家庭对儿童早期教育比较重视,其中较高学历家庭4个、较低学历家庭1个,均认为儿童早期教育比较重要,会对孩子进行有意识地教育引导,并对孩子早期能力开发有所关注,比如体育运动、智力开发、性格培养等方面。"孩子有必要从出生开始培养,很多人觉得孩子小什么都不懂,但其实可能不起眼的生活习惯,阅读、绘画等学习能力,父母最初的态度、引导将产生潜移默化、不可估量的作用,可能决定孩子以后的发展。"(2H12)在对孩子的陪伴方面,父母几乎每天会抽出一段时间(1小时左右)专心陪伴孩子。在竞争压力方面,5个家庭均认为在孩子3岁以前没有竞争压力,其中3个家庭认为没有必要竞争,2个家庭认为有必要早点做好学习准备,但由于当时周围环境无竞争压力而未更多关注孩子的教育。在学龄阶段,5个家庭均感觉有竞争压力,并对孩子学习要求比较高。

综上分析,相比过去,家庭在总体上对于儿童早期教育的关注度有所提升,这一转变主要来自社会文化环境的影响。20世纪末以来,我国儿童早期教育理念兴起,并开始出现关于儿童早期教育的政策呼吁,直接推动了家庭关于儿童早期教育观念的提升。但是,家庭对于儿童早期教育的关注和支持仍然不够充分,只有不到半数的家庭对这一问题比较重视并付诸行动,并多为较高学历家庭。

父母受教育程度与儿童早期教育的关注程度、观念状况具有相关关系,较高学历家庭体现出在儿童早期教育观念方面的优势。较高学历家庭中超过半数的父母对儿童早期教育关注度较高,采用主动引导的教育方法,并在儿童早期能力开发、陪伴时间方面均投入较多。较低学历家庭中大部分父母对儿童早期教育关注度相对较低,常被动跟随孩子、凭借个人经验和感觉进行教育,在能力开发、陪伴时间方面均投入相对较少。虽然两类家庭均无早期教育的竞争压力,但在学龄阶段,较高学历家庭对孩子的学习要求高于较低学历家庭,体现出更高的家庭教育期望。

2. 父母与孩子的沟通方式

在父母与孩子的沟通方式方面(见表3-15),7个家庭(5个较高学历家庭、2个较低学历家庭)的父母对孩子的态度比较宽松、给予更多自由,较少或不会对孩子发脾气、体罚孩子,也基本不会强迫孩子做父母认为正确的事情。父母在管教方式中兼顾父母视角与儿童视角,重视与孩子的沟通,一般不会惩罚或变相惩罚孩子。在5个家庭(2个较高学历家庭、3个较低学历家庭)中,父母对孩子压制比较多、相对严格,父母在管教方式中以父母为中心,有时或经常对孩子发脾气、会强迫孩子做父母认为正确的事情。

在7个家庭中,父母对孩子的态度比较宽松、给予更多自由,主要有以下四方面因素:第一,受教育程度,在7个家庭中,有5个是较高学历家庭、2个是较低学历家庭。总体上,较高学历家庭更可能是宽松的沟通方式。第二,父母因素,在个性因素方面,4个家庭中父母个性温和、比较有耐心。在观念因素方面,部分父母经过育儿知识学习后,更能理解孩子、控制情绪。"我的脾气也很急,但知道两个人剑拔弩张也解决不了问题,孩子有脾气的时候多半有原因,妈妈需要更耐心一些、找出原因。"(2H6)第三,儿童个性因素,部分家庭中,父母认为孩子大多数时候很听话,没有必要惩罚或强迫孩子。

第三章 强家庭责任阶段（20世纪90年代中期至2010年左右）

表3-15　　　　　　　　　　父母与孩子沟通方式

影响因素＼互动关系	宽松⑦	压制⑤
受教育程度	较高学历家庭⑤ 较低学历家庭②	较高学历家庭② 较低学历家庭③
父母因素	1. 个性：父母个性温和④ 2. 观念：经过育儿知识学习后，更能理解孩子、控制情绪③	1. 情绪控制：经济上、精力上压力比较大，负面情绪转移② 2. 观念：父母需要树立威信、坚持原则，帮助孩子形成好习惯⑤
儿童因素	孩子比较听话②	孩子比较调皮②

在5个家庭中，父母对孩子压制比较多、相对严格。主要有以下四方面因素：第一，受教育程度，在5个家庭中，有2个是较高学历家庭、3个是较低学历家庭。第二，父母因素，在父母情绪因素方面，2个家庭的父母在经济上、精力上压力比较大，将负面情绪转移到孩子身上。在父母观念因素方面，5个家庭的父母认为需要通过压制的方式树立威信、坚持原则，帮助孩子形成好习惯，认为这一方式可以取得明显的效果。"孩子不睡觉的时候，我会拿一根小棍吓唬他，有时也会轻轻敲打几下，他就乖乖睡了。"（2H8）第三，儿童个性因素，部分家庭中，父母认为孩子有时很调皮、沟通特别困难，只能通过惩罚或强迫的方式来控制。

综上分析，与过去相比，这一时期父母与孩子的沟通方式有所改善，宽松型的沟通方式更为普遍，多于压制型沟通方式。同时，压制型的沟通方式依然比例较大，在已调查的家庭中，这一比例超过40%，在较低学历家庭更为明显。这一时期，仍然存在着改进亲子沟通方式的隐性需求。

父母与儿童的沟通方式与父母受教育程度、父母个性因素、父母学习因素、儿童因素具有相关关系。其中父母受教育程度是主要因素，较高学历家庭中，大多数父母与孩子的沟通方式呈现宽松特征，而大多数较低学历家庭中呈现压制型沟通方式。在父母个性因素、父母观念因素，个性更为温和或学会控制情绪、理解孩子的父母对孩子更为宽松，压力较大、希望树立威信的父母对孩子更多采用压制的方法。在儿童因素方面，父母容易对个性较调皮的儿童采取压制态度、对个性顺从的孩子采取宽松态度。

3. 早期教育内容

父母对儿童的早期教育内容（见表3-16）主要集中在认知能力、社会交往、生活习惯三个方面，其中，既有父母主动的引导教育，也有玩乐过程中无意识的教育。

在认知能力方面，12个家庭均对儿童进行阅读能力的培养，经常给孩子读书、讲故事，其中5个家庭（4个较高学历家庭，1个较低学历家庭）的阅读活动较多，并主动、有意识地培养孩子语言能力，7个家庭（3个较高学历家庭，4个较低学历家庭）的阅读活动较少，主要跟随孩子的兴趣开展，是无意识的教育活动。在游戏和艺术方面，12个家庭的父母均有时陪孩子做游戏、唱歌、跳舞、画画、体育活动等，其中3个较高学历家庭通过儿童早期教育机构在体育、舞蹈、音乐等方面对孩子进行有意识的训练，其余9个家庭在这一过程中基本没有考虑到对孩子的教育帮助，也未为孩子选择正式教育课程。在数学思维启蒙方面，有1个较高学历家庭父母主动培养孩子的数学敏感性、进行启蒙学习。

表3-16　　　　　　　　　儿童早期教育内容

认知能力	社会交往	生活习惯
1. 阅读能力：给孩子读书、讲故事⑫ （1）阅读较少：无意识教育⑦ （2）阅读较多：主动教育⑤，4个较高学历家庭，1个较低学历家庭	1. 孩子间的主动社交⑦：主动希望和其他孩子一起玩	1. 有一定要求⑨： （1）控制电子产品使用⑨ （2）独立生活能力培养④

续表

认知能力	社会交往	生活习惯
2. 游戏和艺术：有时陪孩子做游戏、唱歌、跳舞、画画⑫ （1）无意识教育⑨：孩子有兴趣，陪孩子打发时间 （2）有意识教育③：体育锻炼，芭蕾等（3个较高学历家庭） 3. 数学思维：有意识地培养数学敏感性、启蒙学习①	2. 孩子间无意识的社交⑤ 孩子间的玩乐互动，家属院提供了孩子间的社交环境	3. 基本无要求③：没有培养孩子生活习惯的意识

在社会交往方面，7个家庭的父母会主动为孩子创造社交环境，希望孩子多参与孩子间的互动，5个家庭的父母没有考虑到对孩子的社交教育。

在生活习惯方面，9个家庭表示对孩子的生活习惯有一定要求，其中9个家庭均会控制孩子使用电子产品的时间，只有4个家庭对孩子独立吃饭、穿衣、收拾玩具等方面进行管理，还有3个家庭对孩子的生活习惯方面要求较少、缺乏生活习惯培养意识。

总体上，认知能力方面显现出不同受教育程度家庭的影响，在社会交往、生活习惯方面未显现这一特点。

综上分析，在早期教育内容方面，与过去相比，家庭在认知能力、社会交往、生活习惯等方面的主动引导教育均有所提升，但依然存在增加教育的隐性需求。家庭对阅读能力、社会交往、控制电子产品的使用等方面关注较多，对游戏和艺术、数学思维关注较少，尤其在生活习惯方面缺乏对孩子独立生活能力的培养，这一能力的缺失不利于孩子独立人格的养成。家庭受教育程度与认知能力方面的教育具有一定相关性，较低学历家庭对儿童阅读能力、游戏和艺术、数学思维方面的主动关注均相对较弱，较高学历家庭的总体关注相对更高。

4. 早期教育中的困难

关于儿童早期教育中的困难，共有11个家庭表示教育中出现过困难，1个家庭表示基本没有困难，对孩子的早期教育很满意。

对于家庭中存在的早期教育困难（见表3-17），主要有以下两个方面：

第一，由于父母自身能力限制而引发的问题。部分家庭认为，由于父母个人能力、育儿知识有限，对孩子要求不够严格，缺乏明确的教育计划、目标，对孩子认知能力的培养重视程度不够。比如，"给孩子读书较少、出去玩比较多，没有培养好的阅读习惯，当时不太懂，没有重视这个问题"（2L2）。还有部分家庭认为由于父母自身能力限制，对孩子生活习惯、性格培养方面存在不足，"对孩子过度关注，在性格上、生活和学习习惯上都有不利影响"（2H11）；"没有重视培养孩子独立的生活习惯，后来补救也很困难了"（2L3）；"不应该坚持让孩子独立睡眠，孩子非常缺乏安全感"（2H6）。

表3-17　　　　　　　　儿童早期教育中的困难状况

自身能力限制	1. 父母的个人能力、育儿知识有限，对儿童认知能力培养不足⑤ 2. 父母的个人能力、育儿知识有限，对儿童生活习惯、性格培养不足④
父母与祖辈的教育观念冲突	与祖辈教育观念的差异、祖辈溺爱孩子④

第二，父母与祖辈的教育观念冲突，祖辈过于溺爱孩子。"奶奶有时候过于由着孩子的性子，有时候我们教育孩子，她会帮着孩子说话，我们说话孩子都听不进去了。"（2L5）父母认为，祖辈的溺爱不利于孩子的个性发展、生活习惯培养等。

综上分析，儿童早期教育困难主要包括父母自身能力限制、父母与祖辈的教育观念冲突两个方面。一是，父母自身因素是最主要的困难，具体表现在父母由于个人能力、育儿知识的限制，对孩子的教育关注度不够，可能对孩子在认知能力、生活习惯、性格培养等教育方面存在不足之处。二是，祖辈照顾中存在着溺爱孩子的现象。以上两个方面的问题，需通过提升家庭早期教育能力加以改善。

（三）儿童早期教育中的总体需求

首先，随着家庭对儿童早期教育的日益重视，忽略儿童早期教育而产生的隐性需求有所减少。这一转变主要受到社会文化环境的影响,随着20世纪末以来国际和国内对儿童早期教育的重视,家庭关于儿童早期教育的观念进一步提升。与过去相比,在强家庭责任阶段(20世纪90年代中期至2010年左右),家庭对儿童早期教育更为重视,更多家庭重视对育儿知识的学习、增加对儿童早期教育的关注和投入、形成更为良性的亲子沟通方式。

与此同时,仍然有许多家庭在儿童早期教育中有所缺失,尤其在早期教育公共服务较为缺乏的情况下,家庭主要依赖自身资源进行早期教育活动,拥有不同资源的家庭在儿童早期教育实践中呈现一定差异。总体上,父母受教育程度较高的家庭,呈现出对儿童早期教育更多的关注,并在教育过程中体现出更高的质量;而受教育程度较低的家庭,对早期教育的关注和投入较少、教育质量偏低,体现在对育儿知识的学习关注较少,缺少对孩子的主动引导教育,在儿童能力开发、陪伴时间方面均投入相对较少,压制型沟通方式比例较大。

因而,这一时期,尽管大多数家庭在儿童早期教育过程中均存在着各种压力、不足、各类需求,但比较而言,受教育程度较低的家庭更需要获得早期教育服务的支持。

第三节 强家庭责任阶段(20世纪90年代中期至2010年左右):表达性需求

在前文对强家庭责任阶段(20世纪90年代中期至2010年左右)儿童早期照顾感觉性需求的基础上,本节将继续对这一时期家庭在儿童早期照顾中的表达性需求进行探讨,主要对托育机构照顾服务、保姆照顾服务两种儿童早期照顾方式进行分析。这一时期,儿童早期照顾责任主要由家庭承担,在缺少社会支持的情况下,不同家庭的自身人力资源、经济和社会地位资源一定程度上影响着儿童早期照顾方式的选择、质量，并体现在表达性需求的满足中。

一 托育服务中的表达性需求：使用率较低、可获取性弱

这一时期，托育服务的使用率较低，访谈资料显示有3个家庭使用了这一服务。还有部分家庭缺乏托育机构服务支持，在没有使用这项服务的9个家庭中，有7个家庭表示有托育服务需求，但由于各种原因难以得到满足。

（一）托育服务的使用率低，少数家庭成功获取托育服务

在使用托育服务的家庭中，1个家庭选择私立幼儿园，2个家庭选择父母单位的公立幼儿园，但3个家庭使用托育服务的时间段均较为有限，儿童入园入托年龄均在2岁以上。

1. 使用托育服务因素：少数家庭可获取服务、"兼顾减轻照顾压力与适应集体生活"的目标基本能得到满足

选择托育服务的因素如下（见表3-18）。在主观意愿因素方面，在已选择托育服务的家庭中，能够参与照顾的人力资源不足，无祖辈照顾支持或难以获取充足的支持，家庭在主观上愿意选择托育机构照顾这一方式；在服务可获取性方面，3个家庭在父母所在单位或家庭附近拥有合适的托育服务资源；在服务可负担性方面，这一时期托育机构普遍费用有所增加，2个家庭使用的单位公立幼儿园收费为2万元/年，1个家庭选择的高端私立幼儿园收费为8万元/年；在方便性、照顾质量方面，家庭认为托育机构距离、服务时间、照顾质量均能满足需求；在使用服务的目标上，这一时期家庭使用托育服务的目标为兼顾减轻家庭照顾压力与孩子适应集体环境。3个家庭均认为，儿童在态度上比较喜欢和适应新环境，愿意送孩子去托育机构。同时孩子均在2岁以后进入托育机构，一方面，家庭认为他们已具备基本生活自理能力；另一方面，从教育需要的角度出发，认为孩子有必要尽早学会适应集体生活环境。

表 3-18　　　　　　　　　选择托育服务因素

	选择因素③
主观意愿	1. 家庭人力资源不足、无充足的祖辈照顾支持③ 2. 家庭主观上愿意选择托育机构③
服务可获取性	1. 父母所在单位资源② 2. 家庭附近的私立幼儿园①
可负担性	费用合理②、费用高但可以承受①
方便性	离家近③、服务时间合适③
服务质量	照顾质量高①、一般②
服务目标	2 岁以后孩子已具备基本生活自理能力，需要适应集体生活环境③

2. 托育服务需求满足状况：对服务基本满意

在选择托育服务的家庭中，有 1 名访谈对象对托育机构感到满意，2 名访谈对象感觉托育机构总体上一般，均感觉基本满足需求，体现在以下方面（见表 3-19）：

第一，在照顾质量上，选择私立幼儿园、公立幼儿园的家庭分别认为照顾质量较好、一般。私立幼儿园、公立幼儿园的教师学历与专业训练度均较高，对孩子比较耐心、互动性强，幼儿园基本设施齐全、场地大、饮食质量高。同时，两者在教育理念、师生比、生活照顾、照顾内容上有一定差异。首先，选择私立幼儿园的家长较为赞同"尊重孩子和童年"的新兴教育理念，"孩子在幼儿园里比较自由，尊重孩子的内生力量，不会过多干涉孩子的自我发展"（2H11）。选择公立幼儿园的家长对"培养孩子全面发展"的传统教育理念持保留态度，"灌输式的教育理念可能有利有弊，不是特别喜欢，但也没有其他更好的选择"（2H8）。其次，在师生比方面，私立幼儿园师生比较低、对孩子照顾得更细致，公立幼儿园相对师生比较高。在生活照顾方面，公立幼儿园老师有时对孩子的生活照顾有所疏忽，"老师没那么仔细，大小便了也没发现，孩子经常湿裤子回来"（2H8）。另外，在照顾内容上，除生活照顾外，私立幼儿园的正式教学课程更为丰富。

第二，在价格因素方面，私立幼儿园高于公立幼儿园，私立幼儿园收费约为一年 8 万元，公立幼儿园约为一年 2 万元，家庭均感觉在经济上可以承受。

第三，在儿童年龄、方便程度、儿童态度方面，三个家庭基本一致，认为孩子 2 岁多已具备生活自理能力、比较放心，幼儿园离家较近、比较方便，孩子对幼儿园环境也适应得较好。

综上分析，由于托育服务供给有限，这一时期使用托育机构照顾服务的家庭较少。能使用托育机构照顾服务的家庭经济社会资源相对较为丰富，选择高端私立幼儿园的家庭经济资源较为充足，选择单位公立幼儿园的家庭拥有体制内单位托育资源，父母在大型国有企业或高等学校工作。

表 3－19　　　　　　托育机构照顾服务需求满足状况

	满意①（私立幼儿园）	一般②（单位公立幼儿园）
照顾质量	1. 新兴教育理念：尊重孩子和童年 2. 教师质量： （1）学历与专业训练：大学本科以上学历，受过专业训练、素质高 （2）对孩子的态度：耐心、互动性强 3. 师生比：1∶4 4. 生活保障：饮食质量高、生活设施齐全、场地大 5. 照顾内容：基本生活照顾和正式教学课程兼顾	1. 传统教育理念：培养孩子全面发展② 2. 教师质量： （1）学历与专业训练：单位正式在编人员，大学本科以上学历，受过专业训练② （2）对孩子的态度：比较耐心② （3）对孩子的生活照顾有所疏忽① 3. 师生比：1∶6② 4. 生活保障：饮食质量高、生活设施齐全、场地大② 5. 照顾内容：基本生活照顾为主，简单教学课程②
可负担性	收费较高，具备经济承受能力	收费较为合理②
儿童年龄	2 岁	2.5 岁②
方便程度	离家近、比较方便③	
儿童态度	适应幼儿园环境③	

在需求满足方面，选择高端私立幼儿园和单位公立幼儿园的家庭均感觉需求基本得到满足，影响因素主要包括照顾质量、价格因素、

第三章 强家庭责任阶段（20世纪90年代中期至2010年左右）

儿童年龄、方便程度、儿童态度。其中，照顾质量是主要因素，高端私立幼儿园和单位公立幼儿园在教师质量、师生比、生活保障、照顾内容等方面水平均较高。

（二）多数家庭未成功获取托育服务

在未选择托育服务的家庭中，有7个家庭有需求但未获取服务支持，2个家庭无托育服务需求。未选择托育服务的因素具体情况如下：在服务可获取性方面，6个家庭难以获取公立托育机构资源，并在家庭居住地附近缺乏私立托育机构资源；在服务可负担性方面，4个家庭认为托育机构照顾服务的市场价格普遍偏高，会给家庭带来较大的经济负担；在照顾质量方面，4个家庭对照顾质量有所顾虑，认为市场上托育机构照顾质量普遍不高，担心孩子的基本安全、生活照顾、早期教育质量得不到保障，高端托育机构虽然相对质量更好但价格太高、难以承受；在主观偏好方面，2个家庭表示无托育服务需求，由于情感因素、照顾质量等方面因素，家庭在主观上更偏好祖辈照顾方式，感觉更安全放心、细致周全、有利于亲情交流，对托育机构照顾质量不放心。

表 3–20 未选择托育服务因素

	未选择因素⑨
可获取性	难以获取服务资源⑥
可负担性	服务价格整体较高④
照顾质量	服务质量整体不高④
主观偏好	由于情感因素、照顾质量因素主观偏好祖辈照顾②

综上分析，这一时期，大城市家庭对托育机构照顾服务的使用率较低，部分家庭对这一照顾方式具有明显偏好，但表达性需求未得到满足。

托育机构照顾服务的选择因素，包括儿童照顾人力资源、服务可获取性、托育机构因素、儿童因素等方面。首先，家庭人力资源的不足一定程度上推动着家庭寻求儿童早期照顾社会服务的支持,而服务的可获取性决定着家庭是否能够获得服务。服务的可获取性主要指家庭能否获取体制内公立托育服务资源,以及是否有足够的经济能力获取私立托育服务资源,并且托育服务机构的地点在家庭可接受的距离范围内。总体上,这一时期托育机构照顾服务的供给较为缺乏、可获取性较低,已获取服务的家庭中父母经济社会资源相对充足,拥有较为充足的单位福利资源或经济资源。其次,托育服务的可负担性(价格)、方便性(距离、服务时间)、照顾质量、儿童态度和年龄都是家庭是否选择托育服务的影响因素。

未选择托育机构照顾服务作为主要儿童早期照顾方式的因素包括:主观偏好和托育服务有效供给不足两个方面。主观偏好方面,部分家庭由于情感因素、照顾质量因素更愿意选择祖辈照顾方式,无托育机构服务需求。还有部分家庭有托育服务需求但难以获取,主要因素在于托育服务有效供给不足,存在着可获取性低、难以获取服务资源,可负担性弱、服务价格整体较高,服务质量整体水平不高等方面的限制。总体上,这一时期托育服务供给减少。随着国有企业改革和单位职能的转变,原来依赖于单位的托育机构服务大幅减少,变为以市场化供给方式为主,只有少数体制内单位依然保留托育服务机构。在此背景下,大多数家庭都缺少托育服务支持。

二 保姆照顾服务中的表达性需求:多数家庭对照顾质量存有顾虑

这一时期,保姆照顾仍然是重要的儿童早期照顾方式之一,部分家庭使用过保姆照顾服务。

1. 多数家庭对保姆照顾满意,个别家庭对保姆照顾不满意

访谈中,有4个家庭使用保姆照顾(均为居家照顾),其中,3个家庭通过亲戚关系、熟人介绍获取服务,1个家庭通过家政公司介绍获取服务。在总体满意度方面(见表3-21),有3个家庭感觉满意、1个家庭感觉不满意。在保姆照顾服务费用上,4个家庭均感觉

经济压力不太大、可以承受。在保姆自身专业性方面，普遍存在受教育程度较低（初中学历）、未经过专业训练的情况。

表 3-21　　　　　　　　　　保姆照顾服务需求满足状况

	满意③	不满意①
照顾质量	照顾质量较高： 1. 照顾内容：儿童的生活照顾和早期教育③、家务劳动①等 2. 与儿童互动：互动频繁，生活照顾、娱乐活动较多② 3. 教育：过于迁就孩子②	照顾质量较低： 1. 照顾内容：儿童的基本生活照顾① 2. 与儿童互动：除孩子基本生活照顾事务以外，互动较少① 3. 安全保障：孩子经常会磕碰①
服务稳定性	服务稳定、保姆流动率低③	服务不稳定、保姆流动率高①

在需求满足方面，3名访谈对象对保姆服务感觉满意，3个家庭均与保姆具有较强的熟人关系或与保姆共同在家进行照顾。1个家庭中，保姆与家人具有亲戚关系，保姆主要负责白天独自照顾孩子、辅助家务，"亲戚照顾很放心，我也经常在家"（2H6）。2个家庭中，保姆通过熟人介绍获取，与家人共同照顾孩子或只负责家务，"家里人多，保姆有什么问题当时就会指出来，比较满意"（2L1）。在照顾质量方面，尤其在与孩子的互动方面，保姆与孩子互动比较频繁，除生活照顾外，玩乐互动也比较多。在教育方面，存在着过于迁就孩子的问题，"只要孩子不哭就是好的"（2H6），不利于孩子生活习惯、性格培养。在服务稳定性方面，保姆流动率低，3个家庭均没有更换过保姆，没有出现空档期。有1名访谈对象对保姆服务感觉不太满意，是通过家政公司聘请的保姆，白天独自照顾孩子、辅助家务，总体照顾质量不高，"除孩子基本生活照顾外，对孩子管得比较少。保姆带孩子可能对孩子性格有影响，比较胆小内向"，"让阿姨带就相信她们，但孩子磕碰是经常的事情"（2H8）。保姆流动率较高，先后更换过4个保姆，空档期的时候没人照顾孩子。

值得关注的是,除了照顾质量、服务稳定性外,保姆照顾需求的满足还与是否是熟人或与家人在场有关系,可能源于较强的熟人关系,如亲戚照顾孩子,内在的情感因素有助于照顾质量的提升,或者家人与保姆共同在场照顾,具有外界监督压力的情况下,保姆对儿童的照顾质量也可能更高。反之,在既没有内在情感驱动,又没有外在监督的情况下,照顾质量有可能相对偏低。

2. 小部分家庭使用保姆服务、无主观偏好,多数家庭对服务质量有顾虑

访谈资料显示,在强政策支持阶段和强家庭责任阶段,家庭对于保姆照顾服务的使用比例较为稳定,维持在1/3左右,这一时期,共有4个家庭使用过保姆服务。家庭选择保姆照顾服务主要有以下因素(见表3-22):一是现实需求,家庭为弥补人力资源的不足或减轻家庭劳动负担而选择保姆照顾服务。二是主观偏好,已选择保姆照顾服务的家庭中,有3个家庭对这一方式无主观偏好,更愿意优先选择托育机构照顾或祖辈照顾,但由于现实条件不允许,退而求其次选择保姆照顾。三是可获取性,大多数家庭通过熟人关系获取保姆照顾服务。随着保姆照顾服务的逐步市场化,少数家庭通过家政公司介绍获取服务。四是可负担性,这一时期,保姆照顾服务的费用有所增加,但4个家庭认为并没有给家庭带来太大压力。五是方便性,家庭认为居家保姆的服务形式最为方便、灵活。六是照顾质量,多数家庭认为照顾质量有基本保障,"保姆也只是辅助家里人照顾,不存在安全问题,还比较放心"(2L1)。

表3-22 选择保姆照顾服务因素

	选择因素④
现实需求	家庭儿童照顾人力资源不足,无托育服务、祖辈照顾的有效支持③减轻家庭劳动负担①
主观偏好	迫于现实压力的选择,相比保姆照顾、更偏好托育服务③

续表

	选择因素④
可获取性	1. 与保姆为亲戚关系① 2. 亲戚朋友介绍获取服务② 3. 家政公司介绍①
可负担性	费用合理④
方便性	长期居家、照顾时间灵活④
照顾质量	照顾质量有基本保障③
	未选择因素⑧
现实需求	无家庭外服务需求②
主观偏好	无主观偏好，相比保姆照顾、更偏好托育服务③
照顾质量	对照顾质量无信心⑤
可负担性	服务价格高、有一定经济压力①

在没有使用保姆照顾服务的8个家庭中，有2个家庭表示无家庭外服务需求，有3个家庭不偏好保姆照顾这一服务方式，更愿意选择托育服务支持，有5个家庭表示对照顾质量没有信心，"不敢将孩子交给保姆，亲戚家的孩子被保姆虐待了，大热天故意让孩子坐在马路牙上，屁股都被烫伤了"（2H12），有1个家庭认为服务价格偏高、家庭有一定经济压力。

总体上，这一时期，大城市家庭对于保姆照顾服务有一定需求，但对于这一照顾方式在主观意愿上不具有明显偏好，大多在祖辈照顾支持不足、无法选择托育服务的情况下才选择保姆照顾服务。在未选择保姆照顾的家庭中，大多数家庭对照顾质量有顾虑。

第四节 强家庭责任阶段（20世纪90年代中期至2010年左右）：比较性需求

这一时期，不同社会群体在接受儿童早期照顾服务、照顾水平等方面仍然存在一定差异。

一 托育服务中的比较性需求：不同经济社会资源家庭获取服务存在差异

这一时期，大城市中儿童早期照顾中的托育服务供给十分有限，仅有的托育服务以市场化供给为主、体制内单位托育服务供给为辅，拥有不同经济社会资源的家庭在使用托育服务方面存在一定差异，家庭经济状况、父母是否在体制内工作在一定程度上影响着托育服务的使用状况。仅有1/4的家庭获取托育服务，2个父母职业为大型国有企业专业技术人员、高校教师的家庭获取公立幼儿园托育服务资源。"那个时候我们学校有幼儿园，只对单位职工子女开放，2岁以后就可以去，而且一般不接受非本单位的子女"（2H6）。1个中高收入家庭获取私立幼儿园的托育服务，"我们选的私立幼儿园基本是附近最好的了，当时8万元一年的学费还是比较贵的，不过幼儿园的品质也是挺满意"（2H11）。因而，这一时期，在托育服务供给不足的情况下，仍然存在着不同社会群体的比较性需求，经济资源较充足的家庭更可能在市场中获取优质的托育服务资源，而经济资源较为弱势的家庭在服务具有可获取性的基础上还需考虑家庭经济的可承受性、服务质量等多方因素。父母在体制内工作的家庭更可能享有单位提供的托育服务资源，而单位的托育服务资源一定程度上具有封闭性，非单位职工家庭获取托育服务的可能性较小。

二 家庭儿童早期教育中的比较性需求：家庭教育质量存在一定差异

随着20世纪末以来国际和国内对于儿童早期教育的重视，家庭关于儿童早期教育的观念进一步提升。在早期教育公共服务较为缺乏的情况下，家庭主要依赖自身资源进行早期教育活动，拥有不同教育资源的家庭在儿童早期教育实践中呈现一定差异,受教育程度较高的家庭对儿童早期教育关注更多,并在教育过程中体现出更高的质量,"每天都会抽出时间陪孩子讲故事、做游戏等,后来自然而然地孩子自己就很会讲故事、编故事了"(2H12);"对孩子还是很关注的,我自己看了很多育儿的书籍,也尽可能多陪伴孩子"(2H6)。

而受教育程度较低的家庭,对早期教育的关注和投入较少、教育质量偏低。"孩子还是爷爷奶奶管得多,我们忙着上班,管得少,也管不好"(2L5);"自己累了、心情不好,忍不住也会冲孩子大发脾气,有时孩子也没犯什么大错,现在想想挺后悔的"(2L2)。

由此可见,由于家庭在儿童照顾人力资源、经济和社会地位的资源差异,主要依靠家庭力量承担儿童早期照顾责任,不仅带来较大的家庭压力,同时不同家庭之间的照顾质量、需求满足状况可能存在较大差距,带来儿童早期照顾的起点公平问题。

第四章 政策重构阶段（2010年代初期至今）：儿童早期照顾需求

第一节 政策重构阶段（2010年代初期至今）：规范性需求

本节将对政策重构阶段（2010年代初期至今）儿童早期照顾政策内容、社会服务状况等方面进行描述，从中分析政府对于儿童早期照顾需求的标准界定。

一 政策内容：重新重视儿童早期照顾问题

2010年左右，儿童早期照顾政策中开始提出公益性普惠性的发展方向，主要侧重对儿童早期教育方面的发展。2012年，党的十八大以来，我国的民生建设站在新的历史起点上，进一步重视儿童早期照顾工作，尤其是针对困境儿童、贫困儿童、留守儿童等处于弱势环境中的儿童，将他们的养育、教育问题作为工作重点。

2017年，党的十九大以后，儿童早期照顾政策进入重新调整的关键阶段，儿童早期照顾问题进一步进入政策顶层设计，再次成为重要的公共议题之一，并在实践层面逐步向前推进。党的十九大报告首次增加了"幼有所育"一词，提出要坚持在发展中保障和改善民生，在幼有所育等方面不断取得新进展。中央经济工作会议明确指出要针对人民群众关心的问题精准施策，"解决好婴幼儿照护和儿童早期教育服务问题"。2019年，发改委等多部门连续出台两项文件《进一步优化供给推动消费平稳增长促进形成强大国内市场的实施方案（2019年）》《加大力度推动社会领域公共服务补短板强弱项提质量促进形成强大国内市场的行动方案》，均对儿童早期照顾中的托育服务问题进行重点阐述，尤其第二项文件对增加托育服务有效供给、制定行业准入标准、管理规范和监管标准，明确婴幼儿照护服务对象等规范标准等多项内容提出了要求，指出要补强非基本公共服务弱项，着力增强人民群众公共服务供给。① 2019 年 5 月，国务院办公厅出台《关于促进 3 岁以下婴幼儿照护服务发展的指导意见》，这是一项专门针对儿童早期照顾服务工作的纲领性文件。随后，托育机构设置标准、管理规范、登记备案、税收优惠、普惠性托育服务发展等政策相继出台。党的十九大以来，从指导思想的提出到具体的行动方案，儿童早期照顾政策体系建设不断向前推进，在政策内容上重新对儿童早期照顾服务供给给予重视。

表 4-1   2010 年代初期以来城市儿童早期照顾在相关政策文件中的表述

时间	文件	表述
2011 年	《中国儿童发展纲要（2011—2020 年）》	促进 0—3 岁儿童早期综合发展……积极开展 0—3 岁儿童科学育儿指导。积极发展公益性普惠性的儿童综合发展指导机构，以幼儿园和社区为依托，为 0—3 岁儿童及其家庭提供早期保育和教育指导。加快培养 0—3 岁儿童早期教育专业化人才。
2012 年	《国家教育事业发展第十二个五年规划》	依托幼儿园，利用多种渠道，积极开展公益性 0—3 岁婴幼儿早期教育指导服务。
2016 年	《中共中央关于制定国民经济和社会发展第十三个五年规划的建议》	关爱儿童健康发展，为困境儿童提供生活照顾等服务，加强儿童福利等设施建设，"儿童之家"覆盖 90% 以上的城乡社区。

---

① 多部门关于印发《加大力度推动社会领域公共服务补短板强弱项提质量促进形成强大国内市场的行动方案》的通知，中华人民共和国中央人民政府网站（http://www.gov.cn/xinwen/2019-02/19/content_5366822.htm）。

续表

时间	文件	表述
2016 年	《关于加强困境儿童保障工作的意见》	从保障困境儿童的基本生活、落实监护责任、加强残疾儿童福利服务等诸多方面进行了规定，并要求在全国的村（居）民委员会设立儿童福利督导专员。
2016 年	《关于指导推进家庭教育的五年规划（2016—2020 年）》	加强儿童早期家庭教育指导服务。在80%的妇幼保健机构建立孕妇学校和儿童早期发展基地……开展儿童早期家庭教育知识宣传普及。鼓励妇幼保健机构、幼儿园面向社区和家庭开展儿童早期家庭教育服务与指导，探索建立儿童早期发展社区家庭支持模式。
2017 年	《决胜全面建成小康社会 夺取新时代中国特色社会主义伟大胜利——在中国共产党第十九次全国代表大会上的报告》	坚持在发展中保障和改善民生，在幼有所育……上不断取得新进展。
2017 年	中央经济工作会议	要针对人民群众关心的问题精准施策……解决好婴幼儿照护和儿童早期教育服务问题。
2019 年	《进一步优化供给推动消费平稳增长促进形成强大国内市场的实施方案（2019 年）》	将完善托幼等配套政策鼓励居民按政策生育，鼓励地方政府通过采取提供场地等政策措施，加大对社会力量开展3岁以下婴幼儿托育服务的支持力度。持续促进家政服务提质扩容。
2019 年	《加大力度推动社会领域公共服务补短板强弱项提质量 促进形成强大国内市场的行动方案》	到2020年，婴幼儿照护服务的政策法规和标准规范体系初步建立……补强非基本公共服务弱项，着力增强人民群众公共服务供给。增加托育服务有效供给。制定行业准入标准、管理规范和监管标准，明确婴幼儿照护服务对象、服务内容、从业要求、设施设备、技术流程等规范标准。充分调动各方面力量，在城市建成一批示范性婴幼儿照护服务机构，在农村和贫困地区进一步提升婴幼儿照护服务能力。利用社区中心、闲置校舍等存量资源建立婴幼儿看护中心，鼓励有条件的地方举办婴幼儿照护服务机构，提供日间照顾服务。积极引导社会力量举办托育服务机构，鼓励探索发展家庭育儿知识传播、社区共享平台等托育服务新模式新业态，发展多元化托育服务体系。

续表

时间	文件	表述
2019年	《关于促进3岁以下婴幼儿照护服务发展的指导意见》	基本原则：家庭为主，托育补充；政策引导，普惠优先；安全健康，科学规范；属地管理，分类指导。 发展目标：到2020年，婴幼儿照护服务的政策法规体系和标准规范体系初步建立，建成一批具有示范效应的婴幼儿照护服务机构。到2025年，婴幼儿照护服务的政策法规体系和标准规范体系基本健全，多元化、多样化、覆盖城乡的婴幼儿照护服务体系基本形成。 主要任务：加强对家庭婴幼儿照护的支持和指导；加大对社区婴幼儿照护服务的支持力度；规范发展多种形式的婴幼儿照护服务机构。
2019年	《托育机构管理规范（试行)》	涵盖托育机构的备案管理、收托管理、保育管理、健康管理、安全管理、人员管理、监督管理等方面。
2019年	《托育机构设置标准（试行)》	涵盖托育机构设置要求、场地设施、人员规模等方面。
2020年	《关于促进养老托育服务健康发展的意见》	健全老有所养、幼有所育的政策体系；扩大多方参与、多种方式的服务供给；打造创新融合、包容开放的发展环境；完善依法从严、便利高效的监管服务。

二 社会服务发展状况：公共托育服务供给仍不充足

在托育服务方面，根据原国家卫计委全国生育状况抽样调查数据显示，2006—2016年，0—2岁婴幼儿在各类托育机构的入托率为4.8%，入园率为15.6%，其中公立性质的托育机构占30.3%。3岁以上幼儿入园入托率相对较高为80.8%，公立机构占34.9%。[①] 对比

[①] 参见贺丹、张许颖、庄亚儿、王志理、杨胜慧《2006—2016年中国生育状况报告——基于2017年全国生育状况抽样调查数据分析》，《人口研究》2018年第6期。

3岁以下城乡儿童在1993—2009年的入园入托率基本都低于5%[①]、2010年只有不到4%的3岁以下儿童进入托幼机构[②]等数据,2011年以后3岁儿童的入园入托率有较大的提升,并且进入私立托育机构的儿童数量远远高于公立机构。

总体上,托育服务仍然存在供给不足的问题,以上海市为例,目前上海能提供2—3岁幼儿托育服务规模数共约16200名,占本市2—3岁幼儿数的8%左右。幼儿园开设托育班的数量有限,只有356所幼儿园开设托育班,占全市幼儿园总数的22%左右,且多为民办幼儿园。[③] 在新一轮的政策支持下,托育服务即将迎来快速发展期,上海市于2018年4月出台托育服务"1+2"文件,受理3岁以下幼儿托育服务机构的申办,截至2018年11月,全市已新设30家合法登记备案的3岁以下幼儿托育服务机构[④],2019年新增托育点50个[⑤]。

在儿童早期教育方面,政府努力探索儿童早期教育的新发展模式,不过仍然以零散的项目式推进为主,覆盖面较为有限,在整体性与系统性方面有待加强。教育部自2012年起在上海、南京、青岛等14个地区开展0—3岁婴幼儿早期教育试点工作。其中,南京市正在推进0—3岁婴幼儿早期发展工作提升行动计划(2017—2020年),全市将培育80所优质育儿园、亲子园,规范一批看护点,基本满足婴幼儿家庭入园、看护需求。并将进一步落实普惠服务,包括上门指

---

① 参见李莹、赵媛媛《儿童早期照顾与教育:当前状况与我国的政策选择》,《人口学刊》2013年第2期。
② 参见张亮《中国儿童照顾政策研究——基于性别、家庭和国家的视角》,博士学位论文,复旦大学,2014年。
③ 王佳昕:《0—3岁幼儿"无处可托"托幼市场空白如何填补》,《21世纪经济报道数字报》2018年12月7日(http://epaper.21jingji.com/html/2018-12/07/content_97801.htm)。
④ 《本市多部门联手创新机制开展0—3岁托育服务》,上海教育(http://www.shmec.gov.cn/web/xwzx/show_article.html?article_id=98761)。
⑤ 《本市年内将新增50个托育点新建改建30所幼儿园》,上海教育(http://www.shmec.gov.cn/web/xwzx/show_article.html?article_id=99158)。

导服务、婴幼儿早期发展知识普及等。① 隶属于全国妇联的中国儿童中心设立"小脚印"儿童早期发展中心,截至 2017 年 7 月,早教中心共开展早教活动 3072 次,其中针对周边社区开展公益早教活动 60 余次。

与此同时,市场化的儿童早期教育机构发展迅速。2017 年,我国早期教育市场规模预计约 2000 亿元②,其中早教机构约为 1.2 万家,主要集中在大中城市。

三 政策目标:改善民生、鼓励生育

国家先后基于提高人口素质、提升人力资本,完善社会救助功能、帮扶弱势儿童,改善民生、鼓励生育等目标而提出有关儿童早期照顾政策。其中改善民生是当前和未来一段时间的主要政策目标。党的十八大以来,我国的民生事业发展进入一个新的历史阶段,民生事业质量持续提高。十九大报告提出,增进民生福祉是发展的根本目的。政府对于增加托育服务供给、促进其规范发展较为重视,托育服务的发展既可以满足人民群众的迫切需求,又有助于发展国内市场、促进新的经济增长,同时可以在一定程度上发挥鼓励生育的作用。改善民生、满足人民群众多层次多样化需求是根本动力。在政策目标的实施中,既不同于强政策支持阶段(1949 年至 20 世纪 90 年代初期)政策的大力支持和财政资金的直接投入,也不同于强家庭责任阶段(20 世纪 90 年代中期至 2010 年左右)政策和财政资金支持的相对弱化,这一时期国家政策支持力度逐渐加大,依靠各项政策引领社会服务的发展、鼓励市场力量、社会力量的规范参与,同时,家庭依然是承担儿童养育成本、早期照顾社会

---

① 《市政府办公厅关于印发南京市 0—3 岁婴幼儿早期发展工作提升行动计划(2017—2020 年)的通知》,南京市人民政府网站(http://www.nanjing.gov.cn/xxgk/szf/201701/t20170126_4351262.html)。

② 数据来源:《2016 年中国早教行业发展趋势及市场规模预测》,中国产业信息网(http://www.chyxx.com/industry/201604/401797.html)。

服务成本的责任主体。

四 规范化需求状况：增加政府投入、强化家庭责任

从2010年代初期至今以及未来一段时间，我国政府主要既从国家建设又从家庭福利和儿童福利的需要来界定儿童早期照顾的需求标准。

这一时期，政府在儿童早期照顾的需求界定中呈现三个特点：重新重视托育服务需求、继续重视教育需求，增加政府投入、强化家庭责任，增加社会服务供给。在儿童早期照顾需求内容方面，重新强调托育服务的重要性，并继续重视早期教育。在需求层次方面，要求满足儿童各层次需求，包括生理需求、安全需求、爱和归属感、尊重、自我实现等各方面。[①] 在需求范围方面，提出"家庭为主，托育补充。政策引导，普惠优先"等基本原则，提出适度普惠的托育服务供给目标。在政府与家庭的责任划分中，责任进一步厘清，政府主要在宏观层面发挥政策引领、规范制定的作用，并增加对托育机构的投入。在我国，托育服务仍属于非基本公共服务，市场依然是托育机构、早期教育机构服务的供给主体，家庭是儿童早期照顾的责任主体。在社会服务供给方面，目前政府对于儿童早期教育、生活照顾的需求实际满足较为有限，覆盖率依然不高，但在未来一段时间需求满足会得到提升。

政府关于儿童早期照顾规范性需求的界定受到这一时期政策背景、社会福利模式、政策目标等方面的影响。首先，我国经济平稳快速发展，我国社会主要矛盾已经逐步转化为人民日益增长的美好生活需要和不平衡不充分的发展之间的矛盾，国家对于保障和改善民生问题高度重视，面对群众多层次多样化需求，出台一系列民生政策，在发挥社会保障兜底作用，积极推进社会福利模式由补缺型向适度普惠型发展。虽然国家经济实力大幅度提升，但仍处于社会主义初期阶

---

① 参见龚金保《需求层次理论与公共服务均等化的实现顺序》，《财政研究》2007年第10期。

段，对于社会福利尤其是非基本公共服务在资金上投入能力有限，同时需要依靠市场、社会、家庭的共同投入，通过促进市场力量和社会力量的健康发展，为家庭提供良好的儿童早期照顾资源，实现多方共赢。但与此同时，虽然压力有所减轻，家庭依然承担了较重的儿童照顾责任。其次，我国面临着老龄化、生育率降低等人口问题，生育率的降低与儿童照顾资源尤其是托育服务供给数量和质量有一定关系，亟须促进其有序发展。

第二节　政策重构阶段（2010年代初期至今）：感觉性需求

本节将探索在政策重构阶段（2010年代初期至今）儿童早期照顾问题重新进入公共政策视野、政策逐步推进的背景下，家庭在儿童早期生活照顾、早期教育等方面的感觉性需求状况，体现在经济支持、服务支持等显性需求以及家庭内照顾中的隐性需求诸多方面。

一　访谈对象基本情况

这一时期，在北京、武汉、天津等地共选取访谈对象31人（见表4-2），主要考虑父母受教育程度、职业、子女出生年份等因素。其中：较高学历家庭（父母均为硕士研究生及以上学历）15个、中等学历家庭（父母一方为大学本科及以上学历）10个，较低学历家庭（父母均为大学专科及以下学历）7个；母亲在体制内工作的家庭14个、体制外工作的家庭17个；中高收入家庭8个、中等收入家庭17个、中低收入家庭6个。同时，对不同职业类型、子女出生年份的家庭均有涉及。

在儿童早期照顾方式的选择中，在31个家庭中，大多数家庭主要由家庭成员进行儿童早期照顾，共有20个家庭的孩子由祖辈长期照顾，9个家庭由母亲全职照顾（一年以上时间）。少数家庭使用过家庭成员以外的儿童照顾服务，其中有7个家庭使用保姆服务、9个家庭使用托育机构照顾服务。

表4-2 政策重构阶段（2010年代初期至今）访谈对象基本情况

序号	访谈对象	子女出生年份	家庭经济水平	母亲受教育程度	父亲受教育程度
1	3HN1	2016年 2018年	中高	研究生	研究生
2	3HN2	2016年	中高	研究生	研究生
3	3HN3	2014年 2016年	中等	研究生	研究生
4	3HN4	2014年 2018年	中等	研究生	研究生
5	3HN5	2013年	中等	研究生	研究生
6	3HN6	2014年 2018年	中等	研究生	研究生
7	3HN7	2015年	中等	研究生	研究生
8	3HN8	2018年	中等	研究生	研究生
9	3HN9	2014年	中高	研究生	研究生
10	3HN10	2013年	中高	研究生	研究生
11	3MW11	2014年 2018年	中等	大学专科	研究生
12	3MW12	2016年	中等	大学本科	研究生
13	3HW13	2015年 2017年	中高	研究生	研究生
14	3MW14	2015年	中等	大学本科	大学本科
15	3HW15	2014年	中等	研究生	研究生
16	3LW16	2016年	中低	大学专科	大学专科
17	3LW17	2013年	中低	大学专科	大学专科
18	3MW18	2016年	中高	大学本科	大学本科
19	3MW19	2014年	中高	大学本科	大学本科
20	3MW20	2016年	中等	大学本科	研究生
21	3LW21	2016年	中低	中专	大学专科
22	3LW22	2014年	中低	中专	中专

续表

序号	访谈对象	子女出生年份	家庭经济水平	母亲受教育程度	父亲受教育程度
23	3LW23	2016年	中低	大学专科	大学本科
24	3MW24	2012年	中等	本科	本科
25	3LW25	2016年	中等	大学专科	大学专科
26	3LW26	2011年 2017年	中低	中专	中专
27	3MN27	2015年	中低	大学本科	大学本科
28	3HN28	2016年	中等	研究生	研究生
29	3HN29	2014年	中等	研究生	研究生
30	3MN30	2011年 2018年	中高	研究生	大学本科
31	3MW31	2013年	中等	大学专科	大学本科

二 家庭显性需求：多数家庭有一定经济支持需求、有较强烈的服务支持需求

（一）经济需求：大多数家庭有一定经济需求，在预期支出、服务支出方面压力较大

在政策重构阶段（2010年代初期至今），家庭儿童早期照顾总体经济需求较高，但儿童早期照顾中的日常支出压力并不大，主要体现在预期支出压力和服务支出压力等方面。其中，7个家庭经济压力较小、18个家庭有一定经济压力、6个家庭经济压力较大。"经济支持需求"包括三个要素：一是预期支出压力，主要是家庭对于儿童3岁以后的教育培训支出预期经济压力。"眼前的经济压力还行，只是没有自己的住房，比较焦虑于孩子以后的教育花费、未来的各种开销。"（3HN3）二是日常支出压力，尽管日常支出有限，但少数家庭由于收入低、母亲或父亲未就业，面临着较大的经济压力。"每个月就是光买奶粉、玩具、绘本、衣服、出去玩就已经花费很多钱了。"

(3HW15）三是服务支出压力，部分家庭认为在托育服务、早期教育服务、保姆服务等方面面临着经济压力。"家庭经济负担比较大，尤其是孩子奶奶生病、请家政人员照顾孩子以后，每个月剩不下多少钱。"（3MW20）

表 4-3　　　　　　　　儿童早期照顾经济支持需求

要素＼（频次）	编码概念＼（频次）
预期支出压力㉔	感觉儿童3岁以后的教育支出预期压力较大、影响到当下的经济支出行为㉔
日常支出压力②	儿童早期照顾的日常支出经济压力大②
服务支出压力⑨	1. 托育服务开支高、压力大④ 2. 早期教育开支高、压力大④ 3. 保姆服务开支高、压力大⑥

总体上，这一时期大多数家庭在儿童早期照顾方面有一定经济需求，中高收入家庭的经济需求较低，中低、中等收入家庭的经济需求较高。在经济压力因素方面，对于大多数家庭而言，3岁以前的日常生活支出方面的经济压力较小、儿童早期照顾开支方面的经济压力较大。并且，大多数家庭对于儿童在3岁以后教育培训方面的预期经济压力较大，较大的预期经济压力一定程度影响、增加了家庭在当下的经济压力感知。

（二）儿童早期照顾的服务支持需求：多数家庭有刚性需求

访谈中，主要了解家庭是否需要能够满足基本需求的"理想"服务、需求程度如何。在"理想服务"需求部分，根据需求程度不同，将家庭对托育服务的需求分为刚性需求、弹性需求、基本无需求三类（见表4-4）。部分家庭认为对托育服务有刚性需求，由于这一需求难以得到满足，有的家庭只能选择保姆、育婴师等家政服务作为托育服务替代品，或出于无奈选择母亲或父亲全职照顾。在此情况下，也带来了家政服务支出压力较大、父母劳动参与受影响等问题。"如有合适的托育服务肯定会选择,孩子奶奶生病后,家里请育儿嫂照顾孩子,每月的工资接近5000元,经济负担太大,而且不如托儿所的老师专业"(3MW20);部分家庭认为对托育服务具有弹性需求,家庭在现实中确有照顾困难,会根据托育服务供给的实际情况考虑是否使用。"老人身体不好,照顾孩子很吃力,如果有价格合适、放心的托育服务,会考虑"(3HN7);少数家庭表示基本无需求,这类家庭大多有充足的祖辈支持、偏好祖辈照顾,"爷爷奶奶很愿意照顾孩子,自己家里人有亲情,肯定比出去要好"(3MW19)。

总体上,这一时期大多数家庭表示有显性的服务支持需求。

表4-4　　　　　　　儿童早期照顾的服务支持需求

要素＼（频次）	编码概念＼（频次）
刚性需求⑬	1. 有明确的、较为强烈的服务需求⑬ 2. 已选择保姆照顾⑤、父母全职照顾⑦作为服务替代
弹性需求⑬	1. 有中等程度的服务需求⑬ 2. 已选择保姆照顾③、母亲全职照顾②、较大压力的祖辈照顾⑨作为服务替代
基本无需求⑤	1. 基本无服务需求⑤ 2. 更偏好祖辈照顾⑤

三　家庭的隐性需求:总体压力感知偏高

儿童早期照顾中的隐性需求是在家庭照顾者面临的压力和困难、潜在影响中隐藏着的需求,将从父母、祖辈等不同照顾者日常生活中去觉察。

（一）祖辈照顾:使用率高、部分家庭难以获取祖辈照顾支持

祖辈照顾是最为普遍、使用率最高的儿童早期照顾方式。有20个家庭的孩子由祖辈长期参与照顾,其中,15名访谈对象认为祖辈有着较大压力。尽管祖辈照顾是传统的儿童早期照顾方式,发挥着重

要的家庭功能，但这一方式不仅面临着可获取性的问题，对于照顾者自身而言，还面临着身体和精神方面的挑战。选择祖辈照顾主要有三方面因素（见表4-5）。

表4-5　　　　　　　　　　选择祖辈照顾因素

	选择因素⑳
主观意愿	1. 从情感上非常主动愿意照顾孩子⑮ 2. 由于现实压力，必须为家庭分担育儿压力⑳
身体状况	1. 祖辈身体压力较大、但没有其他更好的照顾方式支持⑮ 2. 身体压力小⑤
照顾质量	1. 安全放心⑳ 2. 态度：主动性强、尽心尽力⑮ 3. 与孩子的互动：亲情、情感交流⑳

在主观意愿上，几乎所有祖辈都考虑到由于子女需要工作、自己必须为家庭分担育儿压力，同时大部分家庭中祖辈从情感上非常主动愿意照顾孩子；在身体状况方面，5个家庭中祖辈身体压力较小、能够胜任照顾工作。在15个家庭中，由于祖辈身体压力大，没有其他更好的照顾方式支持，部分家庭被动选择祖辈照顾方式，尽管主观上更倾向于选择其他方式但难以实现。"奶奶身体不太好，照顾孩子很吃力，最近刚做了手术，但也没办法，只能又请了一个保姆帮忙。"（3MW20）由于没有其他更好的照顾方式支持，只能迫于现实压力为家庭作贡献。在照顾质量上，家庭普遍认为祖辈照顾质量有保障，具有安全放心、主动性强、情感交流等优势。

同时，11个家庭未选择祖辈照顾，他们均希望获得但未获取祖辈照顾支持。关于未选择祖辈照顾的因素（见表4-6），在身体状况方面，8个家庭由于祖辈年龄大、身体不好，难以承受儿童照顾压力，而未选择祖辈照顾方式，"老人年龄大、身体不好，没法照顾"（3HN1）。在主观意愿方面，3个家庭中的祖辈不愿意进行儿童照顾，希望享受自己的老年生活，"我爸妈早就说了不愿意长期带孩子，要享受自己的老年生活，有急事时才愿意临时照应一下"（3HW13）。

表4-6　　　　　　　　　未选择祖辈照顾因素

	未选择因素⑪
身体状况	1. 祖母、外祖母年龄大、身体不好，难以承受儿童照顾压力⑧
主观意愿	1. 不愿意进行儿童照顾，希望享受自己的老年生活③

总体上，这一时期大城市家庭对于祖辈照顾需求较为强烈，部分家庭的需求未得到较好的满足。在已选择祖辈照顾支持的家庭中，部分家庭被动选择祖辈照顾方式，许多家庭中祖辈感觉身体状况一般、压力较大，但由于缺乏其他照顾方式、出于对家庭的责任和情感而坚持进行儿童照顾，家庭在儿童早期照顾方式中的选择空间十分有限。在未选择祖辈照顾方式的家庭中，大多数家庭由于祖辈身体状况较差，少数家庭中祖辈不愿意进行儿童照顾。

在使用祖辈照顾的20个家庭中，大多数家庭的祖辈感觉照顾压力较大、少数家庭认为压力较小（见表4-7）。在祖辈长期进行儿童照顾的家庭中，15名访谈对象认为祖辈有着较大压力，5名访谈对象表示照顾孩子没有给祖辈带来太大压力。祖辈较大的照顾压力主要体现在三个方面：第一，儿童早期照顾、家务劳动等家庭事务工作量大、人力资源有限，给祖辈身体、心理带来较大压力。第二，个人空间受到影响。祖辈的个人休闲娱乐活动、社交空间大大被压缩，部分家庭中祖辈感觉个人生活受到约束、不自由，甚至因此经常心情不好，"老人说可能是太累了，整天就是孩子那点事，经常莫名其妙地就发脾气了"（3MW12）。第三，环境压力。部分家庭中，祖辈到异地照顾孙辈的过程中面临着语言不通、夫妻两地分隔、社交圈减小等问题，"奶奶说在这里没意思，待不住，没有可以说话的人"（3HN6）。

表 4 - 7　　　　　　　　祖辈的照顾压力感知状况

压力较小⑤	压力较大⑮
1. 身体方面会有一些累，但照顾孩子没有带来太大压力⑤ 2. 身体状况较好⑤ 3. 家庭人力资源充足⑤	1. 身体和精力压力大⑮： (1) 家庭事务繁忙、人手不足引发较大的身体压力⑬、情绪较差② (2) 身体状况较差② 2. 个人空间受到影响⑨：影响个人休闲娱乐活动 (1) 感觉个人生活受到约束⑥ (2) 因个人空间受到影响，经常会心情不好③ 3. 环境压力④ (1) 语言：语言不通、与外界沟通交流有困难② (2) 分离：与老伴分隔两地，会有一些担心② (3) 社交：感觉很孤独、没有熟人③

另外，在祖辈长期进行儿童照顾的家庭中，所有家庭均认为祖辈照顾既有优势又有不足（见表4-8），优势主要体现在照顾质量、经济因素方面，不足主要体现在养育观念以及由此引发的家庭矛盾问题。

表 4 - 8　　　　　　　　祖辈照顾的优势与不足

祖辈照顾的优势		祖辈照顾的不足	
照顾质量	1. 安全放心⑳ 2. 态度：主动性强、尽心尽力⑰ 3. 与孩子的互动：亲情、情感交流⑳	养育观念	1. 养育方式：过于溺爱或过于严厉⑧ (1) 不重视孩子性格培养⑤：缺少科学育儿的方法，任性或胆小 (2) 不重视生活习惯培养⑤：不控制零食、电子产品 2. 家庭冲突：养育观念冲突、引发家庭矛盾⑤
经济因素	祖辈给予经济支持⑥		

（二）母亲照顾：多数母亲具有较大和中等程度压力，全职母亲越来越多

这一时期，母亲普遍面临着中等程度以上的压力（见表4-9）。10个家庭的母亲感觉有很大压力、10个家庭的母亲感觉具有中等程度压力。母亲较大的压力感知主要包括四个方面的因素：第一，其他照顾方式对母亲照顾压力的分担相对有限。比如在祖辈照顾支持方面，共有 7 个家庭无祖辈支持、3 个家庭获得祖辈阶段性照顾支持。其余 10 个家庭虽获得持续支持，但祖辈身体压力较大、承担的照顾工作较为有限。第二，母亲角色与工作角色冲突较大。大多数母亲感觉兼顾儿童照顾与工作业务的压力大，在工作环境方面，由于单位规章制度严格，比如请假困难、不允许迟到早退，当孩子临时需要照顾时，很难兼顾家庭与工作。第三，个人休闲、社交空间受到较大影响。大多数母亲感觉个人空间受到较大影响。第四，儿童照顾、家庭事务繁重。大部分母亲感觉儿童照顾非常辛苦，带来较大的精神和体力压力。由于长时间陪伴儿童，全职母亲的压力更大。

表 4-9　　　　　　　　母亲照顾压力影响因素

	较大压力⑩	中等压力⑩	较小压力⑪
其他照顾方式的支持	其他照顾方式对母亲照顾压力的分担较少⑩： 1. 祖辈照顾：祖辈阶段性照顾①、祖辈身体压力较大⑤、无祖辈支持④ 2. 保姆照顾支持有限③ 3. 父亲全职照顾① 4. 托育机构阶段性照顾②	其他照顾方式对母亲照顾压力的分担有限⑩： 1. 祖辈照顾：祖辈阶段性照顾②、祖辈身体压力较大⑤、无祖辈支持③ 2. 保姆照顾支持有限③ 3. 托育机构阶段性照顾⑤	祖辈照顾对母亲照顾压力的分担较多⑪： 1. 祖辈照顾⑤ 2. 祖辈有一定身体压力④ 3. 托育机构阶段性照顾②
母亲角色与工作角色冲突	已就业母亲⑦： 1. 兼顾儿童照顾与工作业务的压力大⑦ 2. 单位规章制度严格⑤	已就业母亲⑥： 1. 兼顾儿童照顾与工作业务的压力大① 2. 单位规章制度严格①	已就业母亲⑨： 1. 工作压力小⑥：工作节奏慢，压力不太大 2. 工作环境宽松③：请假相对自由、工作时间具有一定弹性
个人空间	个人休闲、社交空间受到较大影响⑩	个人休闲、社交空间受到较大影响⑥	个人休闲、社交空间受到一定影响⑧
精力因素	1. 已就业母亲⑦：儿童照顾、家庭事务繁重 2. 全职母亲③：长时间陪伴儿童，体力、精神压力很大	1. 已就业母亲⑥：儿童照顾、家庭事务繁重④，母亲心理压力大① 2. 全职母亲④：长时间陪伴儿童，体力、精神压力较大	1. 已就业母亲⑨：母亲对于儿童照顾、家庭事务压力较小 2. 全职母亲②：母亲与祖辈均为主要照顾者、祖辈充分支持，压力较小

母亲较小的压力感知体现在以下四个方面：祖辈照顾对母亲照顾压力的分担较多。其中，5个家庭的祖辈照顾压力较小，4个家庭中祖辈有一定身体压力但依然承担较多儿童照顾工作，有2个家庭的儿童由祖辈照顾、与父母分隔两地；母亲角色与工作角色冲突较小；个人休闲、社交空间受到一定影响，但影响程度不太大；母亲对于儿童照顾、家庭事务压力较小。

此外，部分母亲的劳动参与受到影响（见表4-10），有9名母亲选择全职照顾儿童的方式，其中8名母亲照顾儿童的时间在2年以上，2名母亲分别为1年、1年半时间。同时，8名母亲在生育前处于就业状态，由于儿童照顾需要而辞职回家承担照顾工作，最主要的原因是家庭儿童照顾人力资源不足。对已参与劳动的母亲个人发展也受到影响。在工作发展上，由于需要休产假、需要请假照顾孩子，带来一定潜在影响。"肯定有影响，女生请假、占用时间相对比较多，各方面大家也都会说，说老生孩子"（3HN3）；"休完产假，上班后半年不接触工作会很有压力，自己的性格比较好强，会有比较强烈的焦虑感，直到现在都很难平复。在工作上突然感觉处处不如人，没有精力做好，上班的时候还可以，但下班的时候完全没有时间去工作，会觉得自己什么都没有做好，这种两难很痛苦"（3HN8）；"岗位的发展需要花费很多的时间和精力去提升自己，但是现在需要花费时间在孩子身上，很难有精力再做其他的事情，没有学习和提升的机会"（3HW15）。

表4-10　　　　　　　　　　母亲劳动参与影响

已就业母亲㉒	全职母亲⑨
职业发展潜在影响⑫	母亲劳动参与受到影响⑧：由于儿童照顾需要，母亲辞职回家承担照顾工作

值得关注的是，这一时期全职母亲照顾的比重仍然较大，在31

个家庭中,有9个家庭选择全职母亲照顾的方式(见表4-11),主要有三方面因素:一是母亲生育前的职业因素。在生育之前,9个家庭中,有8名母亲在民营企业就业、1名母亲为学生,相对体制内的稳定就业状况,体制外的就业流动率更高。大多数全职母亲考虑暂时放弃工作,在孩子3岁以后再重新参与就业。二是儿童照顾人力资源不足。有8名母亲由于家庭中无祖辈照顾支持或支持不足而选择回归家庭。三是照顾质量。全职母亲均认为母亲照顾具有不可替代的优势,尤其在情感交流、照顾方式的科学性等方面。

表4-11　　　　　　　　全职母亲照顾选择因素

	选择因素⑨
职业因素(生育前)	私营企业就业稳定性较低⑧
儿童照顾人力资源	无祖辈照顾支持或支持不足⑨
照顾质量	情感交流、照顾方式更具科学性、安全放心⑨

由于体制外就业的不稳定性以及儿童早期照顾社会服务供给不足,家庭选择全职母亲照顾的比重较高,也对生育前在体制外工作的女性的劳动参与带来负面影响。

(三)父亲照顾:参与度进一步提升

父亲在儿童早期照顾参与上依然存在不足,与母亲在儿童照顾中承担的压力形成对比。在所有调查对象中,14个家庭中父亲参与儿童早期照顾较多,8个家庭中父亲参与较少,8个家庭中父亲几乎不参与。在总体压力感知方面,父亲在儿童照顾中基本没有压力或有较小的压力。在儿童早期照顾对工作和个人发展、个人空间的影响等方面,几乎所有父亲的工作和个人发展均没有受到影响,且大多数父亲在个人空间方面也几乎没有受影响(见表4-12)。

表4-12　　　　　　　　父亲参与儿童早期照顾因素

	参与较多⑭	参与较少⑧	几乎不参与⑧
个人意愿因素	1. 主观意愿：喜欢和孩子在一起⑭ 2. 观念：夫妻共同承担儿童照顾⑭	1. 主观意愿： （1）主动性不高、被动参与儿童照顾④ （2）有一定主动性，但儿童早期照顾能力有限④ 2. 观念： （1）夫妻共同参与，但女性更擅长儿童照顾⑥ （2）男主外女主内，由女性负责家庭事务②	1. 主观意愿：愿意参与，但现实条件不允许⑥ 2. 观念： （1）夫妻共同参与，但女性更擅长儿童照顾⑥ （2）男主外女主内，由女性负责家庭事务②
外界因素	家庭人力资源不足⑩	工作压力大④	空间隔离：与母亲和孩子分隔两地⑦

这一时期，在儿童早期照顾方面，虽然与母亲在儿童早期照顾中承担的压力相比，父亲参与仍然不足，但与过去相比，父亲的总体参与度有所提升。并且，父亲在照顾能力方面有所提高，共有12位父亲经常独立参与孩子的吃饭、穿衣、大小便、洗澡等生活照顾工作。

父亲参与主要受到个人意愿因素与外界因素的影响。参与度较高的父亲在主观意愿上喜欢和孩子在一起、愿意照顾孩子，认为应该由夫妻共同承担儿童照顾责任。同时，家庭人力资源不足也促进着父亲的更多参与。参与度较少、几乎不参与儿童照顾的父亲在主观意愿上主动性不高、被动参与儿童照顾或感觉对孩子进行早期生活照顾的能力有限。父亲认为应主要由女性负责家庭事务，或认为虽然夫妻应该共同参与儿童照顾、但女性在这一方面更擅长。另外，存在着父亲与母亲和孩子分隔两地的现象，是影响父亲参与的主要因素之一。这一时期，尽管父亲的参与度逐渐提升，但总体参与仍然不足，家庭中依然存在着增加父亲参与度的隐性需求。

（四）儿童早期照顾需求：总体需求感知偏高

在政策重构阶段，儿童早期照顾总体感知需求偏高（见表4-13），有大部分家庭存在照顾方面的需求。在 30 个家庭中，共有 13 名访谈对象感觉家庭在儿童早期照顾中的需求较大、存在着很大的照顾压力，13 名访谈对象感觉具有中等程度需求、存在一定的照顾压力，5 名访谈对象感觉需求较小、没有太大的照顾压力。

表 4-13　　儿童早期照顾总体需求状况及其影响因素

		较大需求⑬	中等需求⑬	较小需求⑤
家庭经济水平		中高收入③ 中等收入⑧ 中低收入②	中高收入② 中等收入⑧ 中低收入③	中高收入③ 中等收入① 中低收入①
照顾方式支持的有效性		缺少有效的儿童照顾方式支持： 1. 祖辈照顾支持不足⑬ 2. 母亲身体、心理压力大① 3. 保姆照顾支持有限⑤ 4. 托育服务给予有限支持，只接受 2 岁以上儿童② 5. 父亲照顾支持不足⑦	缺少有效的儿童照顾方式支持： 1. 祖辈照顾支持不足⑪ 2. 母亲身体、心理压力大② 3. 保姆照顾支持有限③ 4. 托育服务给予有限支持，只接受 2 岁多以上儿童⑤ 5. 父亲照顾支持不足⑥	拥有有效的儿童照顾方式支持： 1. 祖辈照顾支持充足⑤ 2. 托育服务给予有限支持②
母亲支持与压力	已就业母亲	（已就业母亲 9 人） 1. 照顾支持：母亲在非工作时间是最主要的照顾者⑦ 2. 母亲角色与工作角色冲突较大，母亲有一定工作压力⑥	（已就业母亲 11 人） 1. 照顾支持：母亲在非工作时间是最主要的照顾者⑩ 2. 母亲角色与工作角色冲突：冲突较大，母亲有一定工作压力②	（已就业母亲 3 人） 母亲角色与工作角色冲突：冲突较小，母亲工作压力较小③
	全职母亲	（全职母亲 4 人） 1. 照顾支持：母亲是最主要的照顾者④ 2. 照顾压力：长时间陪伴儿童，体力、精力压力大④	（全职母亲 2 人） 1. 照顾支持：母亲是最主要的照顾者② 2. 照顾压力：长时间陪伴儿童，体力、精力压力大②	（全职母亲 2 人） 1. 照顾支持：母亲与祖辈均为主要照顾者② 2. 照顾压力：祖辈充分支持，压力较小②
经济压力		1. 有一定经济压力⑨ 2. 经济压力较大④	1. 经济压力较小④ 2. 有一定经济压力⑧ 3. 经济压力较大①	1. 经济压力较小② 2. 有一定经济压力② 3. 经济压力较大①

首先，需求感知强度较大的13个家庭、需求感知中等的13个家庭均缺乏有效的儿童照顾方式支持：在祖辈照顾支持方面，存在着祖辈身体压力大、无祖辈照顾支持或阶段性支持的情况；保姆照顾支持有限，大多数家庭中保姆照顾质量一般，少数家庭中虽然保姆照顾质量较高，但仍然支持不够充分；托育机构照顾服务支持不足，大部分家庭无托育机构照顾服务支持，少数家庭拥有托育服务支持，但由于幼儿园的最低年龄限制，7个家庭中的儿童均在2岁多以后入园，缓解家庭照顾压力的时间较短；父亲参与方面，接近半数的家庭中父亲支持不足。在母亲支持与压力方面，母亲既给予较多支持，也承担着较大的压力，大多数已就业母亲均在非工作时间是儿童最主要的照顾者，其中8名母亲角色冲突较大、有一定工作压力。同时，6名全职母亲也是儿童最主要的照顾者，存在着长时间陪伴儿童，体力、精力压力大的问题。在经济压力方面，大多数家庭有一定经济压力或经济压力较大。并且，家庭普遍认为存在儿童早期照顾服务如保姆、托育机构、早期教育等方面的经济压力，以及对儿童在3岁以后教育培训方面的预期经济压力，增加了家庭在儿童早期照顾中的总体压力。

其次，在需求感知较小的5个家庭中，充足的祖辈照顾支持是重要的影响因素，尽管缺少其他照顾方式的支持或存在一定经济压力，但家庭总体照顾压力较小。

通过上文分析可以发现，在政策重构阶段，家庭中儿童早期照顾总体需求均偏高。在访谈中，超过80%的家庭感觉需求较强烈或具有一定程度的照顾压力，低于20%的家庭总体需求偏低、压力较小。这一时期的儿童早期照顾需求状况主要受到儿童照顾方式支持的有效性、母亲支持与压力、家庭经济压力等因素的影响。

在儿童照顾方式支持的有效性中，首先，家庭是否拥有有效的儿童照顾方式支持尤其是有效的祖辈照顾支持成为影响需求感知最重要的因素，主要原因在于这一时期儿童早期照顾社会服务有效供给不足，祖辈照顾成为家庭最为偏好的照顾方式。低于20%的家庭获得祖辈的有效支持，在其他照顾方式支持不足的情况下，仍然具有较小的总体需求感知；超过80%的家庭中祖辈照顾支持不足，主要体现在无祖辈照顾支持或祖辈照顾阶段性支持，或祖辈在儿童照顾过程中身体压力较大、承担的照顾工作的能力有限，尽管部分家庭同时选择全职母亲照顾、保姆照顾、托育机构照顾等其他方式支持，家庭总体需求感知仍较强烈。一方面，这一时期的托育机构照顾仍然对于缓解照顾压力的作用有限，不仅供给较少，而且入园入托的最低年龄基本要求在2岁以上，儿童使用托育服务的年龄基本在2岁半以上，因而，即使获得托育服务支持的家庭也只能在较为有限的时间段使用服务。另一方面，由于参与的有限性、辅助性特点，保姆和父亲儿童照顾虽发挥一定支持作用，但未对总体需求的满足发挥明显作用。

再次，在母亲的支持与压力因素方面，母亲仍然是儿童最重要的照顾者，大多数就业母亲、全职母亲均承受一定程度的压力，母亲较大的照顾支持工作量和照顾压力影响着家庭总体需求感知。

最后，在经济压力因素方面，一定的家庭经济压力对需求感知的增加有推动作用。在需求感知较大或中等的家庭中，普遍认为在儿童早期照顾服务和儿童3岁以后教育培训的预期经济压力大，增加了家庭在儿童早期照顾中的总体压力。

四 家庭早期教育隐性需求：家庭对早期教育的关注度较高

下文将对父母自我学习需求，儿童早期教育需求，包括儿童早期教育观念、父母与孩子的沟通方式、早期教育内容、早期教育中的困难以及儿童早期教育中的总体状况和影响因素分别进行分析描述。

（一）父母自我学习需求：对育儿知识进一步关注

与过去相比，这一时期父母对育儿知识进一步关注（见表4-14），主要包括观念和实践两个方面。有 5 个家庭对育儿知识非常关注，包括 4 个较高学历家庭、1 个中等学历家庭。在观念上，家庭非常重视育儿知识学习，认为良好的自我学习有助于给孩子更好的开端。在实践上，在采用非正式学习方式的基础上，家庭注重正式学习方式的使用，如阅读育儿专著、参加育儿知识培训班，"当时阅读了好几本国外育儿专家的专著，希望能够培养孩子的独立精神"（3HN28），并进行较为深入的研究与思考。

表 4-14　　　　　　　　　父母关注育儿知识状况

关注程度	有一点关注⑪	较多关注⑮	非常关注⑤
受教育程度	较高学历① 中等学历⑤ 较低学历⑤	较高学历⑨ 中等学历④ 较低学历②	较高学历④ 中等学历①
关注状况	1. 观念：具备一定学习意识，感觉需要自我学习，但不需要过于关注⑪ 2. 实践： （1）感觉需要自我学习，但没有太多时间关注⑩ （2）没有必要按照统一的方式学习①	1. 观念：重视育儿知识学习，有助于给孩子良好的开端⑮ 2. 实践：愿意投入一定时间学习，多利用碎片化的时间、采用非正式化学习方式如网络育儿平台等学习⑮	1. 观念：重视育儿知识学习，有助于给孩子良好的开端⑤ 2. 实践：更多采用正式学习的方式，进行较为深入的研究与思考⑥ （1）阅读多本育儿专著③ （2）育儿知识培训班③

15 个家庭对育儿知识给予较多关注，包括 9 个较高学历家庭、4 个中等学历家庭、2 个较低学历家庭。这类家庭在观念上重视育儿知识学习，并在实践中愿意投入一定学习时间，多利用碎片化的时间、采用非正式化学习方式进行学习，如通过网络育儿平台、微信公众号等学习。

11 个家庭有一点关注育儿知识，包括 1 个较高学历家庭、5 个中等学历家庭、5个较低学历家庭。这类家庭具备一定学习意识，并认为需要自我学习，但不需要过于关注，希望孩子自然成长。在实践中，大多数家庭认为生活事务压力大、没有太多时间关注，少数家庭认为由于个体差异性，没有必要按照统一的方式学习。

总体上，这一时期，家庭对于育儿知识学习的关注度大幅提升，同时，部分家庭中仍然存在增加父母自我学习的隐性需求。有约1/3的父母对育儿知识关注不够充分，学习意识缺乏或较弱。父母对育儿知识的关注与父母受教育程度具有相关性，较低学历家庭更需要增加对育儿知识的关注。根据这一时期的访谈资料，较高学历家庭中，几乎所有父母都对育儿知识非常关注或较多关注；中等学历家庭中，接近半数的家庭对育儿知识非常关注或较多关注；较低学历家庭中，超过70%的家庭对育儿知识关注程度不高。

（二）儿童早期教育需求

1. 儿童早期教育观念

在儿童早期教育观念上，相比过去，家庭对于儿童早期教育的关注度进一步提升。共有10个家庭对儿童早期教育略有关注，21个家庭对儿童早期教育比较重视（见表4-15）。

10个家庭对儿童早期教育略有关注，其中较高学历家庭1个、中等学历家庭4个、较低学历家庭5个，均对儿童早期教育持有顺其自然、没有特意关注的态度，主要凭借经验和感觉、跟随孩子的兴趣进行比较松散的教育。在对孩子的陪伴中，5个家庭没有刻意陪伴孩子，5个家庭有时会抽时间陪伴孩子但不是特别有规律。在竞争压力方面，10个家庭均认为在孩子3岁以前没有竞争压力，主要原因在于没有必要竞争，孩子健康快乐成长、自由发展最重要。关于对学龄阶段竞争压力的预期，4个家庭认为竞争压力较小、对孩子学习没有太高要求，6个家庭认为具有竞争压力、对孩子学习有一定要求。

表 4-15　　　　　　　　儿童早期教育观念状况

关注程度	对儿童早期教育略有关注⑩	对儿童早期教育比较重视㉑
受教育程度	较高学历① 中等学历④ 较低学历⑤	较高学历⑬ 中等学历⑥ 较低学历②
观念状况	1. 态度：顺其自然，没有特意关注⑩ 2. 方法：凭借经验和感觉进行儿童早期教育⑩ 3. 陪伴时间 （1）没有刻意陪伴孩子⑤ （2）有时会抽时间陪伴孩子⑤ 4. 3 岁以前的竞争压力：无压力，没有必要竞争⑩ 5. 对学龄阶段竞争压力的预期： （1）压力大，对孩子学习有一定要求⑥ （2）压力小，对孩子学习没有太高要求④	1. 态度：认为儿童早期教育比较重要㉑ 2. 方法： （1）有意识地教育引导㉑ （2）父母给予孩子更多理解与尊重，给予孩子足够的自我成长空间⑱ （3）注重孩子性格、安全感的培养⑯ （4）注重父母的情绪控制和行为反思⑭ 3. 陪伴时间：几乎每天会抽出一段时间（2 小时左右）专心陪伴孩子⑰ 4. 3 岁以前的竞争压力： （1）无压力，没有必要竞争⑲ （2）略有压力，担心未来竞争激烈② 5. 对学龄阶段竞争压力的预期： （1）压力大，对孩子学习有一定要求⑯ （2）压力小，对孩子学习没有太高要求⑤

21 个家庭对儿童早期教育比较重视，其中较高学历家庭 13 个、中等学历家庭 6 个、较低学历家庭 2 个，均认为儿童早期教育比较重要，会对孩子进行有意识地教育引导。大多数家庭逐渐由父母权威转向以儿童为视角的早期教育理念，由于家庭在儿童早期生理和心理发展规律方面有更为科学的认知，父母给予孩子更多理解与尊重，给予孩子足够的自我成长空间，对孩子更多采用自然引导而不是强迫的方法。并且，注重孩子性格、安全感的培养，并重视对父母的情绪控制和行为反思。"最开始觉得教育孩子很难，后来发现不是孩子的问题，是自己修养的问题，比如比较累或忙碌、情绪比较烦躁的时候，孩子过来找你，怎么协调。"（3HN3）在对孩子的陪伴方面，大多数父母

几乎每天会抽出一段时间（2小时左右）专心陪伴孩子。在竞争压力方面，大多数家庭认为在孩子3岁以前没有竞争压力，只有2个家庭感觉到略有压力，尤其在与其他孩子的比较中，较为担心未来竞争压力。关于对学龄阶段竞争压力的预期，5个家庭认为竞争压力较小、对孩子学习没有太高要求，16个家庭认为具有竞争压力、对孩子学习有一定要求。

总体上，相比过去，家庭在总体上对于儿童早期教育的关注度进一步提升。访谈中，超过2/3的家庭对这一问题比较重视并付诸行动，约1/3的家庭对儿童早期教育关注不够充分。不同于过去父母权威为主导的理念，这一时期更多家庭在儿童早期生理和心理发展规律方面有更为科学的认知，并在此基础上秉持儿童为视角的早期教育理念，对孩子给予更多理解与尊重，并重视对父母的情绪控制和行为反思。家庭对儿童早期教育的重视程度与父母受教育程度具有相关性，较低学历家庭更需要增加对儿童早期教育的关注。在访谈中，几乎所有较高学历家庭、半数以上中等学历家庭对儿童早期教育关注度较高。超过70%的较低学历家庭对儿童早期教育重视程度不高，更多凭借经验和感觉进行儿童早期教育。

另外，通过对儿童早期教育和学龄阶段竞争压力的测量，了解到大多数家庭对儿童早期教育持理性态度，认为没有必要竞争，同时，大多数家庭对学龄阶段的预期竞争压力持焦虑态度。

2. 父母与孩子的沟通方式

在父母与孩子的沟通方式方面，23个家庭（14个较高学历家庭、7个中等学历家庭、2个较低学历家庭）中以宽松型沟通方式为主导，父母对孩子的态度比较宽松、给予更多自由，基本不会强迫孩子做父母认为正确的事情。同时，父母在管教方式中兼顾父母视角与儿童视角，重视与孩子的沟通，尽量控制情绪，较少或不会对孩子发脾气、体罚孩子。部分家庭在理念与实践中均偏向宽松的沟通方式，但也有家庭表示，有时理念与实践之间存在差距，虽然一直秉持尊重儿童、重视良好亲子关系的理念，但在实践中有时会难以控制情绪、忍不住对孩子发脾气。"尤其是孩子越来越大，进入2岁以后的叛逆期，有时会忍不住对孩子发脾气，发脾气后又内疚，感觉自己内心很扭曲。"（3HN4）

8个家庭（3个中等学历家庭、5个较低学历家庭）以压制型沟通方式为主导，父母对孩子压制比较多、相对严格，父母在管教方式中以父母为中心，强调父母权威，有时或经常对孩子发脾气、会强迫孩子做父母认为正确的事情。

父母与孩子沟通方式影响因素，在选择性编码阶段，共获取3级共15个编码（见表4-16）。在23个家庭中，父母对孩子的态度比较宽松、给予更多自由，主要有以下两方面因素：第一，受教育程度。访谈中，所有较高学历家庭中父母与孩子间均为宽松型沟通方式，同时，较低学历家庭采取宽松型沟通方式的比例较低。第二，父母因素。在观念因素方面，父母认为经过育儿知识学习后，更能理解孩子、控制情绪，希望与孩子形成良性沟通方式。"家中的规矩就是任何人不能凶孩子，孩子理解能力有限，发脾气可能一时有效果，但更多是让孩子感到恐惧而服从。我想发脾气的时候会忍耐，或者自己走开调整一下。"（3HN1）在个性因素方面，8个家庭中父母个性温和、比较有耐心。

表4-16　　　　　父母与孩子沟通方式影响因素

互动关系	宽松 ㉓	压制 ⑧
受教育程度	较高学历⑭ 中等学历⑦ 较低学历②	中等学历③ 较低学历⑤
父母因素	1. 观念：经过育儿知识学习后，更能理解孩子、控制情绪⑲ 2. 个性：父母个性温和⑧	1. 观念：父母需要树立威信、坚持原则，帮助孩子形成好习惯④ 2. 情绪控制：经济上、精力上压力比较大，负面情绪转移④

8个家庭中父母对孩子压制比较多、相对严格。主要有以下两方面因素：第一，受教育程度。访谈中，较高学历家庭中父母与孩子未形成压制型沟通方式，而较低学历家庭采用压制型沟通方式的比例较高。第二，父母情绪因素方面。4个家庭中，父母在经济上、精力上压力比较大，将负面情绪转移到孩子身上。"压力真的特别大，一个人管家里所有的事情，有时候顾及不了太多，只能靠发脾气来镇住孩子。"（2LW23）第三，父母观念因素方面，4个家庭中，父母认为需要通过压制的方式树立威信、坚持原则，帮助孩子形成好习惯，认为这一方式可以取得明显的效果，"经常因为孩子不好好吃饭吼她，吼完之后她会乖乖吃完"（3MW11）。

总体上，与过去相比，这一时期父母与孩子的沟通方式进一步改善，宽松型的沟通方式更为普遍。但是，在较低学历家庭中，压制型的沟通方式依然比例较大，超过了70%，存在着改进亲子沟通方式的隐性需求。

3. 早期教育内容

父母对儿童的早期教育内容主要集中在认知能力、社会交往、生活习惯三个方面（见表4-17），既有父母主动的引导教育，也有玩乐过程中无意识的教育。在认知能力方面，31个家庭均对儿童进行阅读能力的培养，经常给孩子读书、讲故事，其中22个家庭（13个较高学历家庭，6个中等学历家庭，3个较低学历家庭）的阅读活动较多，并主动、有意识地培养孩子语言能力，9个家庭（1个较高学历家庭，4个中等学历家庭，4个较低学历家庭）的阅读活动较少，主要跟随孩子的兴趣开展，是无意识的教育活动。在游戏和艺术方面，31个家庭的父母均有时陪孩子做游戏、唱歌、跳舞、画画、体育活动等，其中26个家庭（14个较高学历家庭、10个中等学历家庭、2个较低学历家庭）在体育、美术、音乐等方面对孩子进行有意识的训练，其余5个家庭（均为较低学历家庭）在这一过程中基本没有考虑到对孩子的教育帮助。

表 4-17　　　　　　　　　　儿童早期教育内容

认知能力	社会交往	生活习惯
1. 阅读能力：给孩子读书、讲故事㉛ （1）阅读较少、无意识教育，孩子有兴趣、陪孩子打发时间⑨ （2）阅读较多、主动教育、培养孩子语言能力㉒、英文绘本学习⑨	1. 孩子间的主动社交㉖：主动希望和其他孩子一起玩	1. 有一定要求㉑ （1）控制电子产品使用⑳ （2）重视独立生活能力培养但不会强制要求⑫
2. 游戏和艺术：有时陪孩子做游戏、唱歌、跳舞、美术㉛ （1）无意识教育⑤：孩子有兴趣，陪孩子打发时间 （2）有意识教育㉖：关注孩子的兴趣爱好，进行潜移默化的教育	2. 孩子间无意识的社交⑤：孩子间的玩乐互动，家属院提供了孩子间的社交环境	2. 要求较低、不太严格⑥ （1）电子产品控制方面不太严格④ （2）独立能力培养方面要求不太高②
		3. 基本无要求④ （1）没有必要对孩子限制太多③ （2）时间精力有限①

在社会交往方面，26个家庭的父母会主动为孩子创造社交环境，希望孩子多参与孩子间的互动，5个家庭的父母没有考虑到对孩子的社交教育。

在生活习惯方面，21个家庭表示对孩子的生活习惯有一定要求，其中20个家庭会控制孩子使用电子产品的时间，12个家庭对孩子独立吃饭、穿衣、收拾玩具等方面进行管理。另外，还有6个家庭对孩子的生活习惯要求较低、不太严格，4个家庭对孩子的生活习惯方面要求较少、缺乏生活习惯培养意识。

总体上，认知能力方面显现出不同受教育程度家庭的不同影响，在社会交往、生活习惯方面未显现这一特点。

综上所述，在早期教育内容方面，与过去相比，家庭在认知能力、社会交往、生活习惯等方面的主动引导教育均大幅提升，但依然存在增加教育的隐性需求。一方面，部分低学历家庭在儿童认知教育方面有所缺失；另一方面，大多数家庭缺乏对孩子独立生活能力培养。

4. 早期教育中的困难

关于儿童早期教育中的困难，大多数家庭表示教育中出现过困难；少数家庭表示基本没有困难，对孩子的早期教育很满意。家庭中存在早期教育困难，主要有以下两个方面（见表4-18）。

表4-18　　　　　　　　儿童早期教育中的困难

父母自身能力限制	1. 由于父母的个人能力、时间精力有限，带来儿童早期教育中的困难： （1）对儿童生活习惯、性格培养不足⑩ （2）对儿童认知能力培养不足⑤ （3）陪伴孩子的时间有限、质量不高，不利于亲子关系的培养⑤
理论与实践的差距	1. 父母与祖辈的教育观念冲突：与祖辈教育观念的差异、祖辈溺爱孩子⑫ 2. 孩子自然成长与竞争环境的冲突⑮ 3. 育儿知识在实践中发挥的作用有限⑧

第一，由于父母自身能力限制而引发的困难。部分家庭认为，由于父母个人能力、时间精力有限，对孩子的教育投入不够充分，对儿童生活习惯、性格、认知能力等方面培养不足，陪伴孩子的时间有限、质量不高，不利于亲子关系的培养。"教育上有很多遗憾，但都无法弥补了，在陪伴孩子的时候，与他的语言交流比较少，自己会经常看手机，这样时间就都错过了"（3HN6）；"我自己比较勤快，孩子动手相对较少，也没有感觉小孩子要注意这方面的培养。另外，由于在孩子一岁前和他分离过半年的时间，孩子特别没有安全感，上幼儿园以后特别不适应环境"（3HN10）。

第二，理论与实践的差距。首先，父母与祖辈的教育观念冲突。祖辈过于溺爱孩子，父母无法按照自己的理念和设想对孩子进行教育。"和老人住一起后，孩子的很多生活习惯被破坏了，比如大女儿由老人管得多，现在还需要喂饭；但小女儿妈妈管得多，可以自己吃饭。"（3MW11）其次，有部分家庭认为，父母面临着希望孩子自然、快乐成长与社会竞争环境之间的冲突。"自己的教育理念可能难以实现,面对这个焦虑的社会,屏蔽外界的干扰很难,只能尽力去做这件事情。"(3HN8)再次,育儿知识在实践中发挥的作用有限。"孩子自控力很差,即使按照教科书管教孩子,也达不到好的效果"(3HN4);"在公共场所,孩子情绪控制十分困难,经常因为想要做某些事情如吃冰淇淋、买玩具、看手机而哭闹,不达目的不罢休,使用各种教科书式方法比如讲道理、转移注意力等均无效"(3MW18)。

总体上,由于父母个人能力、时间精力限制等主观因素和理论与实践的差距中存在的诸多客观因素,家庭在儿童早期教育方面感知到明显的困难,体现出家庭进一步提升早期教育能力、增强家庭早期教育指导等方面的需求。

(三)儿童早期教育中的总体需求

在政策重构阶段(2010年代初期至今),大城市家庭对儿童早期教育的重视程度大幅提升,这一转变主要受到家庭教育观念转变的影响。随着教育在个人社会地位向上流动中发挥着重要作用,以及教育资源的稀缺性,在学龄教育阶段,家庭对子女教育关注程度越来越高,并且这种教育关注逐渐向儿童早期教育阶段延伸。根据访谈资料,大多数大城市家庭进一步重视父母自我学习,增加对儿童早期教育的关注和投入,注重形成更为良性的亲子沟通方式。不同于过去父母权威的教育理念,大城市家庭中以儿童为视角的早期教育理念逐渐成为主流观念,父母对孩子给予更多理解与尊重,并重视对父母的情绪控制和行为反思。

在早期教育意识不断提升的同时,家庭也面临着许多显性和隐性的早期教育困难和需求。在显性需求方面,家庭在儿童早期教育过程中,面临着由于父母个人能力、时间精力限制对儿童早期教育投入不足,父母与祖辈的教育观念冲突、教育理念与社会竞争环境之间冲突、育儿知识在实践中发挥作用的有限等困难。在家庭未明显感知到的隐性需求方面,主要存在于部分家庭尤其是较低学历家庭中。在早期教育公共服务较为缺乏的情况下，家庭主要依赖自身资源进行早期教育活动，拥有不同资源的家庭在儿童早期教育实践中呈现一定差异，部分家庭尤其是较低学历家庭在儿童早期教育中有所缺失。总体上，受教育程度较低的家庭，对早期教育的关注和投入较少、教育质量偏低，体现在对育儿知识的学习关注较少，缺少对孩子的主动引导教育，在儿童能力开发、陪伴时间方面均投入相对较少，压制型沟通方式比例较大等方面。

因而，尽管许多家庭在儿童早期教育过程中存在着各种压力、不足和各类需求，但比较而言，受教育程度较低的家庭更需要获得早期教育服务的支持。

第三节 政策重构阶段（2010年代初期至今）：表达性需求

本节将对政策重构阶段（2010年代初期至今）家庭在儿童早期照顾中的表达性需求进行探讨，主要对托育机构照顾服务、保姆照顾服务两种儿童早期照顾方式进行分析。

一 托育服务中的表达性需求：使用率较低，可获取性、可负担性不强

这一时期，托育机构照顾服务的使用率较低，访谈资料显示，有9个家庭使用了这一服务，9个家庭均在主观上偏好这一方式并获取服务。同时，还有部分家庭缺乏托育机构照顾服务支持。在没有使用这项服务的22个家庭中，有15个家庭表示有托育机构照顾服务需求，但由于各种原因难以得到满足，7个家庭表示不需要这一服务。

（一）托育服务的使用率仍然不高，仅部分家庭成功获取托育服务

有9个家庭使用了托育机构照顾服务（见表4-19）。其中，3个家庭选择单位公立幼儿园、6个家庭选择私立幼儿园或私立托育机构，儿童的最低入园入托年龄在28月龄以上。总体上，托育机构服

务供给有所增加，家庭对托育机构服务基本满意，4个家庭表示比较满意、5个家庭表示一般。

表4-19　　　　　　　　托育机构类型和入园入托年龄

序号	访谈对象	子女出生年份	家庭经济水平	托儿所、幼儿园类型	子女入托入园年龄	托育机构价格	需求满足状况
1	3HN4	2014年	中等	单位公立幼儿园	31月龄	1500元/月	一般
2	3HN6	2014年	中等	私立托育机构	35月龄	3000元/月	满意
3	3HN9	2014年	中高	单位公立幼儿园	31月龄	1000元/月	一般
4	3MW14	2015年	中等	私立托育机构	29月龄	3000元/月	满意
5	3HW15	2014年	中等	单位公立幼儿园	34月龄	2000元/月	一般
6	3LW16	2016年	中低	私立托育机构	28月龄	1800元/月	一般
7	3LW17	2013年	中低	私立幼儿园	31月龄	1500元/月	满意
8	3LW22	2014年	中低	私立幼儿园	32月龄	1500元/月	满意
9	3MW31	2014年	中等	私立托育机构	29月龄	3000元/月	一般

1. 使用托育服务因素：少数家庭可获取服务、以"儿童发展"为目标

9个家庭表示，选择托育机构照顾服务主要有五方面因素（见表4-20）。

一是在服务目标上重视儿童发展。家庭选择托育机构照顾最重要的因素不再是分担家庭照顾压力，而是转向儿童发展、为入幼儿园作准备等目标，希望通过托育机构服务提升儿童发展能力，包括适应集体生活环境、提高生活自理能力、学习更多知识、培养更好的性格和生活习惯等方面。二是在家庭意愿上。部分家庭中能够参与照顾的人力资源不足，无祖辈照顾支持或难以获取充足的支持。同时，家庭在主观上愿意选择托育机构照顾这一方式。三是服务具有可获取性。父母所在单位、家庭附近拥有托育机构资源。四是托育机构因素。首先，服务具有可负担性，其中3个家庭选择单位公立幼儿园，6个家

庭选择私立幼儿园，收费在 1000—3000 元/月，尽管部分家庭认为有一定经济压力但也在能力可承受范围内。五是在方便性、照顾质量等方面，认为托育机构距离、服务时间、照顾质量均能满足需求。9 个家庭均认为，儿童在态度上比较喜欢和适应新环境，愿意送孩子去托育机构。

表 4－20　　　　　　　选择托育机构照顾服务因素

	选择因素⑨
服务目标	1. 需要适应集体生活环境⑥ 2. 需要提高生活自理能力① 3. 需要学习更多知识① 4. 需要培养良好的性格、生活习惯②
家庭意愿	家庭人力资源不足、无充足的祖辈照顾方式③ 家庭主观上愿意选择托育机构⑥
服务可获取性	1. 父母所在单位资源③ 2. 家庭附近的私立幼儿园⑥
可负担性	正常市场价格，较小经济压力③、有一定经济压力⑥
方便性	离家近、服务时间合适③
照顾质量	照顾质量高④、一般⑤

2. 托育服务需求满足状况：对服务基本满意

选择托育服务的家庭，在需求满足方面，4 个家庭对托育机构照顾服务感觉满意，5 个家庭感觉一般，均感觉在照顾质量、学习效果、托育机构费用、入园入托年龄、方便程度等方面基本满足需求。在照顾质量方面，教师均具备一定学历与专业训练水平，对孩子比较有耐心，照顾内容包括基本生活照顾和简单教学课程，同时在安全性方面具有基本保障。在学习效果方面，孩子普遍在自理能力、性格、适应集体环境能力等方面有所提升。托育机构费用基本在 1000—3000 元/月，均在家庭经济可承受范围内，其中单位公立幼儿园、中低收入家庭选择的私立托育机构的收费相对更低，均低于 2000 元/月。

在需求满足方面感觉一般的 5 个家庭，认为教师对孩子的态度、师生比、生活保障条件还有待提升，存在着不足。其中，选择单位公立幼儿园的家庭均感觉一般，主要原因在于教师工作积极性偏低、对孩子的态度一般、师生比较高、生活保障条件较差等。"托班只分了一个很小的房间，光线和通风不太好，老师工作特别辛苦、工资低、工作热情低，只能是看一下孩子。"（3HW15）

表 4-21　　　　　　　托育机构照顾服务需求满足状况

	满意④	一般⑤
照顾质量	1. 教师质量： （1）学历与专业训练：大学专科以上学历，受过专业训练④ （2）对孩子的态度：耐心、互动性强④ 2. 师生比：1∶5 以上②、1∶5 以下② 3. 生活保障：饮食质量、生活设施、场地条件较好②、一般② 4. 照顾内容：基本生活照顾、简单教学课程④ 5. 安全： （1）私立幼儿园有监控，比较放心③ （2）私立幼儿园无监控，但有熟人，比较放心①	1. 教师质量： （1）学历与专业训练：大学专科以上学历，受过专业训练⑤ （2）对孩子的态度：比较耐心④ 2. 师生比：1∶5 以上④，1∶5 以下① 3. 生活保障：饮食质量、生活设施、场地条件一般③、较差② 4. 照顾内容：基本生活照顾、简单教学课程⑤ 5. 安全： （1）单位幼儿园无监控，比较放心③ （2）私立幼儿园有监控，比较放心②
学习效果	1. 自理能力增强、上厕所① 2. 性格培养方面有进步、讲规矩，不同于和老人在家的时候① 3. 适应集体环境②	1. 儿童自理能力提高，自己吃饭、睡觉① 2. 性格培养方面有进步、讲规矩，不同于和老人在家的时候① 3. 适应集体环境③
经济压力	较小压力① 有一定压力、但可以承受③	较小压力② 有一定压力、但可以承受③
儿童年龄	28 月龄以上	
方便程度	离家近、比较方便⑨	

总体上，这一时期托育机构服务供给有所增加，部分家庭的托育机构服务需求基本得到满足。不过，由于最低入园入托年龄较高，家

庭使用托育服务的时间受到限制，9个家庭平均使用托育机构服务的时间低于6个月，托育机构对于家庭照顾压力的分担较为有限。不同经济社会地位的家庭均能使用私立托育机构照顾服务。单位公立幼儿园、中低收入家庭选择的私立托育机构收费更低，其他中等收入家庭选择的私立托育机构收费相对更高。

（二）多数家庭未成功获取托育服务

未选择托育机构服务的因素主要包括以下方面（见表4-22）。在服务可获取性方面，在可接受的距离范围内，2个家庭难以获取公立或私立托育机构资源。服务可负担性方面，7个家庭在可接受的距离范围内拥有私立托育机构资源，但由于价格普遍较高，家庭难以承受。不同经济水平家庭对于托育机构服务的经济负担能力具有差异，1个中高收入家庭、3个中等收入家庭对于托育机构服务的可接受价格大约在4500元/月左右，而可接受的距离范围内托育机构的价格均在5500—6500元/月。2个中低收入家庭对于托育机构服务的可接受价格大约在2000元/月左右，而可接受的距离范围内托育机构的价格均在3000元/月以上。照顾质量方面，6个家庭对可接受距离范围内托育机构的照顾质量有所顾虑，认为市场上托育机构照顾质量普遍不高，担心孩子的基本安全、生活照顾、早期教育质量得不到保障。主观偏好方面，7个家庭表示由于情感因素、照顾质量等方面因素，家庭在主观上更偏好祖辈照顾方式、全职母亲照顾方式，感觉更安全放心、细致周全、有利于亲情交流，对托育机构照顾质量不放心。

表4-22　　　　　　未选择托育机构照顾服务因素

	未选择因素㉒
可获取性	难以获取服务资源、距离较远②
可负担性	服务价格整体较高⑦
照顾质量	服务质量整体不高⑥
主观偏好	由于情感因素、照顾质量因素主观偏好祖辈照顾④、全职母亲照顾③

总体上，这一时期托育机构服务供给有所增加，接近30%的家庭托育机构服务需求得到满足，还有接近半数的家庭对这一照顾方式具有明显偏好但未得到满足。家庭选择托育机构照顾服务的主要因素由分担家庭照顾压力向提升儿童早期发展能力转变。一方面，缘于家庭使用托育服务的时间、托育机构对家庭照顾压力的分担较为有限；另一方面，体现出家庭对于儿童早期教育的日益重视。家庭有托育机构照顾服务需求但未选择这一方式的主要因素在于托育服务有效供给不足，即托育服务的供给虽已大幅增加，大多数家庭在可接受的距离范围内拥有托育服务资源，但由于服务价格和质量等因素，家庭对已有服务资源缺乏选择意愿，具体体现在服务价格整体较高，照顾服务质量整体水平不高，难以满足家庭需求。

二 保姆照顾服务中的表达性需求：小部分家庭的选择、对照顾质量存有顾虑

这一时期，保姆照顾仍然是重要的儿童早期照顾方式之一，共有7个家庭使用过保姆服务。

（一）使用保姆服务的大多数家庭表示基本满意

在7个选择保姆照顾的家庭中，6个家庭对保姆服务感觉基本满意、1个家庭表示满意（见表4-23）。其中，1个家庭通过熟人介绍获取服务、6个家庭通过家政公司介绍获取服务，可见随着保姆服务市场化的推进，不同于过去通过熟人关系介绍获取保姆服务，这一时期大多数家庭主要依靠家政公司的介绍获取服务。在保姆自身专业素质方面，仍然普遍存在受教育程度较低、未经过专业训练的情况。

照顾质量是影响家庭满意度的主要因素。对保姆照顾满意的因素，主要在于保姆对孩子特别耐心细致，与孩子互动频繁，除生活照顾外，玩乐互动也比较多。对保姆照顾基本满意的因素，主要在于保姆进行生活照顾、与孩子的互动较少，存在着过于迁就孩子、不利于孩子的性格养成等问题。另外，在安全保障方面，7个家庭均比较放

心，大多数家庭由家人与保姆共同照顾儿童，少数家庭通过监控录像监督的方式确保儿童安全。

表4-23　　　　　　　　　保姆照顾服务状况

	满意①	基本满意⑥
照顾质量	1. 照顾内容：白天独自照顾孩子① 2. 对孩子的态度：对孩子特别耐心细致、互动频繁① 3. 安全保障：比较放心，可随时调取监控录像①	1. 照顾内容：白天独自照顾孩子②、与家人共同照顾孩子②、主要负责家务② 2. 对孩子的态度： （1）除孩子基本生活照顾事务以外，互动较少④ （2）过于迁就孩子，不利于孩子的性格养成② 3. 安全保障：比较放心 （1）与家人共同照顾② （2）熟人介绍① （3）可调取监控录像①
服务稳定性	流动率低①	流动率高② 流动率低④

服务稳定性。大多数家庭中保姆流动率较低，少数家庭中保姆更换较为频繁，未显现出对满意度的明显影响。

总体上，这一时期的保姆服务逐渐实现市场化，服务使用成本相对较高，使用保姆服务的家庭普遍经济状况较好，家庭对保姆服务的需求基本得到满足。同时部分家庭中存在着经济压力较大、照顾质量偏低等问题。

（二）只有小部分家庭使用保姆照顾服务

访谈资料显示，约有不到1/4的家庭使用保姆照顾服务，共有7个家庭使用过保姆服务。在未使用保姆服务的24个家庭中均无这一需求。

选择保姆照顾服务主要有三方面因素（见表4-24）。

表4–24　　　　　　　　保姆照顾服务选择因素

选择因素⑦	
现实需求	家庭儿童照顾人力资源不足，无托育服务、无祖辈照顾的有效支持⑤、为减轻家庭劳动负担②
服务可获取因素	亲戚朋友介绍获取服务①、家政公司介绍⑥
可负担性	中高收入家庭④：较小经济压力；中等收入家庭②：较大经济压力；中低收入家庭①：较大经济压力
方便性	长期居家、照顾时间灵活⑦
照顾质量	照顾质量有保障⑦
未选择因素㉔	
现实需求	无家庭外服务需求②
主观偏好	无主观偏好，相比保姆照顾、更偏好托育服务㉔
照顾质量	对照顾质量无信心⑫
可负担性	服务价格高、有一定经济压力⑮

　　在现实需求方面，家庭儿童照顾人力资源不足，缺少托育服务和祖辈照顾的有效支持，家庭为弥补人力资源的不足或减轻家庭劳动负担而选择保姆照顾服务。在服务可获取性方面，大多数家庭通过家政公司介绍获取保姆照顾服务，少数家庭通过熟人关系获取服务，获取服务的渠道更为多元。在可负担性方面，大多数使用保姆服务的家庭经济状况较好，有4个中高收入家庭、2个中等收入家庭、1个中低收入家庭。与托育机构服务价格相比，保姆照顾费用相对更高，7个家庭的保姆照顾服务的费用在3000—5500元/月。在经济压力方面，中高收入家庭普遍感觉经济压力较小可以承受，中等收入家庭和中低收入家庭感觉经济压力较大，给家庭带来较大负担。在方便性方面，家庭认为保姆照顾服务在时间上更为灵活、照顾质量有基本保障。

　　另外，在没有使用保姆照顾服务的24个家庭中，有2个家庭表示无家庭外服务需求，并且所有家庭均表示不偏好保姆照顾这一服务方式、更愿意选择获得托育服务支持。有12个家庭表示对照顾质量没有信心，"现在保姆虐童的事情太多了，不敢将孩子交给保姆"

(3HN28)。15个家庭认为服务价格偏高、家庭有一定经济压力,"现在照顾孩子的保姆少则三千多元一个月,多则五六千元,这么高的价格交给外人还不放心,还不如自己家里人受点累"(3LW21)。

这一时期,大城市家庭对于保姆照顾服务有一定需求,但对这一照顾方式在主观意愿上不具有明显偏好,大多在无祖辈照顾支持或祖辈照顾支持不足的情况下才选择保姆照顾服务。随着保姆照顾服务经济成本的上升,经济状况较好的家庭更可能选取这一服务。总体上,家庭在保姆照顾服务方面的表达性需求基本得到满足。

第四节 政策重构阶段(2010年代初期至今):比较性需求

一 托育服务中的比较性需求:不同经济社会资源家庭获取服务存在差异

这一时期,大城市儿童早期照顾中的托育机构照顾服务供给比强家庭责任阶段(20世纪90年代中期至2010年左右)有所增加,但总体较为有限,同时,私立托育机构的数量远远大于公立机构数量。在以市场化供给方式为主导的情况下,拥有不同经济社会资源的家庭在使用托育服务方面会存在一定差异。国外诸多研究表明,在市场化或政府支持与市场化混合的托育服务供给体系内,价格均为影响家庭是否使用托育机构服务的关键因素。在没有政府补贴的情况下,弱势家庭使用托育机构的比例更低。[①]

在调查中发现,尽管拥有不同经济社会资源的家庭均对托育机构服务进行使用,但中低收入家庭比中等收入家庭选择的私立托育机构的收费相对更低,其中中低收入家庭大约每月在托育服务中花费1000—2000

---

① 参见 Anna J. Markowitz, Rebecca M. Ryan, Anna D. Johnson, "Child Care Subsidies and Child Care Choices: The Moderating Role of Household Structure", *Children and Youth Services Review*, Vol. 36, 2014, pp. 230 – 240.

元，中等收入家庭的花费基本在 3000 元左右。父母一方在体制内工作的家庭更可能享有单位公立幼儿园托育服务资源，部分家庭由于托育机构服务价格较高而放弃这一方式。不同经济水平家庭对于托育机构服务的经济负担能力具有差异，"有些托育机构价格高得离谱，附近的托儿所多则一万多一个月，少的也要六七千元一个月，完全超出了家庭的经济承受能力，还不如自己在家看孩子呢"（3HN3）。

二 家庭儿童早期教育中的比较性需求：不同教育资源家庭教育质量存在差异

尽管家庭早期教育意识不断提升，在早期教育公共服务较为缺乏的情况下，拥有不同资源的家庭在儿童早期教育实践中呈现一定差异。与前两个阶段的访谈资料一致，这一时期部分受教育程度较高的家庭对儿童早期照顾关注和投入较多，并形成较为科学的儿童早期教育理念。如访谈中有家庭表示，"我自己是学教育的，平时会特别关注儿童心理学，用适合孩子成长的方式和他相处，父母保持自己的情绪稳定很重要"；"孩子的教育和点点滴滴的生活是融为一体的，在日常生活中去尊重、引导孩子是最有效的"。而部分受教育程度较低的家庭对早期教育的关注和投入较少、教育质量偏低。"孩子还是老人管得多，说实话，上班就够累了，下班了只想自己待着"；"孩子太淘气了，经常会发脾气，知道这样不好但下次还是会这样、忍不住"。

2018 年，中国时间利用调查与研究中心有关研究表明，"家长对儿童照顾时间的投入与家长的受教育程度以及收入水平呈正相关，低收入与低学历家庭存在明显的'照顾赤字'"，"如果政府不采取外部干预，让家庭自己发展的话，（父母）教育水平越高，照顾孩子的质量越高，不同阶层差距的代际传递便将无法自发消除"。[1]

---

[1] 彭丹妮：《研究：高学历母亲照顾孩子时间为低学历母亲两倍》，财新网（http://china.caixin.com/2018-12-11/101357931.html）。

第五章 分析与展望

第一节 纵向比较分析：大城市儿童早期
照顾需求的发展状况与特点

本节将对强政策支持阶段（1949年至20世纪90年代初期）、强家庭责任阶段（20世纪90年代中期至2010年左右）、政策重构阶段（2010年代初期至今）中儿童早期照顾需求的发展状况进行纵向分析，分别对规范性需求、比较性需求、感觉性需求、表达性需求在各阶段的发展状况与特点进行比较。

一 规范性需求的发展状况与特点

我国儿童早期照顾政策经历了三个阶段的发展：强政策支持阶段（1949年至20世纪90年代初期）、强家庭责任阶段（20世纪90年代中期至2010年左右）、政策重构阶段（2010年代初期至今）。不同阶段规范性需求的发展状况与特点，主要体现在政策内容及其实施过程中，受到不同时期社会背景、政策目标的影响（见图5-1）。

下文将对不同历史阶段儿童早期照顾规范性需求的形成与发展进行分析（见表5-1）。

在强政策支持阶段（1949年至20世纪90年代初期），我国经济发展经历了从低水平生产力到经济高速发展、由计划经济向市场经济转化的过程，这一时期的儿童照顾政策主要在计划经济背景下确立和

```
┌─────────────────────────────────────────────────┐
│                    社会背景                      │
│  1. 国家经济发展水平    2. 政府市场社会关系的变迁  │
│  3. 社会福利方式        4. 社会文化：儿童照顾观念 │
└─────────────────────────────────────────────────┘
                        ↓
┌─────────────────────────────────────────────────┐
│              儿童早期照顾政策目标                 │
│  儿童：减弱贫困对儿童的影响；提高人口素质、提升人力资本 │
│  父母：鼓励父母进入劳动力市场                     │
│  性别视角：解放女性                              │
│  社会：改善民生；鼓励生育                         │
└─────────────────────────────────────────────────┘
                        ↓
┌─────────────────────────────────────────────────┐
│                儿童早期照顾政策                   │
└─────────────────────────────────────────────────┘
┌─────────────────────────────────────────────────┐
│             儿童早期照顾规范化需求                │
│      （需求内容、需求层次、需求范围、需求特点等） │
└─────────────────────────────────────────────────┘

┌──────────────┐ ┌──────────────────┐ ┌──────────────┐
│ 强政策支持阶段 │ │   强家庭责任阶段   │ │  政策重构阶段 │
│(1949年至20世纪│ │(20世纪90年代中期至│ │(2010年代初期 │
│  90年代初期) │ │   2010年左右)    │ │    至今)     │
└──────────────┘ └──────────────────┘ └──────────────┘
```

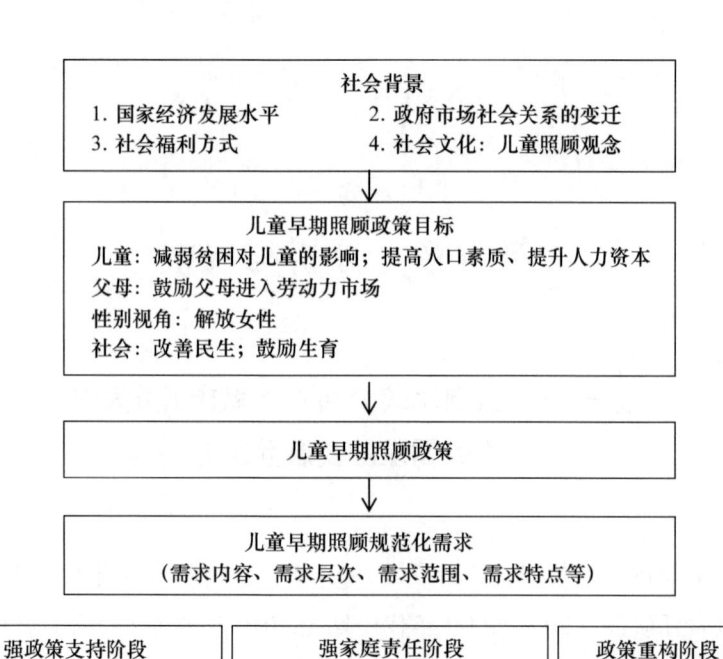

图 5-1 儿童早期照顾规范性需求的形成

实施。在新中国成立初期国家经济建设、工业化发展中的人力资源缺乏的背景下，为鼓励女性参与劳动、缓解劳动供给压力，国家大力支持儿童早期照顾社会服务的发展，并出台多项可操作性政策，以减轻女性在家庭中的照顾压力。这一时期，政府是儿童早期照顾责任的重要承担者，在政府全面控制市场与社会、"单位制"福利模式的背景下，政府将单位作为儿童早期照顾社会服务的主要供给者。在经济发展水平较为有限的情况下，集体福利式托育服务给单位带来一定经济负担。在上述社会背景、政策目标的影响下，儿童早期照顾规范性需求界定如下：在需求内容上，主要发展以单位为依托、集体福利式的托育服务，以生活照顾为主、早期教育为辅；在需求范围上，偏向公共性、普惠性，重点向工业地区和大、中城市的单位职工供给托育服务；在总体上，具有重照看需求、轻教育需求，强化政府责任、政府

表5-1 不同历史阶段儿童早期照顾规范性需求的形成与发展

		强政策支持阶段（1949年至20世纪90年代初期）	强家庭责任阶段（20世纪90年代中期至2010年左右）	政策重构阶段（2010年代初期至今）
社会背景	国家经济发展水平	从低水平生产力到经济高速发展	经济高速增长	从经济高速增长转向中高速增长
	政府市场社会关系	由政府全面控制市场，向政府市场、社会释放空间转变	政府逐步向市场、社会释放空间	政府进一步向市场、社会释放空间，激发市场与社会活力
	社会福利方式	"单位制"福利模式	补缺型福利模式	从补缺型福利模式转向适度普惠型福利模式
	社会文化	不重视儿童早期教育	逐渐重视儿童早期教育	高度重视儿童早期教育
政策目标		主要从国家建设、经济发展的需要出发： 1. 增加女性劳动力供给与妇女解放 2. 提高人口素质	主要从国家建设、经济发展的需要出发： 1. 提高人口素质，提升人力资本 2. 减弱贫困对儿童的影响	兼顾国家建设与家庭福利，儿童福利的需要： 1. 改善民生 2. 鼓励生育 3. 减弱贫困对儿童的影响 4. 提高人口素质，提升人力资本
政策内容及其实施		1. 政府是儿童早期照顾责任的重要承担者 2. 政府大力支持儿童早期照顾社会服务的发展，并出台各项多可操作化政策 3. 政府对儿童早期教育关注相对较少	1. 儿童早期照顾责任主要回归家庭，政府仅承担少数（孤儿、流浪儿童）的照顾责任 2. 对儿童早期生活照顾问题几乎没有提及；社会服务供给转向市场化 3. 对儿童早期教育有关注，大多为总体性、原则性描述，缺乏可操作性	1. 家庭仍然是儿童早期照顾责任的主要承担者，政府将和人公共议题 2. 对儿童早期生活照顾问题逐渐纳入公共议题 3. 对儿童早期生活照顾问题关注为主，同时重新强调公共性；社会服务供给以市场化方式为主，同时重新强调公共性 3. 对儿童早期教育进一步关注

续表

	强政策支持阶段 （1949年至20世纪90年代初期）	强家庭责任阶段 （20世纪90年代中期至2010年左右）	政策重构阶段 （2010年代初期至今）
规范性需求的界定 — 需求内容	以单位为依托、发展集体福利式托育服务，以生活照顾为主、早期教育为辅	强调早期教育的重要性，对儿童照看的提及较少	重新强调托育服务的重要性，继续重视早期教育
规范性需求的界定 — 需求范围	公共性：重点向工业地区和大、中城市的单位职工供给托育服务	选择性：儿童早期照顾责任主要由家庭承担，社会支持较为有限	选择性为主，重提公共性：儿童早期照顾责任主要由家庭承担，同时加强政府对托育服务有效供给的支持
规范性需求的界定 — 总体特点	1. 重照看需求，轻教育需求 2. 强化政府责任，政府投入水平较高 3. 发展广泛覆盖的托育服务	1. 重教育需求，轻照看需求 2. 强化家庭责任，弱化政府投入 3. 社会服务与市场服务供给低位	1. 重新重视托育需求，继续重视教育需求 2. 增加政府投入，强化家庭责任 3. 增加社会服务、市场服务供给

投入水平较高,发展广泛覆盖的托育服务等特点。

在强家庭责任阶段(20世纪90年代中期至2010年左右),我国经济处于快速发展阶段,与经济发展速度相比,社会建设相对滞后。在政府逐步向市场、社会释放空间,进一步推进国有企业改革、转变单位职能的背景下,"单位制"福利模式向补缺型社会福利模式转型。在儿童早期照顾社会文化方面,提高人口素质、提升人力资本成为国家和家庭关注的焦点。儿童早期照顾政策几乎不再提及儿童早期生活照顾问题,儿童早期照顾社会服务供给转向市场化,儿童早期照顾责任主要回归家庭,政府仅承担少数(孤儿、流浪儿童)的照顾责任。政策中尽管对儿童早期教育略有关注,但大多为总体性、原则性描述,缺乏可操作性。在上述社会背景、政策目标的影响下,这一时期儿童早期照顾规范性需求界定如下:在需求内容方面,强调早期教育的重要性,对儿童照看的提及较少;需求范围方面,偏向选择性,主要由家庭承担照顾责任、社会支持较为有限。有限的、较低的社会服务与市场服务供给带来较小范围的需求满足;总体上,呈现重教育需求、轻照看需求,强化家庭责任、弱化政府投入的特点。

在政策重构阶段(2010年代初期至今),在经济发展保持较高水平,政府、市场、社会关系进一步优化,社会福利模式从补缺型转向适度普惠型福利模式,国家在儿童早期政策目标的设定中兼顾国家建设与家庭福利、儿童福利的需要,致力于改善民生、鼓励生育、减弱贫困对儿童的影响、提高人口素质、提升人力资本等目标。在此背景下,尽管家庭仍然是儿童早期照顾责任的主要承担者,但政府逐渐将儿童早期照顾问题纳入公共议题,对儿童早期生活照顾问题逐渐关注,尽管儿童早期照顾社会服务供给以市场化方式为主,但最新的政策文件对其有效供给、规范发展均作出详细规定,重新强调其公共性。这一时期儿童早期照顾规范性需求界定如下:在需求内容上,重新强调托育服务的重要性、继续重视早期教育。在需求范围方面,以选择性为主、重提公共性,在家庭承担照顾责任的同时,加强政府对托育服务有效供给的支持，对需求范围的界定进一步扩大。总体上，呈现重新重视托育需求、早期教育需求，增加政府投入与强化家庭责任并举，增加社会服务有效供给等特点。

综上分析，在不同时期社会背景、政策目标的影响下，我国儿童早期照顾规范性需求的界定经历了以下发展过程：在责任主体方面，政府在儿童早期照顾中的责任承担经历了强化、弱化、再强化的过程；在需求范围方面，经历了公共性、选择性、兼顾选择性与公共性的过程；在需求内容上，从重照看需求、轻教育需求，到重教育需求、轻照看需求，再到重新重视照看需求并兼顾教育需求。

二 比较性需求的发展状况与特点

在不同历史阶段，儿童早期照顾中的比较性需求主要体现在托育机构照顾服务与家庭早期教育两个方面。

托育机构照顾服务中的比较性需求。在强政策支持阶段（1949年至20世纪90年代初期），尽管在大城市中公共托育服务供给最为充足，但不同社会群体在享有服务的数量与质量上存在一定差距，存在着不同群体之间的比较性需求。总体上，托育机构的发展重点在工业地区和大、中城市，托育机构照顾服务的主要供给对象为参与劳动生产的女性，同时，由于托育照顾服务主要由单位供给，在不同单位类型工作的家庭在托育照顾服务的获取机会上具有差异，工矿企事业单位、机关单位获取服务的机会更高，其他单位获取服务的机会更低。另外，不同职业地位的家庭享有不同质量的公共托育服务，较高职业地位的家庭比较低职业地位家庭享有更为优质的托育照顾服务。

在强家庭责任阶段（20世纪90年代中期至2010年左右），大城市中儿童早期照顾中的托育服务供给十分有限，仅有的托育照顾服务以市场化供给为主、体制内单位托育服务供给为辅，尽管大多数家庭未获取托育服务资源，但不同经济社会地位的家庭在托育照顾服务获取能力上依然存在差异，经济资源较充足的家庭更可能在市场中获取优质的托育照顾服务资源，父母在体制内工作的家庭更可能享有单位提供的托育服务资源。

在政策重构阶段（2010年代初期至今），大城市儿童早期照顾中的托育服务供给有所增加，但总体仍较为有限、仍以市场化供给方式为主导。不同经济社会地位家庭对于托育机构服务的使用具有差异，经济地位越高的家庭可能获取较高价格服务，经济地位越低的家庭越可能放弃服务或选择较低价格服务。父母一方在体制内工作的家庭更可能享有单位公立幼儿园托育服务资源。

家庭儿童早期教育中的比较性需求。在不同历史阶段，家庭儿童早期教育中的比较性需求具有相似性。由于早期教育公共服务一直较为缺乏、家庭主要依赖自身资源进行儿童教育，不同受教育程度家庭在儿童早期教育实践中呈现一定差异，总体上，相比受教育程度较低的家庭，受教育程度较高的家庭对儿童早期教育有更多的关注，并在教育过程中体现出更高的质量。

总体上，在不同历史阶段，托育机构照顾服务中的比较因素由单一的父母职业因素，逐渐向家庭经济水平、父母职业等多种因素发展（见表5-2）。

在强政策支持阶段（1949年至20世纪90年代初期），托育机构照顾服务的获取机会与获取质量主要与父母职业因素、所在单位因素相关，具体包括居住区域、单位类型、就业状况、职业地位等方面。在强家庭责任阶段（20世纪90年代中期至2010年左右）和政策重构阶段（2010年代初期至今），托育机构照顾服务的获取机会与获取质量主要与家庭经济水平和父母职业因素相关，其中，父母职业因素主要指是否在体制内工作。这一转变体现出由计划经济向市场经济发展的过程中，托育服务由单位主要供给转向更多由市场供给，家庭经济地位逐渐在服务获取中发挥作用，不同经济地位家庭拥有不同的服务获取能力。

表 5-2 不同历史阶段儿童早期照顾比较性需求的特点

		比较因素	优势群体	弱势群体
强政策支持阶段（1949年至20世纪90年代初期）	托育机构照顾服务	居住区域	居住在工业密集区的家庭	居住在非工业密集区的家庭
		单位类型	工矿企事业单位、机关单位等	非工矿企事业单位、机关单位等
		就业状况	参与劳动生产的家庭	未参与劳动生产的家庭
		职业地位	较高职业地位家庭	较低职业地位家庭
	家庭儿童早期教育	受教育程度	受教育程度较高的家庭	受教育程度较低的家庭
强家庭责任阶段（20世纪90年代中期至2010年左右）	托育机构照顾服务	家庭经济水平	较高经济水平家庭	较低经济水平家庭
		体制内外	父母在体制内工作的家庭	父母在体制外工作的家庭
	家庭儿童早期教育	受教育程度	受教育程度较高的家庭	受教育程度较低的家庭
政策重构阶段（2010年代初期至今）	托育机构照顾服务	家庭经济水平	较高经济水平家庭	较低经济水平家庭
		体制内外	父母在体制内工作的家庭	父母在体制外工作的家庭
	家庭儿童早期教育	受教育程度	受教育程度较高的家庭	受教育程度较低的家庭

同时，家庭儿童早期教育中的比较因素均主要在于父母受教育程度。现阶段，应进一步发展适度普惠的托育照顾服务，在托育机构中兼顾早期教育服务的提供与发展。

三 感觉性需求的发展状况与特点

儿童早期照顾中的感觉性需求主要体现在经济需求、家庭内照顾需求、儿童早期照顾社会服务、儿童早期教育需求等方面。

第一，家庭在儿童早期照顾中的经济需求经历了由低向高的发展过程。在强政策支持阶段（1949年至20世纪90年代初期），除少数低收入家庭外，大多数家庭在儿童早期照顾方面没有太多经济需求，在儿童日常生活开支、儿童早期照顾社会服务等方面的支出压力均较小。在强家庭责任阶段（20世纪90年代中期至2010年左右），大多数家庭在儿童早期照顾中经济需求较低，一方面，由于家庭经济水平普遍提高；另一方面，大多数家庭主要承担儿童日常生活开支、未选择儿童早期照顾社会服务。在政策重构阶段（2010年代初期至今），大多数家庭在儿童早期照顾方面的经济需求增加，中高收入家庭的经济需求较低，中低、中等收入家庭的经济需求较高，压力主要来源于儿童早期照顾中托育机构、保姆照顾服务、早期教育等方面开支。并且，当前大多数家庭对于儿童在3岁以后教育培训方面的预期经济压力较大，一定程度上影响着家庭在儿童3岁以前的经济压力感知。

第二，家庭在儿童早期生活照顾中的总体需求感知经历了由低向高的发展过程。从强政策支持阶段（1949年至20世纪90年代初期）、强家庭责任阶段（20世纪90年代中期至2010年左右）到政策重构阶段（2010年代初期至今），在儿童早期照顾中的压力较大或有一定压力、存在较高或中等需求的家庭比例不断上升。家庭的总体需求感知主要与儿童早期照顾政策与社会服务支持、家庭人力资源（尤其是祖辈支持）、经济压力等因素相关。在强政策支持阶段（1949年至20世纪90年代初期），儿童早期照顾政策与社会服务支持相对较为充足、大多数家庭经济压力较小，大多数家庭总体需求感知相对较低，少数难以获得有效托育服务支持、人力资源不足的家庭总体需求感知相对较高。在强家庭责任阶段（20世纪90年代中期至2010年左右），儿童早期照顾政策与社会服务支持相对匮乏，家庭中是否拥有有效的儿童照顾方式支持尤其是有效的祖辈照顾支持成为影响需求感知最重要的因素。实际生活中，由于祖辈身体、精力压力等因素，拥有有效祖辈照顾支持资源的家庭较为有限，家庭的总体需求感知较高。在政策重构阶段（2010年代初期至今），儿童早期照顾政策与社会服务支持重新开始增加，但有效供给仍然不足，同时，家庭在儿童早期照顾中的经济压力、儿童3岁以后教育培训中的预期经济压力相对较大，家庭的总体需求感知则相对更高。

第三，家庭内照顾需求。在祖辈照顾方面，尽管在不同阶段家庭对祖辈照顾方式有一定需求，但总体上家庭对于祖辈照顾方式的需求经历了由低到高的发展过程，儿童早期照顾中祖辈压力较大的家庭不断增加。同时，祖辈照顾虽具有独特优势，但也存在着减轻照顾压力、提升照顾质量等方面的需求。在强政策支持阶段（1949年至20世纪90年代初期），总体上，祖辈的照顾压力相对较小。在强家庭责任阶段（20世纪90年代中期至2010年左右）、政策重构阶段（2010年代初期至今），由于儿童早期照顾政策与社会支持的减少、祖辈身体压力等因素，大多数家庭的祖辈在儿童早期照顾中承担着过大的压力。

在母亲照顾方面，尽管在不同阶段母亲一直承担着较多的责任、较大的压力，但从强政策支持阶段（1949年至20世纪90年代初期）、强家庭责任阶段（20世纪90年代中期至2010年左右）到政策重构阶段（2010年代初期至今），随着家庭在儿童早期照顾中承担着越来越多的责任，母亲的压力感知也经历了由低到高的攀升过程，母亲在儿童早期照顾中的压力越来越大，同时，带来一系列社会影响，比如母亲的劳动参与率、生育意愿逐渐降低。

在父亲照顾方面，父亲在儿童早期照顾中的参与度逐渐提升，经历了由较少参与向较多参与的发展。

第四，儿童早期照顾社会服务需求。托育机构照顾服务对家庭需求的满足程度经历了由高向低的下滑。在强政策支持阶段（1949年至20世纪90年代初期），较为充足的托育照顾服务资源较好地满足了大多数家庭的儿童早期照顾需求，同时还有部分家庭难以获得或只能获得较低水平的托育照顾服务支持。托育照顾服务主要解决儿童最基本的生活照顾问题，对儿童早期教育关注较少。在强家庭责任阶段（20世纪90年代中期至2010年左右）和政策重构阶段（2010年代初期至今），托育照顾服务有效供给有限，获取托育照顾服务支持的家庭比例较小，由于儿童进入托育机构最低年龄的提高，托育照顾服务对儿童早期照顾需求的满足程度较低。

在保姆照顾方面，家庭始终将保姆照顾作为儿童早期照顾中的辅助方式。在各阶段，保姆照顾从市场化程度低、主要依赖熟人社会网络获取向市场化程度高、主要通过中介公司获取转变，家庭在保姆照顾中的经济压力，经历了由基本无压力到压力逐渐增大的过程。家庭始终对保姆照顾质量的提升存在一定需求。

第五，儿童早期教育需求。首先，家庭在儿童早期教育中的需求感知经历了由低到高的过程，在强政策支持阶段（1949年至20世纪90年代初期），几乎所有父母都不认为在儿童早期教育方面有需求和压力，对儿童早期教育重视程度较低。在随后的强家庭责任阶段（20世纪90年代中期至2010年左右）和政策重构阶段（2010年代初期至今），家庭对儿童早期教育的需求逐渐加强、重视程度日益提高。其次，家庭在儿童早期教育认知与实践的科学性与合理性方面，经历了由低向高的发展过程，在父母育儿知识学习不足、儿童早期教育关注缺乏、压制型亲子沟通方式、儿童早期学习中的主动教育引导不足等方面的隐性需求逐渐降低。再次，受教育程度较低的父母比受教育程度较高的父母更具有进一步重视儿童教育、增强教育认知与实践的科学性等需求。

总体上，从强政策支持阶段（1949年至20世纪90年代初期）、强家庭责任阶段（20世纪90年代中期至2010年左右）到政策重构阶段（2010年代初期至今），家庭在儿童早期生活照顾中的需求与压力经历了逐渐增加的过程，与儿童早期照顾政策支持与社会服务支持较强→支持减弱→重新加强支持的过程基本一致。尽管近年来重新增加政策支持力度，但政策效果的显现还需要长期的过程，家庭在儿童早期生活照顾中的需求感知仍然较为强烈。由于儿童早期教育公共服务的缺失，在不同家庭受教育程度的影响下，家庭在儿童早期教育中的需求呈现出分化。

四 表达性需求的发展状况与特点

儿童早期照顾中的表达性需求主要体现在对托育机构照顾服务、保姆照顾、祖辈照顾、全职母亲照顾等方面。

第一，托育机构照顾服务。从强政策支持阶段（1949年至20世纪90年代初期）、强家庭责任阶段（20世纪90年代中期至2010年左右）到政策重构阶段（2010年代初期至今），在政策支持与服务供给的影响下，托育照顾服务的使用率经历了从高到低、从低谷到略有增长的过程。在各阶段，家庭对于托育照顾服务均具有较强的主观偏好、需求量较大。部分家庭对托育照顾服务有需求但难以获取。与前两个时期相比，在政策重构阶段（2010年代初期至今），有托育照顾服务需求但未获取服务的家庭比例最高。其中，未获取服务主要受到服务可获取性、可负担性、照顾质量等因素的影响。

第二，保姆照顾。在各阶段，大城市家庭对于保姆照顾服务有一定需求，但对于这一照顾方式在主观意愿上不具有明显偏好，大多在无祖辈照顾支持或祖辈照顾支持不足的情况下才选择保姆照顾服务。总体上，家庭在保姆照顾服务方面的表达性需求基本得到满足。

第三，祖辈照顾。首先，在不同阶段，祖辈照顾的使用率经历了总体较低到较高的过程。与强政策支持阶段（1949年至20世纪90年代初期）相比，在强家庭责任阶段（20世纪90年代中期至2010年左右）到政策重构阶段（2010年代初期至今），家庭对于祖辈照顾的使用大幅上升，祖辈照顾成为最主要的照顾方式。其次，部分家庭对祖辈照顾有需求，但由于祖辈身体状况、主观意愿等多方面原因，需求难以得到满足。在获得祖辈照顾支持的家庭中，部分家庭的需求并未得到较好地满足，主要原因在于家庭在儿童早期照顾方式中的选择空间十分有限，祖辈迫于现实压力坚持进行儿童照顾，却面临着较大的身体挑战。

第四，全职母亲照顾。对全职母亲照顾方式的选择经历了从较低到较高的过程。在强政策支持阶段（1949年至20世纪90年代初期），在普遍就业情况下，家庭几乎没有使用全职母亲照顾方式。在强家庭责任阶段（20世纪90年代中期至2010年左右）、政策重构阶段（2010年代初期至今），家庭中使用全职母亲照顾的比例明显增加，几乎所有全职母亲在生育前均在民营企业等体制外单位就业，由于家庭儿童照顾的人力资源不足而选择回归家庭。总体上，在女性劳动参与方面，相比在体制内单位就业的女性，体制外就业女性受到的影响更大。

五 在规范性需求、比较性需求、感觉性需求、表达性需求的比较中确定真实的需求

在对不同时期儿童早期照顾规范性需求、感觉性需求、表达性需求、比较性需求分析的基础上，需进一步探索如何确定真正的需求。布莱德萧之所以提出社会需求类型论，其主要目的在于通过多视角的分析框架，从官方规范、服务需求方的需求感知、服务的可获取性、公平视角等不同维度，综合分析四个方面的需求状况，较为全面地了解真实需求。

儿童早期照顾中真实需求的探索，在于通过规范性需求、感觉性

需求、表达性需求、比较性需求的比较分析，综合考虑国家经济发展和社会福利水平、社会公平程度、家庭在儿童早期照顾中的需求感知和服务获取能力等因素，在国家发展、社会公平、家庭需求之间选取平衡点。

在强政策支持阶段（1949年至20世纪90年代初期），尽管这一时期我国经济发展速度较快，但整体水平仍然偏低，全面包揽单位职工医疗、教育、住房、儿童照顾等各项事务的"单位制"福利模式给国家经济发展带来一定负担，难以长期持续。以单位为依托、发展广泛覆盖的集体福利式托育服务是我国大城市儿童早期照顾规范性需求中的重要内容，同时，托育服务的供给仍然存在着不均衡，更多侧重向工业地区、大中城市发展。虽然与其他阶段相比，这一时期家庭的感觉性需求、表达性需求总体较低，但仍有部分家庭的需求未得到较好地满足。比如，托育机构照顾质量偏低或难以获取托育服务支持，母亲、祖辈在儿童早期照顾中压力较大，家庭对于儿童早期教育的关注度不高、质量偏低。同时，不同社会群体之间存在着比较性需求，居住在工业密集区、父母在工矿企业事业单位和机关单位工作、拥有较高职业地位家庭在托育机构照顾服务中具有优势，受教育程度较高的家庭在儿童早期教育中具有优势。在强政策支持下，儿童早期照顾社会服务覆盖较为广泛，大部分家庭的照顾压力得到缓解。基于国家发展、社会公平、家庭需求之间的比较，国家对于儿童早期照顾规范性需求的界定带来两方面的问题：一是给国家经济发展造成一定程度的负担；二是由于托育服务供给不均衡、总体质量不高，部分家庭的需求未得到较好地满足，并引发儿童早期照顾中不同群体社会公平的问题。总体上，这一时期，儿童早期照顾中的各方需求基本上达到平衡，同时也存在着一系列问题。

在强家庭责任阶段（20世纪90年代中期至2010年左右），我国经济发展水平处于高速增长阶段，国家经济实力有所提升。在规范性需求方面，儿童早期照顾政策与社会服务支持较为有限，儿童早期照顾社会服务供给大幅降低并逐步走向市场化，儿童早期照顾责任主要回归家庭。与其他阶段相比，这一时期家庭的感觉性需求、表达性需求总体较高，大部分家庭的需求未得到较好地满足，大部分家庭难以获得托育服务支持，母亲和祖辈照顾压力较大。在比较性需求方面，经济水平较高、父母在体制内工作的家庭在托育机构照顾服务中具有优势，受教育程度较高的家庭在儿童早期教育中具有优势。这一时期，儿童早期照顾中的各方需求一定程度上存在失衡的现象，一方面，国家经济发展水平有所提升，但在儿童早期照顾的政策与服务支持中投入十分有限；另一方面，家庭的需求较为强烈，引发0—3岁母亲劳动参与率降低、生育意愿降低、祖辈负担过重等问题。

在政策重构阶段（2010年代初期至今），我国儿童早期照顾中的各方需求一定程度上存在失衡的现象，但正在朝着逐渐平衡的方向迈进。我国经济社会快速发展，具备一定社会福利支持能力，我国人均GDP水平仍然不高、社会福利资源有限，需规避福利负担过重的风险。我国对于儿童早期照顾社会福利的投入较为有限，难以满足大城市家庭需求，家庭几乎承担了所有的儿童早期照顾责任，在儿童早期照顾中的需求感知较为强烈。对儿童早期照顾服务的获取能力有限，人力资源不充足、经济水平和受教育程度较低的家庭在儿童早期照顾过程中更处于劣势地位，带来祖辈照顾负担过重、母亲劳动参与率的降低、生育意愿持续低迷、儿童早期照顾中的社会公平等问题。因而，应综合考虑国家发展与家庭需求，既需要进一步调整规范性需求，增加国家对儿童早期照顾的投入，也需要合理满足家庭的感觉性需求、表达性需求。尽管现阶段与强政策支持阶段（1949年至20世纪90年代初期）的儿童早期照顾政策与服务都具有公共性，但不同于计划经济模式下的集体福利式托育服务，在市场经济条件下，国家与市场、社会已发生深刻变化，为避免过多的福利负担，应由国家、家庭、社会、市场共同分担儿童早期照顾责任，通过发展适度普惠型的儿童早期照顾政策，使更多家庭享有儿童早期照顾政策的支持，缩小不同家庭之间的比较性需求，促进社会公平。

第二节　大城市儿童早期照顾需求间的互动关系

本节将对四类需求间的互动关系进行分析。

一　规范性需求的主导作用

儿童早期照顾规范性需求主要指政府对于儿童早期照顾需求的标准界定，体现在政策内容、政策实践、政策目标中。在四类需求中，规范性需求占据主导地位，尤其对于儿童早期照顾中国家和家庭责任划分的标准界定，深刻影响着家庭感觉性需求、表达性需求的状况，以及不同社会群体间的比较性需求。

在强政策支持阶段（1949年至20世纪90年代初期），在儿童早期照顾规范性需求的界定中，体现了政府的重要责任，这一时期，政府对儿童早期照顾投入水平较高，依托单位发展广泛覆盖的托育服务。在政策与社会支持较为充足的情况下，家庭的感觉性需求和表达性需求、不同社会群体的比较性需求均呈现相应特点，比如家庭在儿童早期照顾中的总体需求感知相对较低、压力较小，在托育服务方面的需求满足程度相对较高、对于祖辈照顾的依赖相对较低。由于规范性需求中对需求范围的界定较广，因而家庭整体压力偏小，不同社会群体在儿童早期照顾中的比较性需求相对较小。由于规范性需求中对儿童早期教育重视程度较低、社会支持较少，家庭对儿童早期教育的关注较少，并主要依赖自身资源进行，体现出不同受教育程度家庭之间的比较性需求。

在强家庭责任阶段（20世纪90年代中期至2010年左右），根据规范性需求的界定，早期照顾责任主要回归家庭，政府对于儿童早期照顾的投入与支持减少，儿童早期社会服务大幅减少，并从主要由单位供给转向主要由市场供给。在政策与社会支持较为缺乏的情况下，家庭在儿童早期照顾中的总体需求感知相对较高、压力较大,家庭在托育服务方面的需求满足程度相对较低、对于祖辈照顾的依赖相对较高。由于规范性需求中对需求范围的界定较窄,拥有早期照顾社会服务支持的家庭较为有限,不同社会群体在儿童早期照顾中的比较性需求相对较大。另外,尽管规范性需求中对儿童早期教育重视程度有所提升,但社会支持仍然较少,家庭对儿童早期教育的关注虽有所增加,但主要依赖自身资源进行,仍然体现出不同受教育程度家庭之间的比较性需求。

在政策重构阶段(2010年代初期至今),尽管家庭仍然是儿童早期照顾责任的主要承担者,但政府逐渐将儿童早期照顾问题纳入公共议题,并致力于增加市场中儿童早期照顾社会服务的有效供给。虽然重新获取政策与社会支持,但政策效果的显现还需要长期的过程,家庭在感觉性需求、表达性需求、不同社会群体的比较性需求中呈现的特点基本与强家庭责任阶段(20世纪90年代中期至2010年左右)一致。

二 感觉性需求、表达性需求、比较性需求对规范性需求的推动作用

尽管规范性需求在四类需求中占据主导地位,但规范性需求的界定在一定程度上是为了满足家庭的感觉性需求、表达性需求。比较性需求可以反映规范性需求的合理性、公平性。在家庭的感觉性需求和表达性需求持续强烈、比较性需求较大的情况下,规范性需求的界定会受到质疑和挑战。

在强政策支持阶段(1949年至20世纪90年代初期),儿童早期照顾政策主要目标是为了增加女性劳动力供给与妇女解放,尽管政府更多从国家建设、经济发展的需要来界定儿童早期照顾的需求标准,但满足家庭的感觉性需求、表达性需求,即减轻家庭照顾压力、将女性从家庭事务中解放出来,是增加女性参与劳动目标实现的前提。这

一时期，儿童早期照顾规范化需求与感觉性需求、表达性需求的契合度较高。不同社会群体在儿童早期照顾中的比较性需求相对较小。在强家庭责任阶段（20世纪90年代中期至2010年左右），规范性需求与感觉性需求、表达性需求之间的差距较大，规范性需求中对于需求内容、范围的界定难以满足家庭需要，家庭在儿童早期照顾中的总体需求感知相对较高、压力较大，并在托育服务、祖辈照顾等方面的需求满足程度相对较低，不同社会群体在儿童早期照顾中的比较性需求相对较大。在此背景下，规范性需求在政策重构阶段（2010年代初期至今）进一步调整，提出改善民生等政策目标，兼顾国家建设与家庭福利、儿童福利的需要界定需求标准，规范化需求与感觉性需求、表达性需求的契合度进一步提高。规范性需求的调整是对上一阶段家庭感觉性需求、表达性需求以及比较性需求的直接回应。

三 感觉性需求与表达性需求具有正相关关系

儿童早期照顾中的感觉性需求主要是家庭在儿童早期生活照顾和早期教育中感知或未感知的压力和困难。当某一方面的感觉性需求出现时，家庭可能通过选择某种早期社会服务或某一特定照顾方式来缓解需求，其中，家庭在选择某种方式的过程中体现的需求即为表达性需求。感觉性需求与表达性需求具有正相关关系，感觉性需求依托于某种特定方式的表达得以实现。在强政策支持阶段（1949年至20世纪90年代初期），家庭在托育照顾服务中的感觉性需求、表达性需求满足程度相对较高，大多数家庭对于这一照顾方式具有偏好和需求并得以实现。而在强家庭责任阶段（20世纪90年代中期至2010年左右），家庭在托育机构照顾服务中的感觉性需求、表达性需求满足程度均相对偏低，大多数家庭对于这一照顾方式具有偏好和需求但未得以实现。

四 比较性需求是对感觉性需求、表达性需求中不平衡现象的体现

比较性需求隐含在感觉性需求和表达性需求中，是对不同社会群

体在感觉性需求、表达性需求方面存在不平衡现象的体现，一定程度上代表着儿童早期照顾资源分配的合理性与公平性。在不同阶段，由于父母职业、家庭经济水平等因素，不同社会群体在托育照顾服务中的感觉性需求、表达性需求体现出不平衡，形成不同程度的比较性需求，需要通过加强政策支持、托育服务有效供给支持缩小差距。

第三节　对社会需求类型论的补充

在对中国大城市儿童早期照顾需求进行实证研究的基础上，本节将对社会需求类型论进行补充完善，并尝试提出本土化的社会服务需求分析框架。

一　扩大社会需求类型论的使用范围

布莱德萧的社会需求类型论是在西方发达国家社会服务资源较为充足的情况下提出的，讨论在政策形成过程中如何进行社会服务需求评估，在认识需求的基础上组织社会力量去帮助他人满足需求，重点在执行层面探讨如何对社会服务资源进行有效、合理的分配。与西方国家相比，当前我国儿童早期照顾社会服务还处于起步阶段，儿童早期照顾社会服务的未来发展方向、国家应在多大程度上给予关注和支持、以何种方式进行资源投入都需要进行充分的论证，因而需要在充分了解和评估各类需求的基础上，首先在宏观层面对中国大城市儿童早期照顾问题进行关注和支持的必要性、政策的发展方向、家庭和政府的责任划分等问题进行分析，然后才能在执行层面探讨如何对社会服务资源进行合理的投入和分配。因而，布莱德萧的社会需求类型论主要关注资源分配阶段的问题，而儿童早期照顾问题需关注资源投入和分配两个阶段的问题。在此背景下，需要进一步调整规范性需求、感觉性需求等四类需求的测量内容。

二 优化社会需求类型论的需求研究内容

本书尝试对社会需求类型论中规范性需求、感觉性需求等四类需求的测量内容进行调整，一方面，是为了满足社会服务发展起步阶段中需求评估的需要；另一方面，更重要的是为建立更科学化的测量指标、更准确的测量需求。

规范性需求。按照布莱德萧的定义，规范性需求是由政府管理人员或专家学者根据某一状况界定的需求，而不是由当事人自己主观地感受到或主动地提出，同时，规范性需求没有标准的、绝对的定义，可能随着时间、社会价值、不同社会群体的价值标准、价值判断的变化而改变。其中，布莱德萧并未对规范性需求的界定过程、内容的合理性进行深入的探讨，只是强调需求界定的主体为政府管理人员或专家学者，而不是社会服务需求的当事人。在此基础上，对规范性需求的研究应包括以下内容：

一是规范性需求界定的宏观背景。比如，可以对国家经济发展水平、政府市场社会关系、社会福利方式、发展社会服务的政策目标等进行分析，从而可以更好地判断政府在社会服务发展中的角色定位、支持能力等。

二是规范性需求的界定主体。长期以来，我国儿童早期照顾社会服务规范性需求界定的主体主要是政府管理人员，尽管在不同阶段对专家学者、社会服务需求当事人的意见和建议有着不同程度地吸纳，但总体上还不够充分。由于不同社会群体对规范性需求有着不同的价值标准，在社会服务资源较为有限的情况下，政府管理人员作为单一的规范性需求界定主体可能会更为偏重考虑政府需求。比如，在对我国大城市儿童早期照顾政策目标分析中，在强政策支持阶段（1949年至20世纪90年代初期）、强家庭责任阶段（20世纪90年代中期至2010年左右），政策目标的设定更多从国家建设、经济发展等方面出发，对家庭福利、儿童福利考虑较为有限。因而，在政府主导的前提下,规范性需求界定的主体需要更为多元化,应吸纳专家学者、社会服务需求当事人等多方社会和市场力量参与。

三是规范性需求的具体内容。规范性需求的具体内容包括政策文本和政策实践两个方面,需要对政策及其实施情况进行综合分析,政策文本侧重于政府对社会服务发展在理念层面的阐述,而政策的具体实施状况可以反映对理念的执行,两方面的分析有助于更为准确地把握规范性需求的内容。

感觉性需求。布莱德萧提出,感觉性需求主要关注人们对需求的主观感知,通过询问个人是否需要某一特定社会服务,可以反映出个人希望的需求和想要的服务。感觉性需求具有一定主观性,是对真实需求的不充分测量,可能被不是真正需要帮助而寻求帮助的人夸大,也可能受到个人认知的限制。另外,苏珊·克莱顿认为,布莱德萧将人们对需求的主观感知等同于需要,想要某项服务与是否真的需要某项服务是两个不同的问题、不能完全等同。为最大程度减少个人主观因素的影响,对感觉性需求的测量,既要通过直接询问受访者是否需要某一方面的社会服务获取信息,更要重视对受访者所描述的生活状态、困难、压力、影响等诸多方面来衡量家庭是否存在真正的社会服务需求。比如,在儿童早期照顾感觉性需求的研究中,以扎根理论为基础,通过访谈的方式对家庭在儿童早期照顾中的生活状态进行了全面了解,包括家庭在早期照顾中的经济压力状况及其原因,儿童照顾方式的选择及其影响因素,各类儿童照顾方式的基本状况、照顾质量、家庭态度(如满意因素或不满意因素),父母对儿童早期教育中的投入、教育质量,家庭所选择的照顾方式和教育方式带来的潜在影响等。在此基础上提炼出家庭的真实感知需求状况。

表达性需求。布莱德萧将表达性需求界定为:当人们将他们内心或潜在的"感受需求"通过行为表达出来,使其他人明白他们的意愿与要求时,就成为了"表达性需求"。表达性需求常通过希望获得某项社会服务的等候名单作为衡量标准。然而,这一指标不够充足,因为最需要服务的人可能表达起来最困难，可能因此被排除在外。在表达性需求中，不使用服务等候名单作为需求测量标准，而是倾向于通过了解受访者选择或不选择某一项服务背后的原因、影响因素及其带来的潜在影响，来判断服务供给是否合理、受访者是否有真正的需求。

比较性需求。布莱德萧提出，针对某种特征所作的比较，如个人或社区具有同已接受服务的个人和社区的相同特征，但却没有接受同样的服务，而他们也是服务的需求者。这种与其他个人和社区比较，产生了在公平原则下"比较性需求"。他和苏珊·克莱顿均认为对不同社会群体在社会服务中的比较性需求较难测量，一方面，如何判断已接受服务和未接受服务的个人和社区具有相同特征有一定难度；另一方面，对具有不同社会经济条件地区进行比较可能是不合理的。因此，应将"已接受服务和未接受服务的个人和社区是否具有相同特征"作为需求比较的前提。在某些社会服务中，尤其在针对社会弱势群体服务提供的社会服务如公共保障住房服务中，需要通过对个人和社区的基本特征进行分析，以判断是否存在应该纳入但尚未纳入社会服务范围的人群或社区而导致社会公平问题。在儿童照顾、老年服务等具有普遍性的社会服务议题中，对于社会服务公平性的考量，可以通过比较具有不同特征的社会群体获取社会服务的能力来进行，尤其需要通过社会阶层的视角对不同受教育程度、经济社会地位的家庭的需求感知、生活状态、服务获取进行比较。

三 探索社会需求类型论中不同类型需求的互动关系

在布莱德萧的研究中，并没有对规范性需求、感觉性需求、表达性需求、比较性需求四者之间的互动关系进行探讨。苏珊·克莱顿对这一问题有所提及，认为之前的研究没有考虑四类需求之间的比较、每一类需求的强度，以及对有限资源的最优分配。本章第二节已对我国大城市儿童早期照顾需求间的互动关系进行了探讨，在此对需求互动关系进行进一步简要分析。

第一，规范性需求占据主导地位，感觉性需求、表达性需求、比较性需求对规范性需求的形成和发展具有推动作用。同时，规范性需求的界定在一定程度上为了满足感觉性需求、表达性需求，而比较性需求可以反映规范性需求的合理性、公平性。

第二，规范性需求与感觉性需求之间具有博弈关系，规范性需求界定的目标常常需要考虑成本控制、资源在不同社会群体间的分配等问题，而感觉性需求具有主观性、可能放大或缩小真实需求，比如无论是否真正需要某项服务、个人可能希望最大程度地获取社会服务支持。

第三，理想的需求互动关系：在规范性需求的界定中，充分考虑感觉性需求、表达性需求、比较性需求的状况，在国家发展与家庭或个体福利之间选取平衡点，缩小社会福利差距。

第四节 建立一个更好的体系：政策建议

本节将在中国大城市儿童早期照顾需求研究的基础上，对儿童早期照顾问题的未来发展提出对策建议。

一 进一步明确儿童早期照顾政策体系的普惠性发展方向

在社会政策与社会福利领域，一直伴随着相应的争论，随着中国经济进入新常态阶段，相关的争论就更为激烈，主要集中在"福利社会"（福利国家）论与"高福利陷阱"论之争，前者认为中国还需要加强福利社会（福利国家）建设，而后者则要警惕高福利陷阱。[①] 在儿童早期照顾领域，也面临着同样的问题，有观点认为儿童早期照顾责任应由家庭承担、国家不需要干预，或认为儿童早期照顾问题并不

---

① 参见王春光《中国社会政策阶段性演变逻辑》，《国家行政学院学报》2018年第3期。

是当前社会发展中最迫切需要解决的问题,对这一问题的支持会加重国家负担。也有观点认为国家应该在儿童早期照顾中承担必要的责任。面对有限的社会资源和复杂多样的社会需求,如何确定国家是否需要在儿童早期照顾领域给予更多投入,以及国家在儿童早期照顾中的责任分担程度、政策支持力度。

当前在儿童早期照顾领域,尽管政策支持力度进一步加大,但大城市家庭依然承担着较大的压力,家庭在儿童早期生活照顾中的总体压力感知较为强烈,在儿童早期教育中显现出不同受教育程度家庭的差异。总体上,儿童早期照顾社会服务的发展还处于兜底阶段,难以有效支撑家庭需求。比如,在经济需求方面,大多数家庭感觉有一定经济压力或经济压力较大,并且部分家庭在儿童早期照顾服务支出中的经济压力较大。有托育服务需求但未选择托育机构照顾服务的15个家庭中,有7个家庭由于托育服务价格整体较高而放弃这一选择。

> 在社会服务方面,由于内部项目多样性,其服务水平差异很大,其中像教育和医疗基本上实现了适度普惠,但是,其他社会服务大多还处于努力完成兜底服务阶段,还没有进入高级普惠和多元参与等高质量的发展阶段。所以,这离所谓的高福利陷阱还差很大的距离,如果有什么陷阱的话,那就是欠发达陷阱,即越是服务水平低,越难以获得提升,对社会和经济整体发展产生负面的影响。①

因而,无论从社会公平、女性劳动参与、人力资本提升、提高生育率,还是从改善民生、满足人民群众的美好生活需要等角度出发,国家应进一步发挥主导作用,完善顶层设计,增加国家在儿童早期照顾中的责任分担,进一步强调儿童早期照顾的公共性,继续加强国家

---

① 王春光:《中国社会政策阶段性演变逻辑》,《国家行政学院学报》2018年第3期。

对儿童早期照顾问题的政策支持与资源投入，建设普惠型的儿童早期照顾体系，使更多有儿童早期照顾服务需求的家庭能够在经济上具有可负担性。

目前，在国家层面，儿童早期照顾服务的发展方向已进一步明确。2010年初期，我国开始提出"公益性普惠性"的发展方向，不过这一时期更侧重为家庭提供指导性服务，而较少提及直接面向儿童的照顾服务。2019年，儿童早期照顾服务的发展方向逐步明确，即"普惠优先"，"优先支持普惠性婴幼儿照护服务机构"。随后，政府出台《支持社会力量发展普惠托育专项行动实施方案（试行）》，在全国城市范围内，通过财政支持的方式引导普惠性服务的发展。2020年7月，国家发展改革委下达普惠托育服务专项行动2020年中央预算内投资，共安排资金10亿元，主要支持综合性托育服务机构、社区托育服务设施两类项目，预计将新增托位数10万个。[①] 这一专项行动的政策目标在于通过中央预算内投资调动地方和社会力量的积极性，通过"政策支持包"带动社会力量提供普惠性托育服务供给。尽管普惠性托育服务机构的建设取得一定进展，但在总体上数量不足，家庭依然面临着入托难、价格高等问题。

未来，为进一步弥合政府视角、家庭视角、社会公平视角中的儿童早期照顾，可继续探索为服务发展提供全方位的政策支撑，适度增加政府资源投入，加强在财政投入、用地保障、税收优惠、信息化服务等方面的支持。例如，用地保障是托育服务机构发展的基础性问题，也是其发展中的堵点和难点问题。目前，托育服务机构的发展面临着建设用地难以保障、使用成本过高等难题。政府可通过重视用地规划安排、盘活存量土地资源、为非营利性托育服务机构建设用地提供支持等多种方式，加强用地保障，缓解用地供给困难。我国政府可

---

① 《10亿元中央预算内投资带动社会力量 致力提供普惠性"托育服务包"》（https://baijiahao.baidu.com/s?id=1673633061006862418&wfr=spider&for=pc），最后检索时间：2021年2月22日。

进一步加强财政支持，尤其是增加对普惠性机构的财政投入，并通过税收减免、财政补贴、提供公租房等多种形式分担托育服务机构的成本，减轻家庭在获取服务中的经济压力。同时，政府应精准聚焦弱势家庭，加大对他们的支持，助薄扶弱、保障公平。

二　明确儿童早期照顾服务的基本公共服务定位、促进多元参与

第一，明确基本公共服务定位。当前，我国儿童早期照顾政策进入重新调整的关键阶段，儿童早期照顾问题再次成为重要的公共议题之一。尽管取得一定进展，"政策引导"和"家庭为主"等政策理念意味着政府在托育服务中投入的资源是较为有限的，更希望通过建立规范的秩序吸引社会力量的参与，而在实践中这一定位与家庭的合理需求尚存在一定差异。在2019年出台的《加大力度推动社会领域公共服务补短板强弱项提质量 促进形成强大国内市场的行动方案》等政策文件中，将儿童早期照顾社会服务定位于非基本公共服务。下一步，应进一步厘清定位，将3岁以前的儿童早期社会服务纳入基本公共服务体系中，争取更多的政策资源支持，使不同家庭背景的儿童能有同等机会获取儿童早期照料与教育的机会，促进社会公平。

第二，促进多元参与，增加有效供给、合理分担儿童早期照顾成本。多元福利理念成为三十年来福利提供的主要思路。在多元福利体系中，国家依然扮演着积极的角色，如供给框架的界定与操作、良性发展条件的创造与维系、资源公正分配的主导与保障、资金来源的筹集与协调等，但同时注重培育自助精神而非过度依赖政府，增强邻里、社区等志愿组织和家庭的福利提供功能和能力。[①] 建构一个由国家、市场、社会和家庭共同参与和多元一体的儿童早期照顾体系，有助于合理分担儿童早期照顾成本、增加有效供给。

根据前文对不同历史阶段儿童早期照顾需求的分析，可知具有公

[①] 参见韩央迪《从福利多元主义到福利治理：福利改革的路径演化》，《国外社会科学》2012年第2期。

共性的集体福利式托育服务体系在缓解家庭儿童早期照顾压力方面发挥了重要作用。同时，由于集体福利式托育服务的经济成本主要由国家和单位承担，只对家庭象征性收费或不收费，国家和单位面临着承受较大福利负担的问题。目前，对更好地应对福利负担问题，可选择国家、市场、社会、家庭合理分担儿童早期照顾社会服务成本的方式。首先，明确市场在资源配置中的决定性作用，鼓励通过市场化方式，采取公办民营、民办公助等多种形式，发展儿童早期照顾服务。其次，国家可进一步改革财税体系，通过税收减免、财政补贴、提供公租房等多种形式分担家庭和非营利性托幼服务机构的儿童照顾成本。[①] 再次，可探索进一步放权，降低托育机构的进入门槛和运营成本。例如，当前部分托育机构使用的房屋在建设标准上很难达到国家政策要求，尤其在人均用房面积、室外活动人均场地面积、厨房面积等方面。部分托育机构表示，能达标的房屋如商业中心用地等价格昂贵，带来托育服务运营成本和托育服务价格的高涨，而部分位置合理、租金较低的地方如社区托育点能较好地满足家庭托育服务需求，但由于其难以达标而不能正式登记注册。可考虑社会、市场的实际情况，在确保安全、规范的底线上，适当降低市场力量与社会力量进入这一服务领域的门槛，给予更充足的空间。可进一步将重视房屋产权、服务设施等硬件指标作为准入要素，向注重软性服务等指标转变。

三 增加儿童早期照顾服务供给，发展多元化、多层次服务

在发展各类营利性机构、非营利性机构的同时，充分挖掘社会资源，进一步支持发展多样化的托育服务，满足不同类型家庭的需求。一方面，发展更为灵活、以需求为导向的托育服务，以服务的供需状况、家庭具体需求等定期调查数据为基础，引导发展全日制、半日制、假期托管、计时托管、入户指导等多种形式的服务，以满足家庭

---

① 参见岳经纶、范昕《中国儿童照顾政策体系：回顾、反思与重构》，《中国社会科学》2018年第9期。

多样化需求；另一方面，发展不同类型的托育服务，如"熟人社会"中的单位托育服务、社区托育服务等，满足中国家庭心理需求。

一是鼓励用人单位开设托育服务。在计划经济时期和改革开放初期，以"单位制"为依托的托育服务机构曾极大地增加了服务供给，解除了职工的后顾之忧。当下，用人单位开设托育服务在用地资源、场地设施等方面具有独特的优势，也符合职工家庭在熟悉的环境中获取服务的心理需求。可加大对用人单位内设婴幼儿照护服务机构的支持力度，支持用人单位以单独或联合相关单位共同举办的方式，在工作场所为职工提供福利性婴幼儿照护服务如寒暑期托管、弹性工作时间托管服务等，有条件的可向附近居民开放。

二是加大对社区托育机构的支持。对于家庭而言，"熟人社会"中的社区托育机构具有人文社会环境、熟人资源等方面的优势，并在地理位置上具有便利性，可以依托社区已有的正式或非正式资源发展托育服务。其中，社区托育机构的发展面临着场地问题的约束。部分社区托育机构的负责人表示，政策对社区托育机构的场地要求较为严格，规定必须在有产权证的商业用地上才能建立。目前大部分社区托育机构仍以投资和规模相对较大的托育园形式运行，申请条件较为苛刻，普及度不高。① 未来，可在确保房屋质量安全的前提下，探索放宽房屋产权性质要求，促进社区托育机构的普及。

三是探索发展家庭式托育服务。长期以来，由于缺乏服务资质、服务质量参差不齐等因素，政府对家庭式托育服务的发展持谨慎保守的态度，在国家和各部委的政策中未对这一方式给予认可，仅有个别地方对其发展给予支持。根据国际经验，家庭式托育服务具有社区化、微型化、多样化等特点，因有利于服务社区、成本低、满足个性化需求等因素，可满足一部分家庭的需求。未来，可探索对这一方式的合理引导和管理，研究制定家庭式托育服务的设置标准、管理规范、质

---

① 《社区托育服务模式"春天"渐近》（http://www.chinajsb.cn/html/202005/20/10304.html），最后检索时间：2021年2月19日。

量评估指标体系等行业规范,在规范管理中发展家庭式托育服务。

四是探索整合发展0—6岁儿童照顾社会服务体系。目前,主要面向3—6岁儿童的学前教育体系已被纳入基本公共服务范围,以普惠性、保基本、均等化、可持续为发展方向。自20世纪80年代以来"保教一体化",促进"幼儿园"与"托儿所"的机构融合教育和照顾的功能成为世界各国托幼服务发展的方向,并且,在0—6岁儿童成长过程中,照顾与教育是相互交融、难以分割的。整合的儿童照顾服务体系在儿童发展、服务供给质量和师资服务质量都显著优于二元的托幼服务体系。[①] 应进一步加强科学规划,完善儿童照顾服务体系,形成完善的儿童照顾管理体制、办园体制和政策保障体制。

四 强化政府监管,提升托育服务质量发展

第一,保障儿童照顾服务基本质量,有效满足家庭需求。在强政策支持阶段(1949年至20世纪90年代初期),较低质量的儿童早期照顾服务难以满足家庭需求,不利于儿童成长,并给家庭带来较大压力。在当下,也有部分家庭有托育服务需求但未选择这一方式,主要原因之一在于托育机构照顾整体质量不高。与过去相比,当前我国社会主要矛盾已转变为人民对美好生活的需要同不平衡不充分的发展之间的矛盾,家庭对儿童照顾服务有更为多元化的需求,儿童照顾服务质量将对儿童照顾方式的选择产生重要影响。同时,我国儿童照顾服务市场发展尚不规范,存在诸多不足,并在托幼机构负面消息频发的情况下,面临着公信力的挑战。

未来的发展中,应进一步重视儿童照顾服务基本质量的保障,严格执行行业准入标准、管理规范和监管标准,对服务机构的服务质量等方面进行常态化监督:一是强化政府监管责任,建立综合监管机制。按照属地管理和分工负责的原则,地方政府应对婴幼儿照顾服务

[①] 参见岳经纶、范昕《中国儿童照顾政策体系:回顾、反思与重构》,《中国社会科学》2018年第9期。

机构的规范发展和安全监管负主要责任，负责制定服务的规范细则，并严格按照有关法律法规进行违法查处。二是需更加注重事中事后、过程性监管，对服务机构的服务质量等工作进行常态化监督。一方面，需建立举办者自查、相关职能部门和管理机构网上巡查和抽查、街镇牵头联合检查等多种方式相结合的综合监管体系、日常检查机制；另一方面，建立归口受理和分派机制，建立由特定部门牵头的归口受理机制，尤其要重视社会监督作用的发挥、提高回应性。

第二，完善社会和市场监督机制。一是进一步建立和完善托育服务机构设置标准体系、管理规范、质量监管标准，并定期进行动态调整，对服务机构安全性、卫生和健康、服务时间、教师照顾水平等方面进行全面评估和监管。二是健全婴幼儿照顾服务监管手段，定期进行托育服务机构等级评定，向社会公开发布。既借助行政手段，规范并敦促托育机构提升管理服务水平、依法保障服务对象的合法权益，也强调行业自律、敦促机构不断提升自身的服务质量。① 三是强化社会信用体系建设。将托育服务机构及其工作人员的信用信息纳入全国信用信息共享平台，实施守信联合激励和失信联合惩戒。依法逐步实行工作人员职业资格准入制度，对虐童等行为零容忍，对相关个人和直接管理人员实行终身禁入。②

五 完善家庭政策、增强家庭功能

为进一步给家庭"赋能"、增加家庭的功能，在家庭政策方面，首先，应进一步完善亲职假制度，在带薪产假制度的基础上增设带薪父母假，通过对父母在儿童照顾时间上的支持，增强家庭功能的发挥。自20世纪70年代以来，西方工业化国家相继增设父母假，给予

---

① 参见杨菊华《论政府在托育服务体系供给侧改革中的职能定位》，《国家行政学院学报》2018年第3期。
② 《婴幼儿照护人员信息将纳入全国信用平台》（http://epaper.bjnews.com.cn/html/2019-05/11/content_754316.htm?div=-1），最后检索时间：2021年2月20日。

工作父母在家照看孩子的权利，由父母双方共同享受。一方面，是强调父母照顾的重要性，使孩子在出生后的第一年至少获得父母亲中一方的照顾；另一方面，是强调父母共同育儿和男性参与，改变家庭内照顾活动的性别分工，增进性别平等。在我国工业化、城市化水平不断提高的情况下，尤其在父亲参与不够充分的情况下，需要普遍增强父母角色的作用，对家庭在儿童照顾时间上给予支持。①

其次，增强对祖辈照顾的支持。当前我国大部分家庭选择祖辈照顾方式，其中大多数家庭是被动选择这一方式，祖辈面临着较大的体力、精力等多方面的压力。在当前和今后一段时期，祖辈照顾仍然是最主要的儿童早期照顾方式之一。因而，需正视祖辈照顾的社会价值，而不仅仅将其视为家庭事务，可通过为选择祖辈照顾的家庭提供灵活多样的补贴形式，以社区为平台为家庭提供"喘息服务"等方式，增强对祖辈照顾的支持。

再次，完善就业保障政策。自强家庭责任阶段（20世纪90年代中期至2010年左右）开始，随着政策和服务支持的减弱，由于儿童早期照顾的需要，越来越多的女性回归家庭成为全职母亲，这一现象在体制外就业的女性中更为明显。因而，有必要进一步完善就业保障政策，一方面，减少父母尤其是母亲因生育、儿童早期照顾而导致的失业；另一方面，支持父母重返工作岗位，为其提供信息服务、就业指导和职业技能培训等。

最后，加强对0—3岁儿童家庭教育指导服务。家庭是人生的奠基石，家庭教育对于儿童心智发展的影响有极其重要的作用，远远大于外界的影响。国内外研究表明，这一服务有助于增强家庭功能，提升家庭养育理念和行为、养育水平。同时，不同受教育程度家庭在儿童早期教育质量方面存在一定差异，受教育程度较低的家庭在儿童早期教育中存在更多不足。当前，对家庭的科学养育指导、入户指导仍

---

① 张亮：《中国儿童照顾政策研究——基于性别、家庭和国家的视角》，博士学位论文，复旦大学，2014年。

然不够充分。尽管政策文件中已作出相关规定，目前仍多以社会组织、社区、政府机构零散的项目式推进为主，覆盖面有限，难以满足大多数家庭的需求。而在农村贫困地区，家庭对科学养育指导的需求更为强烈，中国发展研究基金会和全国妇联对贫困地区5000多名婴幼儿的调查显示，86.4%的婴幼儿没有接受过任何早期养育和照顾的服务，家庭养育环境也很差。[①] 而家庭科学养育指导服务的普及有助于提升家庭养育质量和儿童发展水平，一定程度减少贫困的代际传递。因而，为提升家庭教育水平、缩小社会差距，加强对儿童照顾者的教育指导至关重要，应进一步重视发展家庭科学养育指导服务。未来，可加大政策支持力度，因地制宜设立服务的定量指标，动员社会组织、社区、企业等多元主体参与服务供给。尤其需探索针对农村地区的服务，将农村处境不利家庭的科学养育指导服务列入各级财政计划，对入户指导、线上指导等项目给予稳定的经费支持，实现项目的可持续，探索可负担、可复制的兜底保障公共服务机制。

第五节　基本研究结论

本书以社会需求类型论为基础，对强政策支持阶段（1949年至20世纪90年代初期）、强家庭责任阶段（20世纪90年代中期至2010年左右）、政策重构阶段（2010年代初期至今）的中国大城市儿童早期照顾需求进行了分析，包括规范性需求、感觉性需求、表达性需求、比较性需求四个方面。

一　不同时期儿童早期照顾的规范性需求、感觉性需求、表达性需求、比较性需求呈现出不同特点

自强政策支持阶段（1949年至20世纪90年代初期）、强家庭责

---

① 《3岁以下婴幼儿超4700万，你的宝宝谁来带？》（http://m.xinhuanet.com/gd/2020-12/25/c_1126904564.htm），最后检索时间：2021年2月16日。

任阶段（20世纪90年代中期至2010年左右）至政策重构阶段（2010年代初期至今），国家与家庭在儿童早期照顾中的责任划分先后经历了以下过程：国家与家庭共同在儿童照顾中承担重要责任→儿童照顾责任回归家庭，国家发挥兜底作用→家庭承担主要责任、儿童照顾朝着公共性方向发展。不同阶段规范性需求的发展状况与特点，主要体现在政策内容及其实施过程中，并受到不同时期社会背景（国家经济发展水平、政府市场社会关系、社会福利方式、社会文化）与政策目标的影响。同时，家庭的儿童早期照顾总体需求也随之发生变化，经历了由弱到强的过程，主要受到国家政策支持、儿童早期照顾社会服务的有效供给、家庭人力资源如祖辈有效支持、母亲支持与压力等因素的影响。在不同时期，不同家庭在享有儿童早期照顾社会服务的数量与质量上、在儿童早期教育质量上存在一定差距，主要与父母职业因素、所在单位因素、家庭经济水平、受教育程度等因素相关。

在强政策支持阶段（1949年至20世纪90年代初期），政府是儿童早期照顾责任的重要承担者，单位是集体福利式托育服务的主要供给者。尽管在大城市中公共托育服务供给最为充足，但不同社会群体在享有服务的数量与质量上存在一定差距，主要与父母职业因素、所在单位因素相关。同时受到父母受教育程度的影响。这一时期，家庭在儿童早期照顾中的经济需求、早期生活照顾和早期教育中的总体需求感知较低，并且，家庭对于祖辈照顾的需求较低，较为充足的托育机构照顾服务资源较好地满足了大多数家庭的儿童早期照顾需求，母亲的照顾压力相对较小，父亲的参与相对较少。在儿童早期教育方面，家庭对儿童早期教育重视程度较低，并在儿童早期教育认知与实践的科学性与合理性方面存在不足。

在强家庭责任阶段（20世纪90年代中期至2010年左右），儿童早期照顾责任主要回归家庭，儿童早期照顾社会服务供给转向市场化，并在服务供给数量上大幅减少。不同经济社会地位的家庭在托育照顾服务获取能力上存在差异。不同家庭在儿童早期教育中的差异受到父母受教育程度的影响。这一时期，家庭在儿童早期照顾中的经济需求较低，在早期生活照顾中总体需求感知有所提升，如家庭对于祖辈照顾的需求增加，有限的托育照顾服务资源对家庭需求的满足度不高，母亲的照顾压力有所增加、全职母亲数量增加，父亲的参与有所提高。在儿童早期教育方面，家庭对儿童早期教育重视程度、对儿童早期教育认知与实践的科学性与合理性方面均有所提升。

在政策重构阶段（2010年代初期至今），尽管家庭仍然是儿童早期照顾责任的主要承担者，但政府逐渐将儿童早期照顾问题纳入公共议题，加强政府对托育服务有效供给的支持。不同经济社会地位、不同受教育程度家庭分别在托育照顾服务获取能力、儿童早期教育质量中存在差异。同时，家庭在儿童早期照顾中的经济需求、早期生活照顾中总体需求感知均较为强烈，如家庭对于祖辈照顾的需求增加、祖辈面临较大的照顾压力，托育机构照顾服务缺乏有效供给、对家庭需求的满足度不高，母亲仍面临较大的照顾压力、全职母亲数量仍高居不下，父亲的参与进一步提高。在儿童早期教育方面，家庭对儿童早期教育重视程度、对儿童早期教育认知与实践的科学性与合理性方面均进一步提升。

在对不同时期儿童早期照顾的规范性需求、感觉性需求、表达性需求、比较性需求分析的基础上，需进一步探索如何确定真正的需求。对儿童早期照顾真实需求的探索，需综合考虑国家经济发展和社会福利水平、社会公平程度、家庭在儿童早期照顾中的需求感知和服务获取能力等因素，在国家发展与家庭需求之间选取平衡点。

二 儿童早期照顾需求互动关系：规范性需求占据主导地位，其他类型需求对其具有促进作用

在我国大城市儿童早期照顾需求互动关系中，规范性需求均占据主导地位，同时，感觉性需求、表达性需求、比较性需求对于规范性

需求的形成与发展具有促进作用，在政策与社会支持较为充足的情况下，家庭在儿童早期照顾中的总体需求感知相对较低、压力较小，儿童早期照顾社会服务的可获取性更强，不同社会群体在儿童早期照顾中的比较需求相对较小。在政策与社会支持较为缺乏的情况下，各方面的需求更为强烈。

三 政策建议：需进一步加强我国大城市儿童早期照顾政策和社会服务体系建设、促进家庭功能的发挥

总体上，我国大城市儿童早期照顾社会服务的发展还处于兜底阶段。无论从社会公平、女性劳动参与、人力资本提升、提高生育率，还是从改善民生、满足人民群众的美好生活需要角度出发，都需要继续加强国家对儿童早期照顾问题的政策支持与资源投入，建设适度普惠型的儿童早期照顾体系。需进一步注重公共性、促进多元参与，加强儿童早期照顾社会服务体系的建设：明确儿童早期照顾的基本公共服务定位；促进国家、市场、社会和家庭的多元参与，增加有效供给、合理分担儿童早期照顾成本；保障儿童照顾服务基本质量，制定行业准入标准、管理规范和监管标准，注重事中事后监管。在家庭政策方面，应进一步完善亲职假制度，在带薪产假制度的基础上增设带薪父母假，同时，加强对0—3岁儿童家庭教育指导服务，提升家庭教育水平，增强家庭功能的发挥。

四 社会需求类型论需进一步扩大使用范围、优化需求研究内容、探索需求互动关系

社会需求类型论是在西方发达国家社会服务资源较为充足的情况下提出的，主要关注资源分配阶段的需求问题，而儿童早期照顾问题需关注资源投入和资源分配两个阶段的需求问题。在此背景下，需要进一步调整需求测量内容，建立更科学化的测量指标、更准确地测量需求。其中，对规范性需求的研究应包括规范性需求界定的宏观背

景、界定主体、政策文本和政策实践等方面内容。为最大程度减少个人主观因素的影响，对感觉性需求的测量，既要通过直接询问受访者是否需要某一方面的社会服务获取信息，更要重视对受访者所描述的生活状态、困难、压力、影响等诸多方面来衡量家庭是否存在真正的社会服务需求。在表达性需求中，可通过了解受访者选择或不选择某一项服务背后的原因、影响因素及其带来的潜在影响，来判断服务供给是否合理、受访者是否有真正的需求。在比较性需求中，在儿童照顾、老年服务等具有普遍性的社会服务议题中，对于社会服务公平性的考量，可以通过比较具有不同特征的社会群体获取社会服务的能力来进行。

同时，在社会需求互动关系中，规范性需求占据主导地位，感觉性需求、表达性需求、比较性需求对规范性需求的形成和发展具有推动作用；规范性需求与感觉性需求之间具有博弈关系；在规范性需求的界定中，充分考虑感觉性需求、表达性需求、比较性需求的状况，在国家发展与家庭或个体福利之间选取平衡点，缩小社会福利差距，是较为理想的需求互动关系。

第六节 研究的创新点与不足

一 研究的创新点

本书的创新之处主要包括两个方面。一是研究内容的创新。我国儿童早期照顾领域的需求研究相对较少，相关主题研究较为分散，以需求为主线的研究较为稀缺，尤其对于中国大城市儿童早期照顾需求多角度的研究，如规范性需求、感觉性需求、表达性需求、比较性需求，分别从政府视角、家庭的需求感知视角、服务可获取性视角、社会公平视角出发进行研究，有助于厘清过去几十年和当下在这一领域的需求状况、特点、影响因素、发展方向等，在一定程度上丰富了这一领域学术研究的内容。

二是理论上的创新。本书将布莱德萧的社会需求类型论作为研究的基础理论以及全文的研究框架，然而，一方面，社会需求类型论本身在具体社会服务需求探索实践中存在不足；另一方面，由于中国与西方发达国家在社会福利制度、社会服务水平方面发展的不同，社会需求类型论在中国的适用性需要进一步思考。社会需求类型论在假定社会服务比较充足的情况下提出，而我国社会服务供给相对有限，在此情况下分析是否需要某一种特定的社会服务，需要进一步拓展社会需求理论的研究范围、调整需求的测量内容。因此，在理论创新方面，本书以中国大城市儿童早期照顾需求研究为例，在社会需求类型论的基础上，对其进一步补充完善，提出适用于中国国情的社会服务需求分析框架，在一定程度上填补社会服务领域理论研究中的不足。首先，本书调整了社会需求类型论中规范性需求、感觉性需求等四类需求的测量内容，如在感觉性需求中，避免通过直接询问受访者是否需要某一方面的社会服务而确定需求，而是从他们所描述的生活状态、困难、压力、影响等诸多方面来衡量是否存在真正的需求。在表达性需求中，本书不使用等候名单作为需求测量标准，而是倾向于通过了解受访者选择或不选择某一项服务背后的原因，或者选择服务的影响因素等，来判断服务供给是否合理以及受访者有真正的需求等。其次，本书通过对不同历史时期需求的纵向比较，将宏观背景下的经济社会发展因素纳入分析框架中，包括国家经济发展水平、政府、市场、社会的关系变迁、社会福利方式、关于儿童和家庭的价值观等。最后，本书对规范性需求、感觉性需求、表达性需求、比较性需求四者之间的互动关系进行了探讨。

二 研究不足

研究的不足主要在于样本选取方面。由于时间和资源限制，本书在调查样本的数量和范围上比较有限，尤其在第一阶段、第二阶段的访谈人数相对较少，样本的类型相对不够丰富。同时，由于研究的便利性，访谈对象所在地点主要分布在北京和武汉，对其他大城市的情况了解较少。

另外，在研究范围方面，本书主要研究正常婚姻状态下大城市普通家庭在儿童早期照顾的需求，并没有涉及单亲家庭或处于不利地位的贫困家庭、残疾家庭等。

三 研究展望

在本书对中国大城市儿童早期照顾需求研究的基础上，未来可进一步对大城市儿童早期照顾政策与服务体系的建设进行更为深入的研究，提出更具有可操作性、适合我国国情的发展策略与建议。并且，可扩大研究范围，对大城市处于不利地位家庭、中小城市家庭、农村家庭、流动人口家庭儿童早期照顾需求进行研究，尤其需要关注留守儿童的早期照顾问题，提出儿童早期照顾政策与服务的发展方向。

参考文献

白丽英、叶一舵：《亲子关系对儿童发展影响的研究综述》，《宁波大学学报》（教育科学版）2002年第1期。

鲍立铣、魏龙华：《家庭环境对儿童社会影响研究的综述》，《社会心理科学》2001年第4期。

陈红梅、金锦秀：《对城市0—3岁婴幼儿家庭教育的思考与建议》，《幼儿教育》（教育科学）2009年第12期。

陈红梅、骆萍：《武汉市散居0—3岁婴幼儿家庭早期教育需求分析》，《当代学前教育》2011年第3期。

陈立钧、杨大力、任强：《中国儿童现状调查》，社会科学文献出版社2016年版。

陈琳：《生育保险女性就业与儿童照料——基于中国微观数据的分析》，《经济学家》2011年第7期。

陈映芳：《国家与家庭个人——城市中国的家庭制度（1940—1979）》，《交大法学》2010年第1期。

单丽卿：《教育如何拆解社会——一个乡镇的教育调整与社会再造》，博士学位论文，中国社会科学院研究生院，2015年。

党春艳、慈勤英：《城市新贫困家庭子女教育的社会排斥》，《青年研究》2008年第12期。

邓锁：《从家庭补偿到社会照顾：儿童福利政策的发展路径分析》，《社会建设》2016年第2期。

邓元媛：《日本儿童福利法律制度及其对我国的启示》，《外国青年研究》2012年第3期。

邓佐君：《努力建构有中国特色的幼儿教育体系》，《幼儿教育》2003年第10期。

杜芳琴：《妇女研究的历史语境：父权制、现代性与性别关系》，《浙江学刊》2001年第1期。

杜凤莲、董晓媛：《转轨期女性劳动参与和学前教育选择的经验研究——以中国城镇为例》，《世界经济》2010年第2期。

杜凤莲：《家庭结构、学前教育与女性劳动参与：来自中国非农村的证据》，《世界经济文汇》2008年第2期。

范明林：《城市贫困家庭治理政策研究》，广西师范大学出版社2012年版。

高峰强等：《早期经验、早期训练与早期教育——精神分析与行为主义的视野及其启示》，《内蒙古师范大学学报》2003年第1期。

高小贤：《"银花赛"：20世纪50年代农村妇女的性别分工》，《社会学研究》2005年第4期。

龚维斌：《中国社会治理研究》，社会科学文献出版社2014年版。

龚维斌、马秀莲：《社会管理改革创新》，国家行政学院出版社2013年版。

龚维斌：《社会管理与社会建设》，国家行政学院出版社2011年版。

龚维斌：《社会结构变迁与社会治理创新》，国家行政学院出版社2014年版。

龚维斌：《中国特色社会主义社会治理体制》，经济管理出版社2016年版。

谷传华、陈会昌等：《中国近现代社会创造性人物早期的家庭环境与父母教养方式》，《心理发展与教育》2003年第4期。

郭元祥：《生活与教育》，华中师范大学出版社2002年版。

国家统计局社会统计司编：《茁壮成长的中国儿童——1983年全国儿

童抽样调查资料》，中国统计出版社 1985 年版。

何俊华、陈新景、高伟娟：《河北省农村 0—3 岁婴幼儿家庭教养状况的调查》，《牡丹江教育学院学报》2015 年第 8 期。

贺丹等：《2006—2016 年中国生育状况报告——基于 2017 年全国生育状况抽样调查数据分析》，《人口研究》2018 年第 6 期。

洪秀敏、庞丽娟：《学前教育事业发展的制度保障与政府责任》，《学前教育研究》2009 年第 1 期。

侯莉敏：《儿童生活与儿童教育》，博士学位论文，南京师范大学，2006 年。

黄安年：《当代美国的社会保障政策》，中国社会科学出版社 1998 年版。

黄晓燕、万国威：《中国儿童社会政策的理论反思与实践检验：2010—2015》，高等教育出版社 2017 年版。

蒋永萍：《50 年中国城市女性就业的回顾与反思》，载李秋芳主编《半世纪的妇女发展》，当代中国出版社 2001 年版。

李洪曾：《祖辈主要教养人的特点与隔代教育》，《上海教育科研》2006 年第 11 期。

李路路、李汉林：《中国的单位组织》，浙江人民出版社 2000 年版。

李彦章：《父母教养方式影响因素的研究》，《健康心理学杂志》2001 年第 2 期。

李莹、赵媛媛：《儿童早期照顾与教育：当前状况与我国的政策选择》，《人口学刊》2013 年第 2 期。

厉育纲：《加拿大儿童照顾政策及其对我国部分现行政策的启示——以安大略省儿童照顾政策为个案的分析》，《北京青年政治学院学报》2007 年第 3 期。

林崇德：《发展心理学》，人民教育出版社 1995 年版。

林青：《婴儿的父母和祖辈的教养方式研究》，《首都师范大学学报》（社会科学版）2009 年增刊。

刘国艳、王惠珊、张建端等：《父母教养方式对幼儿行为及情绪的影响》，《医学与社会》2008年第5期。

刘继同：《国家责任与儿童福利：中国儿童健康与儿童福利政策研究》，中国社会出版社2010年版。

刘金花：《儿童发展心理学》，华东师范大学出版社1997年版。

刘彤：《美国"开端计划"历程研究》，博士学位论文，河北大学，2007年。

刘晓东：《儿童教育新论》，江苏教育出版社1998年版。

柳倩：《国际处境不利学前儿童政策研究》，华东师范大学出版社2012年版。

陆士桢、魏兆鹏、胡伟：《中国儿童政策概论》，社会科学文献出版社2005年版。

吕达、周满生主编：《当代外国教育改革著名文献》，人民教育出版社2004年版。

吕勤、陈会昌、王莉：《儿童问题行为及其相关父母教养因素研究综述》，《心理科学》2003年第1期。

钱愿秋：《城区婴儿家庭教育现状的调查与审视——以四川省内江市为例》，《陕西学前师范学院学报》2017年第4期。

邱志鹏：《台湾幼托整合政策的概念、规划历程及未来展望》，《研习资讯》2007年第6期。

阮曾媛琪：《中国就业妇女社会支持网络研究——"扎根理论"研究方法的应用》，熊跃根译，北京大学出版社2002年版。

尚晓援等：《中国儿童福利制度的权利基础及其限度》，《清华大学学报》（哲学与社会科学版）2009年第2期。

孙艳艳：《儿童与权利：理论构建与反思》，博士学位论文，山东大学，2014年。

滕大春：《今日美国教育》，人民教育出版社1980年版。

佟新、杭苏红：《学龄前儿童抚育模式的转型与工作着的母亲》，《中华女子学院学报》2011年第1期。

万迪人、谢庆:《0—3岁婴幼儿早期教育事业发展与管理》,复旦大学出版社2011年版。

王芳:《中国儿童素质的影响因素研究——基于健康和教育的视角》,博士学位论文,南开大学,2010年。

王红、李薇:《托幼机构卫生保健现状分析》,《中国妇幼保健》2007年第22期。

王丽、傅金枝:《国内父母教养方式与儿童发展研究》,《心理科学进展》2005年第3期。

王晓燕:《日本儿童福利政策的特色与发展变革》,《中国青年研究》2009年第2期。

王兴华:《德国学前教育的发展现况和未来趋势》,《比较教育研究》2005年第3期。

王振耀:《重建现代儿童福利制度——中国儿童福利政策报告(2014)》,社会科学文献出版社2015年版。

夏雪、徐湨湨:《中美两国学前教育政府投入比较研究》,《外国教育研究》2012年第3期。

萧芳华、连宝静:《提供整合性幼托服务政策之国际趋势——以加拿大为例》,《教育资料集刊》2010年第45期。

谢春风:《我国教育行政决策的伦理困境与出路——基于流动儿童教育政策的伦理分析》,博士学位论文,北京师范大学,2011年。

徐小妮:《0—3岁婴幼儿教养教程》,复旦大学出版社2014年版。

严仲连、韩求灵:《加拿大发展社区儿童服务的经验》,《学术界》2017年第6期。

杨菊华:《论政府在托育服务体系供给侧改革中的职能定位》,《国家行政学院学报》2018年第3期。

杨启光:《儿童早期发展多元化目标整合的国际经验》,《学前教育研究》2015年第4期。

杨一鸣：《从儿童早期发展到人类发展》，中国发展出版社 2011 年版。

叶敬忠、李小云：《社区发展中的儿童参与》，中央编译出版社 2002 年版。

叶子、庞丽娟：《论儿童亲子关系、同伴关系和师生关系的相互关系》，《心理发展与教育》1999 年第 4 期。

印小青：《家庭教养方式与儿童发展关系研究综述》，《学前教育研究》2004 年第 10 期。

余宇、张冰子：《适宜开端——构建 0—3 岁婴幼儿早期发展服务体系研究》，中国发展出版社 2016 年版。

曾晓东：《发展早期教育如何把握国外经验》，《中国教育报》2009 年 11 月 15 日。

张辰、翁文磊：《公共政策与儿童发展》，上海社会科学院出版社 2012 年版。

张更立：《异化与回归——走向"生活批判"的中国儿童教育》，博士学位论文，南京师范大学，2011 年。

张晗、夏竹筠、武欣：《当代中国农村学前教育发展的困境与抉择》，华东师范大学出版社 2015 年版。

张丽华：《父母的教养方式与儿童社会化发展研究综述》，《辽宁师范大学学报》（社会科学版）1997 年第 3 期。

张亮：《中国儿童照顾政策研究——基于性别、家庭和国家的视角》，博士学位论文，复旦大学，2014 年。

张民生等：《0—3 岁婴幼儿早期关心与发展的研究》，上海科技教育出版社 2007 年版。

张天雪：《生存·保障·发展：国家儿童政策体系研究》，中国社会科学出版社 2013 年版。

张伟兵：《发展型社会政策理论与实践——西方社会福利思想的重大转型及其对中国社会政策的启示》，《世界经济与政治论坛》2007

年第 1 期。

张文新：《儿童社会性发展》，北京师范大学出版社 1999 年版。

张秀兰、徐月宾：《建构中国的发展型家庭政策》，《中国社会科学》2003 年第 6 期。

赵梅等：《从祖父母到代理双亲：当代西方关于祖父母角色的研究综述》，《心理发展与教育》2004 年第 4 期。

郑健成：《0—3 岁早期教育社区服务现状与示范性幼儿园作用的发挥》，《学前教育研究》2008 年第 1 期。

中国发展研究基金会：《中国儿童发展报告 2017》，中国发展出版社 2017 年版。

钟晓慧、郭巍青：《人口政策议题转换：从养育看生育——"全面二孩"下中产家庭的隔代抚养与儿童照顾》，《探索与争鸣》2017 年第 7 期。

周欣、周晶、刘婷：《可持续性早期儿童发展政策的理念和实施——亚太地区国家早期儿童发展政策制定的进展》，《幼儿教育》（教育科学）2011 年第 6 期。

朱家雄、裴小倩：《对面向未来的早期儿童教育的思考》，《幼儿教育》2003 年第 1 期。

朱平：《美国的贫困与反贫困的斗争——美国社会福利保障制度述评》，《安徽师范大学学报》（人文社会科学版）1998 年第 1 期。

庄亚儿、杨胜慧、齐嘉楠、李伯华、王志理：《2017 年全国生育状况抽样调查的实践与思考》，《人口研究》2018 年第 4 期。

［德］恩格斯：《家庭私有制和国家的起源》，中共中央马克思、恩格斯、列宁、斯大林著作编译局译，人民出版社 1999 年版。

［加拿大］大卫·切尔：《家庭生活的社会学》，彭铟旎译，中华书局 2005 年版。

［美］大卫·A. 欧兰德森、埃德沃德·L. 哈里斯、巴巴拉·L. 史克普、史蒂弗·D. 艾伦：《做自然主义研究——方法指南》，李涤非

译,重庆大学出版社 2007 年版。

［美］戴维·波普诺:《社会学》(第十版),李强等译,中国人民大学出版社 1999 年版。

［美］凯瑟琳·马歇尔、格雷琴·B. 罗斯曼:《设计质性研究:有效研究计划的全程指导》,何江穗译,重庆大学出版社 2015 年版。

［美］蒙·科克伦:《儿童早期教育体系的政策研究》,王海英等译,江苏教育出版社 2011 年版。

［美］乔治·S. 莫里森:《当今美国儿童早期教育》,王全志等译,北京大学出版社 2014 年版。

［美］同尼拉·达尔伯格、彼得·莫斯、艾伦·彭斯:《超越早期教育保育质量》,朱家雄、王挣等译校,华东师范大学出版社 2006 年版。

［日］木村久一:《早期教育与天才》,唐欣译,海南出版社 2004 年版。

［英］莱恩·多亚尔、伊恩·高夫:《人的需要理论》,汪淳波、张宝莹译,商务印书馆 2008 年版。

［英］史密斯等:《理解孩子的成长》,寇彧等译,人民邮电出版社 2006 年版。

Alexander Bick, "The Quantitative Role of Child Care for Female Labor Force Participation and Fertility", *Journal of the European Economic Association*, 2015, 14 (1).

Anna J. Markowitz, Rebecca M. Ryan, Anna D. Johnson, "Child Care Subsidies and Child Care Choices: The Moderating Role of Household Structure, Children and Youth Services", 2014, 36 (4).

ARNEC, "Early Childhood Development: From Policy Idea to Implementation to Results", *Singapore City: Regional Early Childhood Development Policy Review Seminar*, 2009.

A. Roeters, P. Gracia, "Child Care Time, Parents'Well-Being, and Gender: Evidence from the American Time Use Survey", *Journal of Child & Family Studies*, 2016, 8.

Baumrind D, "Current Patterns of Parental Authority", *CevPsychol Monogr*, 1971, 4 (1).

Bruce Fuller, Stephen W. Raudenbush, Li-Ming Wei and Susan D. Holloway, "Can Government Raise Child-Care Quality? The Influence of Family Demand, Poverty, and Policy", *Educational Evaluation and Policy Analysis*, 1993 (3).

Cynthia S. Darling-Fisher and Linda Beth Tiedje, "The Impact of Maternal Employment Characteristics on Fathers' Participation in Child Care", *National Council on Family Relations*, 1990, 39 (6).

C. Michalopoulos, PK Robins, "Employment and Child-care Choices in Canada and the United States", *Canadian Journal of Economics*, 2010, 33 (2).

D. A. Phillips, C. Howes, M. Whitebook, "The Social Policy Context of Child Care: Effects on Quality", *American Journal of Community Psychology*, 1992 (1).

Elizabeth M. Hill, M. Anne Hill, "Gender Differences in Child Care and Work: An Interdisciplinary Perspective", *Journal of Behavioral Economics*, 1990 (1).

E. Rigby, R. M. Ryan, J. Brooks-Gunn, "Child Care Quality in different State Policy Contexts", *Journal of Policy Analysis & Management*, 2007 (4).

E. S. Peisnerfeinberg, Burchina, "Relations between Preschool Children's Child-care Experiences and Concurrent Development: The Cost, Quality, and Outcomes Study", *Merrill-Palmer Quarterly*, 1997, 43 (7).

Fagnani. J., "Family Policies in France and Germany: Sisters or Distant Cousins?", *Community, Work, and Family*, 2007 (1).

Galinsky, E., Howes, C. & Kontos S., *The Family Child Care Training Study*, New York: Families and Work Institute, 1995.

Hotz, J. V., Xiao, M., "The Impact of Regulations on the Supply and Quality of Care in Child Care Markets", *The American Economic*, 2011, 5 (2).

Jay Bainbridge, Marcia K. Meyers, Jane Waldfoge, "Child Care Policy Reform and the Employment of Single Mothers", *Social Science Quarterly*, 2003, 84 (3).

J. Bradshaw, "A Taxonomy of Social Need", *New Society*, 1972, 30.

Karsten Hank and Michaela Kreyenfeld, "A Multilevel Analysis of Child Care and Women's Fertility Decisions in Western Germany", *Journal of Marriage & Family*, 2003, 65 (4).

Karsten Hank, Michaela Kreyenfeld, "Does the Availability of Childcare Influence the Employment of Mothers? Findings from Western Germany", *Population Research & Policy Review*, 2000, 19 (2).

Lambert, P. A., "The Political Economy of Post War Family Policy in Japan: Economic Imperatives and Electoral Incentives", *Journal of Japanese Studies*, 2007 (1).

Lewis, J., "Child Care Policies and the Politics of Choices", *The Political Quarterly*, 2008 (4).

Lyn Craig and Bridget Jenkins, "The Composition of Parents'and Grandparents'child-care Time: Gender and Generational Patterns in Activity, Multi-tasking and Co-presence", *Ageing & Society*, 2016, 36 (4).

Maegan Lokteff、Kathleen W. Piercy, "Who Cares for the Children? Lessons from a Global Perspective of Child Care Policy", *Journal of Child and Family Studies*, 2012 (1).

Mahon, R., "Child Care: Toward What Kind of Social Europe", *Social Politics*, 2002 (3).

Masaya Yasuoka, Atsushi Miyake, "Effectiveness of Child Care Policies in an Economy with Child Care Services", *Modern Economy*, 2012, 3 (1).

Melhuish, E, Sylva, C., "Preschool Influences on Mathematics Achievement", *Science*, 2008, 18 (10).

Natalie Nitsche, Daniela Grunow, "Do Economic Resources Play a Role in Bargaining Child Care in Couples? Parental Investment in Cases of Matching and Mismatching Gender Ideologies in Germany", *European Societies*, 2018, 20 (5).

OECD, "Starting Strong II: Early Childhood Education and Care", Paris: Organization for Economic Co-operation and Development, 2006.

Pau Baizán., "Regional Child Care Availability and Fertility Decisions in Spain", *Demographic Research*, 2009, 21 (5).

Paulo Bastos, Julian Cristia, "Supply and Quality Choices in Private Child Care Markets: Evidence from São Paulo", *Journal of Development Economics*, 2012, 8 (2).

Peter Haan, Katharina Wrohlich, "Can Child Care Policy Encourage Employment and Fertility? Evidence from a Structural Model", *Labour Economics*, 2011, 18 (7).

Philip K. Robins, Robert G. Spiegehnan, "The Economics of Child Care and Public Policy", *Children and Youth*, 1979 (1).

Philippine Team, "Monitoring Early Childhood Policy and Implementation: Country Presentations", *Singapore City: Regional Early Childhood Development Policy Review Seminar*, 2009.

Phillips, D., Mekos, D., "Within and Beyond the Classroom Door: Assessing Quality in Child Care Centers", *Early Child-hood Research Quarterly*, 2001, 15 (2).

Sharon Lynn Kagan, Bidemi Carrol, "Child Care in Poor Communities:

Early Learning Effects of Type, Quality, and Stability", *Child Development*, 2004, 75 (4).

S. Clayton, "Social Need Revisited", *Journal of Social Policy*, 1983, 12.

Tarjei Havnes, Magne Mogsta, "No Child Left Behind: Universal Child Care and Children's Long-Run Outcome", *American Economic Journal Economic Policy*, 2011, 3 (1).

UNESCO, *Strong Foundations: Early Childhood Care and Education*, Paris: UNESCO Publishing, 2007.

White, L. A., "Explaining Differences in Child Care Policy Development in France and the USA: Norms, Frames, and Programmatic Ideas", *International Political Science Review*, 2009 (4).

Won, S., Pascall, G., "A Confucian War Over Childcare? Practice and Policy in Childcare and their Implications for Understanding the Korean Gender Regime", *Social Policy and Administration*, 2004 (3).

附 录

访谈内容

一 家庭基本情况

1. 请问您家里有几个孩子？现在多大年龄？男孩还是女孩？您和配偶的生育年龄？

2. 孩子3岁以前，都是由谁主要照顾呢？

二 3岁以前儿童照顾情况

（一）祖辈照顾情况

主要目的：第一，了解老人在照顾孩子中的困难，比如经常感觉疲惫、没有自己的时间、个人生活受限、与老伴分隔两地、增加经济负担、影响祖辈原有的工作，等等。第二，了解大家喜欢选择祖辈照顾的原因，比如亲情、安全、经济负担小等。第三，了解家庭如何决定由哪些祖辈来照顾，比如祖辈身体状况、祖辈照顾孩子的意愿是否强烈、由奶奶照顾的传统观念、母女关系与婆媳关系等。

1. 祖辈主要做些什么？祖辈的年龄？是退休后开始来看孩子吗？

2. 祖辈和孩子在一起开心吗？很主动很喜欢照顾孩子吗？有孩子后事情太多了，他们会经常感觉很累吗？会有心情不太好的时候吗？因为什么事情呢？他们会觉得自己的个人生活受影响吗？

3. 祖辈平时需要给孩子花钱吗？

4. 您觉得由祖辈来照顾孩子最大的好处是什么呢？有没有什么不好的地方呢？

（二）母亲照看情况

1. （针对就业母亲）生完孩子后，您休产假多久回去上班的？上班忙吗？周末可以休息吗？您是做什么类型工作的？会因为孩子请假吗？领导的态度怎么样？感觉影响自己的个人发展吗？

2. （针对未就业母亲）孩子出生前您工作过吗？是因为照顾孩子才在家的吗？有想过什么时候再上班吗？

3. 您每天大概有多长时间陪孩子呢？一般都陪他做些什么呢？会给他做饭吗？周末出去玩得多吗？您一个人能照顾得了他吗？孩子最黏着谁呢？其他人呢？

4. 您感觉有了孩子以后，经济负担会多很多吗？孩子每个月要花多少钱，主要有哪些方面，对于家庭而言负担重吗？

5. 您会经常感觉累吗？有没有心情很差的时候？

6. 还能做自己想做的事情吗？比如自己出去玩？大概多久一次？

7. 如果政策允许，您还会想再生一个孩子吗？

8. 您会关注各种育儿知识吗？您觉得对您有用吗？您的配偶、家里的祖辈呢？

9. 家里会因为照顾孩子太累而有不愉快的时候吗？

10. 在孩子的问题上有不同意见的时候，一般都听谁的？比如在什么问题上有过意见不一致呢？

11. 您觉得照顾孩子最难的是什么呢？

（三）父亲照顾情况

主要目的：第一，照顾孩子是否影响父亲工作和个人发展。第二，了解是否有继续生育的意愿。第三，在照顾内容上，了解是否父亲主要以陪玩为主。第四，了解父亲照顾是否有困难。

1. （针对就业父亲）孩子3岁以前，爸爸平时晚上、周末能休息吗？加班多吗？会因为照看孩子而请假吗？感觉影响他的工作和个人发展吗？他是做什么类型的工作呢？

2.（针对未就业父亲）孩子3岁以前，孩子爸爸是因为照顾孩子不去上班吗？

3. 孩子3岁以前，爸爸每天大概有多长时间陪孩子呢？一般都陪他做些什么呢（吃喝、生活起居、玩游戏、读书、周末出去玩）？他一个人能照顾得了他吗？孩子黏爸爸吗？

4. 您感觉孩子小的时候，爸爸的压力大吗？爸爸会经常感觉累吗？有没有心情很差的时候？还能做自己想做的事情吗？比如自己出去玩？大概多久一次？

（四）托儿所或幼儿园照看情况

主要目的：第一，了解母亲对于托儿所的看法。第二，托儿所的基本情况（送托时间、距离、老师照顾的质量、费用、孩子是否喜欢等）。第三，了解母亲对比较理想的托儿所的要求。

1. 未使用儿童托育机构照顾服务

如果3岁前把孩子放到幼儿园或托儿所怎么样？您觉得有什么好处吗？有什么担心吗？家里附近有收3岁以下孩子的幼儿园或托儿所吗？您理想的收费标准是多少？您觉得距离在多远之内可以接受？您觉得什么样的幼儿园比较放心把孩子送去？

2. 使用儿童托育机构照顾服务

孩子什么时候去的幼儿园？是白天什么时段呢？为什么选择这一家幼儿园呢？口碑怎么样？离家近吗？幼儿园里有熟人吗？孩子所在班级的儿童和老师人数分别是多少？老师怎么样，文化程度怎么样，感觉专业吗？上课有哪方面的内容呢？幼儿园的收费情况，是否感觉经济负担较大？您理想的价格是多少？

孩子在幼儿园有过磕磕碰碰等一些小意外事件吗？对他吃的东西放心吗？环境清洁吗？幼儿园有监控吗？老师对孩子耐心吗，会随时关注到孩子吗？

孩子是否喜欢去幼儿园？您对幼儿园满意吗？有没有什么问题？

什么样的幼儿园比较放心把孩子送去？

（五）保姆照顾情况

主要目的：第一，了解母亲对保姆照顾孩子的看法，是否喜欢和接受？接受或者不接受的原因。第二，了解已请保姆的状况（是否满意、费用、专业程度等）。第三，了解保姆照顾孩子的好处和缺点。

1.（未使用保姆照顾服务）如果请保姆照顾孩子，您觉得怎么样？

2.（使用保姆照顾服务）使用保姆照顾服务的原因？您家里的保姆是从哪里找的？保姆工资是多少，是否感觉有经济负担？孩子多大时请的保姆？保姆多大年龄？感觉她看孩子专业吗？她有这方面的证书吗？她的文化程度是怎样的？她主要负责做什么呢？您和家人对保姆满意吗，孩子是否喜欢保姆？有过磕磕碰碰的事情吗？对孩子耐心吗？会一直专心看着孩子，随时看他有什么需要吗？您觉得她看孩子主要有哪些问题呢？

三　儿童早期教育

主要目的：第一，了解母亲和家庭其他成员教育孩子的方式、观念，对知识教育、生活习惯、情绪管理等方面的重视程度。第二，教育中的困难。第三，孩子的成长发展情况。第四，对于早期教育机构的看法，不选择的原因。第五，已参加早教的孩子，是否有比较好的效果？为什么参加早教，有没有相互攀比的因素？第六，母亲自己的父母家庭教育方式。

1. 孩子3岁前，您感觉有教育方面的压力吗，有没有觉得竞争很激烈，要提前尽可能让他学更多知识？

2. 您每天会给孩子读书吗？会比较系统地教孩子认字、英语、音乐吗？他喜欢吗？

3. 在生活习惯方面，您对他要求严格吗？比如他不愿意收拾玩具、不愿意刷牙时，您会怎么办呢？您觉得他在这方面怎么样？

4. 那时有电视吗？会规定每次看的时间吗？

5. 孩子有无缘无故发脾气的时候吗？大概都因为什么事情？会觉得烦吗？

6. 有忍不住对孩子发脾气的时候吗？大概都因为什么事情？

7. 他喜欢和小朋友一起玩吗？有没有特别培养他的社交能力？

8. 如果您觉得有必须要做的事情，而他不愿意做，您会有一点强迫他吗？

9. 当他摔倒的时候，会刻意让他自己爬起来吗？会有意识地让他承受一些挫折吗？

10. 除了您，家里其他人会参与教育吗？他们的教育方式您觉得怎么样？谁的意见最重要？

11. 您感觉对孩子教育中最大的困难是什么？

12. 对孩子的早期教育状况是否满意？是否有遗憾之处？

13. 那时有早教机构吗？

14. 您感觉孩子偏向于什么性格呢？与感觉差不多大的孩子相比，他哪些方面比较好？有相对弱一点的地方吗？

15. 您对孩子的教育满意吗？有什么遗憾吗？

16. 您小时候，父母对您的教育严格吗？父母比较注重哪些方面的教育，重视学习吗？重视习惯培养吗？

四 家庭相关情况

1. 方便问一下您和孩子爸爸的学历吗？

2. 孩子3岁以前，您感觉和周围人相比，家庭收入处于什么水平，每个月大概收入多少？住房方面，您是自己住还是与祖辈一起住，房子是自己的吗？

致　　谢

对儿童早期照顾需求议题的关注始于攻读博士学位期间，深深感谢我的导师龚维斌教授，老师对研究选题、理论框架、全文结构等给予了悉心指导，带领我反复推敲，直到达到较为满意的出版标准。老师治学严谨、学识渊博，是我学术道路、人生道路上的引路人。感谢老师带领我们参与"社会风险与社会建设丛书"的撰写，对于青年研究者而言，这是十分宝贵的学术平台。在此还要感谢老师和师母对同学们生活上的关怀，细致而温暖，令人感动。

本书的完稿离不开工作单位的领导和同事们对我的支持和帮助，为我提供追逐梦想的平台，陪伴我一步一步成长；离不开所有访谈对象的热心参与，他们为本书提供了鲜活的素材；离不开所有对本书提出意见和建议的专家、编辑老师，给予我更多提升的空间。谢谢各位的鼓励与辛勤付出。

感谢家人和挚友们在我写作期间给予的照顾。感谢我的父母，为我撑起一片天空、遮风挡雨。尽管父亲的突然离世给我带来沉重打击，但那份厚重的父爱始终与我如影随形，满天繁星，一定有您。感谢我的先生、孩子、好友们，生活中有泥泞、有欢笑，你们陪我走过。

此外，这项研究还存在一些不足，在探讨需求的基础上，还有许多儿童早期照顾中的现实问题需深入研究以寻求破解之道。未来可期，不负韶华，我们将继续为推动儿童早期照顾服务体系建设尽一份绵薄之力。

陈　偲
2022 年 5 月于北京